Lothar Baier zum Gedächtnis
(1942-2004)

Bibliografische Information: Deutsche Nationalbibliothek
Die Deutsche Nationalbibliothek verzeichnet diese Publikation
in der Deutschen Nationalbibliografie; detaillierte bibliografische Daten
sind im Internet über http://dnb.d-nb.de abrufbar.

Bildnachweis
Umschlagfoto: dpa/Boris Roessler
Foto: corbis/Radius Images/Masterfile S. 198
Illustrationen: Otto Fuchs S. 75, www.rattelschneck.de S. 105

Lektorat: Michael Schönberger
Bildredaktion: Markus Röleke
Satz: Adobe InDesign im Verlag
Umschlaggestaltung: ZERO Werbeagentur, München
Druck und Bindung: GGP Media GmbH, Pößneck
Printed in Germany

© 2010 Pattloch Verlag GmbH & Co. KG, München

ISBN 978-3-629-02250-9

www.pattloch.de

5 4 3 2 1

Götz Eisenberg

... damit mich kein Mensch mehr vergisst!

Warum Amok und Gewalt kein Zufall sind

Pattloch

Götz Eisenberg

... damit mich kein Mensch mehr vergisst!

Inhalt

»Heute vor einem Jahr« oder: Die Zeitstruktur der Rache

Ein Mann fährt mit seinem Auto durch eine hessische Kleinstadt. Es ist früher Vormittag. Er hat die letzte Nacht, wie dutzende davor, in seinem Wagen verbracht. Es ist Mitte April, und die Nächte sind noch recht kühl. Ihn fröstelt, und seine Glieder sind steif vom unbequemen Liegen auf dem Rücksitz. Er will sich in einem Supermarkt eine Flasche Sekt kaufen. Dann wird er in den Wald hinauffahren und sich an einem seiner Lieblingsorte, mit dem sich viele Erinnerungen verknüpfen, das Leben nehmen. Die Pistole ist geladen und liegt im Handschuhfach. Mit Waffen kennt er sich aus. Eine stattliche Waffensammlung hatte er beisammen, auch ganz seltene und wertvolle Stücke waren darunter, ehe sein Schwager sie hinter seinem Rücken einfach verkauft hat. Das war zu der Zeit, als er in der Psychiatrie eingewiesen war und nichts dagegen unternehmen konnte. Als er zurückkam, waren die Waffen weg. Jetzt hat er nur noch dieses halb verrostete Ding, das er vor ein paar Wochen günstig erworben und aufbereitet hat. Für das, was er vorhat, wird die Waffe reichen. Beim Probeschießen im Wald hat sie jedenfalls funktioniert.

Seit seine Freundin ihn vor einigen Wochen vor die Tür gesetzt hat, schläft er im Auto. Freunde, die er um Quartier bitten könnte, hat er nicht. Seine Mutter mag er nicht fragen, weil er sich schämt, ihr gegenüber einzugestehen, dass die Freundin ihn hinausgeworfen hat. Den Triumph gönnt er ihr nicht, da nächtigt er lieber im Auto. Sie hatte diese Beziehung stets missbilligt und ihn vor Silvia gewarnt. Seit der Scheidung der Eltern vor rund zehn Jahren hatte er bei der Mutter gewohnt. Dann zog er plötzlich mit »dieser Person« zusammen, wie die Mutter sich ausdrückte. Silvia war ihrem Sohn in der psychiatrischen Klinik begegnet. Sie war dort Patientin gewesen und taugte in den Augen der Mutter schon deswegen nicht zur Freundin ihres Sohnes. Dass ihr Sohn ebenfalls dort eingewiesen war, ist etwas anderes. Das war die Folge einer Intrige, ein Missverständnis, der gehörte da nicht hin. Ihr Sohn ist doch nicht verrückt! Der mütterlichen Warnung ist von Anfang an eine Prise Eifersucht beigemischt. Letztlich ist sie der Meinung, andere Frauen würden ihren Sohn ins Unglück stürzen. Besser, er bleibt bei ihr. Sie ist die Einzige, die ihn versteht. Er ist alles, was ihr geblieben ist!

*

Heute auf den Tag genau vor einem Jahr ist er nach 18-jähriger Betriebszugehörigkeit von *seiner Firma* entlassen worden. Sein alter Chef hatte ihn geschätzt und ihn für seinen besten Mann gehalten, der er wohl auch gewesen ist. Dann ging der in Rente, und es kam ein neuer Chef, eine junger Schnösel, mit dem er von Anfang an nicht zurechtkam. Er habe einer Sekretärin der Firma nachgestellt und sie und ihren Freund belästigt, hatte der neue Chef behauptet und ihn gefeuert. Nach 18 Jahren, in denen er sich für die Firma eingesetzt und aufgeopfert hat. Was hat er denn schon außerhalb der Arbeit vom Leben gehabt? Die Sekretärin war hübsch und hatte ihm gefallen, und er hatte ihr auf seine Weise den Hof gemacht. Da waren auch ein paar unbeholfene und missverständliche Aktionen darunter, und ganz sicher hat er hier und da die Grenzen des guten Geschmacks überschritten. Das gibt er gerne zu, aber muss man ihn deswegen gleich hinauswerfen, anzeigen und vor Gericht stellen? Ein Jahr auf Bewährung wegen Beleidigung und Bedrohung hat er dafür bekommen. Und als Bewährungsauflage musste er sich »zur Behandlung seiner Persönlichkeitsproblematik und seines Stalking-Verhaltens« – wie es in dem Beschluss hieß – in die Psychiatrie begeben. Grässlich und entwürdigend war diese Zeit gewesen, ein regelrechter Schock und ein Trauma. Man stelle sich vor: Er auf der Akutstation mit all diesen verwirrten und schreienden Menschen, all diesen wirklich Verrückten! Nun, er hatte das hinter sich gebracht. Immerhin hat er Silvia dort kennengelernt, und sie nahm ihn nach seiner Entlassung bei sich auf. Sie war eigentlich viel zu hübsch für ihn, der nun wahrlich kein Adonis ist. Grob und unbeholfen kam er sich ihr gegenüber vor. Und viel zu dick. Er musste an »King-Kong und die weiße Frau« denken. Er liebte sie, aber sie liebte ihn nicht zurück. Das tat weh, aber Hauptsache, er durfte in ihrer Nähe sein. Dafür nahm er Demütigungen und sogar Schläge in Kauf. Ja, gelegentlich schlug sie ihn, richtig fest, mit der flachen Hand ins Gesicht. Er ließ alles über sich ergehen, wenn er nur nicht fortgejagt würde. Er diente ihr, und dieses Dienen war sein einziges Glück und sein Lebensinhalt. Sie machte sich über ihn lustig und quälte ihn mit Erzählungen von ihrem letzten Freund, einem Deutschrussen, der »ein richtiger Mann« gewesen sei. Immer wieder spricht sie von »Hermanns Schwanz«, der »30 Zentimeter lang« gewesen sei. Ob er sich das vorstellen könne? Er will sich das aber besser gar nicht vorstellen. Zwischen Silvia und ihm läuft sexuell nichts. Mit einem wie ihm wird sie nicht schlafen, dafür ist er zu dick und zu abstoßend. Einmal, während eines Kurzurlaubs in St. Petersburg, haben sie gemeinsam ein Doppelzimmer bewohnt und das Bett geteilt, aber auch da ist letztlich außer ein bisschen Kuscheln nichts gelaufen. Es ist überhaupt noch nie etwas gewesen zwischen ihm und Frauen. Einmal, da war er 25 Jahre alt, ist er über längere Zeit mit einer 63-jährigen Frau zusammen gewesen. Daran erinnert er sich als eine schöne, vielleicht seine schönste Zeit. Aber auch das blieb rein platonisch und ohne Sexualität.

Heute vor einem Jahr haben sie ihn rausgeworfen. Er hat das nicht vergessen. Er vergisst so etwas generell nicht. Wie könnte er auch? Alle Kränkungen sind in seinem Gedächtnis eingelagert wie in einer Tiefkühltruhe. Die fristlose Kündigung war eine öffentliche Demütigung, hat ihn aus der Bahn geworfen und sein Leben ruiniert. Er ist Anfang 40, hat keinen Beruf gelernt. Der Arbeitsmarkt wird für einen wie ihn keine Verwendung mehr haben und ihn zum alten Eisen werfen. Er ist ein Überflüssiger.

Heute wird er es ihnen zeigen und sie alle ins Unrecht setzen. Sie sollen ruhig sehen, was sie angerichtet und zerstört haben! Wie Tom Sawyer, der sich von seiner Tante Polly zu Unrecht gescholten und bestraft fühlt, sich vorstellt, wie es wäre, wenn er stürbe und auf seiner Beerdigung alle um ihn weinten, so stellt auch er sich nun vor, dass sein Selbstmord allen die Augen öffnen und sie ins Unrecht setzen wird: Silvia, den Chef, die Sekretärin, ihren Freund, die Mutter, überhaupt alle, die ihn verkannt und im Stich gelassen haben. Die Mutter tut ihm ein bisschen leid. Sie hat gerade einen schweren Unfall hinter sich, und er fragt sich, wer sich nach seinem Tod um sie kümmern wird? Egal, jetzt bloß nicht an so was denken. Er muss das jetzt durchziehen und zu Ende bringen. Er hat, was eigentlich schon länger nicht mehr auszuhalten war, noch eine ganze Weile ertragen, aber irgendwann ist Schluss, und dieser Punkt ist nun erreicht.

Als er auf dem Weg zum Discounter ist, um den Selbstmord-Sekt zu kaufen, sieht er plötzlich Silvias Auto am Straßenrand stehen. Er hält und beschließt, auf sie zu warten, um ein letztes Mal mit ihr zu reden. Er will sich von ihr verabschieden und ihr sagen, dass er es heute tun wird und sie dann die Prämie von der Lebensversicherung bekommt, wie ausgemacht und versprochen. Sie hat ihn in den letzten Wochen verschiedentlich an sein Versprechen erinnert und zynisch gefragt, wann er es denn nun endlich tun würde. Sie brauche das Geld. So ein »Versager und Schlappschwanz« wie er schaffe es ja noch nicht einmal, sich umzubringen. Es fehle ihm garantiert an Mut und Entschlossenheit.

Als sie endlich kommt, geht er auf sie zu. Sie weist ihn ab, hat es eilig und will weitergehen. Er hält sie fest. Sie reißt sich los und beginnt, ihn zu beschimpfen, nennt ihn wieder einen Feigling und Schlappschwanz. Sie schlägt ihn zwei, drei Mal ins Gesicht. Da stürzt er zum Auto und holt die Pistole aus dem Handschuhfach. Er läuft ihr nach, sie dreht sich zu ihm um, und er schießt aus kurzer Distanz zweimal auf sie. Sie bricht auf dem Gehweg zusammen. Er sieht, wie Blut aus ihrem Körper fließt, und flieht. Im Rückspiegel bemerkt er noch, dass ein Auto hält, eine Frau aussteigt und sich um die Verletzte kümmert.

Panik flackert auf, Bilder lösen sich in Fragmente auf, wirbeln in seinem Innern durcheinander. Wie durch ein Steigrohr tauchen versunkene Erinnerungen an längst vergangene Kränkungen und Demütigungen auf, die sich wie Verstärker an die gegenwärtigen anschließen. Als er noch ein kleiner Junge war, hat sein ältester Bruder im Wohnort der Eltern einen Mann erschlagen, und plötzlich klingt ihm das »Mörderbruder, Mörderbruder« wieder in den

Ohren, das ihm seine Schulkameraden und die Nachbarskinder damals nachgerufen haben.

»Jetzt ist sowieso alles egal, jetzt gehst du in die Firma und ziehst deinen ehemaligen Chef zur Rechenschaft«, durchzuckt es ihn. Er fährt auf das Firmengelände, stößt auf dem Flur ehemalige Kollegen zur Seite und stürmt in sein Büro. Als er den Mann vor sich sieht, der ihm das alles angetan hat, schießt er auf ihn. Der erste Schuss streift ihn, der zweite verfehlt sein Ziel. Sein ehemaliger Chef hat sich hinter dem Schreibtisch in Sicherheit gebracht und schlägt Alarm. Der Mann wendet sich ab und flieht. Er verlässt das Firmengebäude, wechselt auf dem Parkplatz noch ein paar Worte mit einem Kollegen, besteigt sein Auto und will es nun endlich hinter sich und zu Ende bringen. In der Ferne hört er Polizeisirenen. Gleich werden sie hier sein. Was jetzt? Er fährt erst einmal los. Er setzt die Pistole an die Schläfe und drückt ab. Die Waffe klemmt, hat plötzlich Ladehemmung. Wieder und wieder drückt er ab, aber kein Schuss löst sich. Die Polizei hat die Verfolgung aufgenommen und kommt näher. Dann sollen *sie* ihn töten, denkt er und gibt Gas. Er will jetzt nur noch, dass Ruhe einkehrt und das ungenießbare Leben endlich vorbei ist. Wieder und wieder drückt er ab, vergeblich. Kurz hinter dem Ortsende holen sie ihn ein und drängen ihn von der Straße ab. Das Auto rutscht eine Böschung hinunter, überschlägt sich, kommt aber wieder auf den Rädern zum Stehen. Er steigt ein wenig benommen aus und geht mit der Waffe in der Hand auf die Polizisten zu. Sie eröffnen das Feuer, treffen ihn aber nicht. Sie warten in Deckung ab, und als sie merken, dass die Waffe nicht funktioniert, stürzen sie sich auf ihn, überwältigen ihn und nehmen ihn fest.

Beide Opfer haben überlebt, und so wird er wegen zweifachen versuchten Mordes angeklagt. Da das Gericht davon ausgeht, dass er mit Tötungsabsicht gehandelt hat und die befragten Sachverständigen ihn zwar für persönlichkeitsgestört, aber dennoch für schuldfähig halten, wird er zu einer Freiheitsstrafe von zwölf Jahren verurteilt. Im Gefängnis will er anfangs den draußen gescheiterten letzten Akt der Inszenierung nachholen und sich umbringen. Dann arrangiert er sich mit der Situation, schneidet er sich kurz vor dem

Beginn einer von ihm gefürchteten »therapeutischen Maßnahme« und der damit verbundenen gefängnisinternen Verlegung in eine andere Abteilung bei einem Arbeitsunfall einen Finger ab. Betroffen sind zwei Glieder des Zeigefingers, mit dem er den Abzug der Pistole betätigt hat. Die Schrecken seines Psychiatrieaufenthalts sind ihm noch lebhaft in Erinnerung und er fürchtet eine Wiederholung. Will man ihn nun auch im Gefängnis für verrückt erklären und psychiatrisieren? Wie sich im antiken Griechenland Seefahrer, deren Schiff in einen Sturm geraten war, Fingerglieder abschnitten und ins tobende Wasser warfen, um den zürnenden Meeresgott zu besänftigen, so opfert er – in seelische Seenot geraten – seinen Abzugsfinger, um die entfesselten Götter der Prävention und der Therapie zu beschwichtigen. Seiner Mutter gegenüber sagt er vorläufig, dass er sich geschnitten hat. Sie ist alt, und er möchte nicht, dass sie sich Sorgen macht. Nach der Haft wird er sich um sie kümmern. Sie ist der einzige Mensch, der zu ihm hält und ihn regelmäßig besucht. Alles, was störend zwischen ihnen stand, ist beseitigt. Jetzt haben sie nur noch sich.

I. Das rätselhafte Phänomen Amok

»Die Untergrundbahn während der Hauptverkehrszeit.
Was ich von den Menschen sehe, sind müde Gesichter
und Glieder, Hass und Ärger.
Ich habe das Gefühl, in jedem Augenblick
könnte jemand ein Messer hervorziehen – nur so.«
Herbert Marcuse

»Ich lauf hier gleich Amok!«

Amok ist ein geheimnisvolles Phänomen und greift tief in unsere Phantasie. Wir alle sind erschrocken, wenn sich hierzulande ein Amoklauf ereignet, und sagen dann im Brustton der Überzeugung: »Ich könnte das nicht! Der Täter muss ein Wahnsinniger sein!« In Gedanken aber sind wir alle – oder doch fast alle – schon einmal Amok gelaufen. Wer hat nicht gelegentlich ein Gefühl von Klaustrophobie und verspürt die Lust, das grausame Spiel zu beenden und die Figuren mit einer wütenden Handbewegung vom Brett zu fegen? Im Internet kann man T-Shirts mit dem Aufdruck bestellen: »Ich lauf hier gleich Amok« – wohl einer der häufigsten stillen oder halblauten Stoßseufzer in Büros, Fabrikhallen und auf den Gängen von Behörden.

Wir sind anhand eines amokartigen Falles, der sich in meinem Nahbereich ereignete, mitten ins Thema hineingesprungen. Wer das Nahe verstehen will, muss manchmal etwas weiter ausholen und theoretisierend Abstand vom unmittelbar Gegebenen nehmen. Das werden wir im Fortgang dieses Buches immer wieder tun. So auch jetzt.

Amok – Begriff und Sache stammen aus dem südostasiatischen Raum. Als der Amoklauf, der dort den Status eines kulturellen Verhaltensmusters, einer »Ventilsitte« besaß, im Zuge der Kolo-

nialisierung und einer nachholenden Modernisierung auszuster-
ben begann, trat er in den Metropolen des westlichen Kapitalismus – mit entsprechenden Modifikationen – seinen Siegeszug an.
Georges Devereux hat in seinem Buch »Normal und anormal«
(Frankfurt 1982) darauf bestanden, dass nur der Malaie zum Amokläufer werden könne, denn ausschließlich in Malaysia und im um-
liegenden südostasiatischen Raum besitze der Amoklauf den Status
einer »ethnischen Störung«, worunter er ein »Modell des Fehlverhaltens« versteht, das eine Kultur ihren Mitgliedern in Situationen
großen Stresses als Entlastungsmechanismus zur Verfügung stellt.
Wenn, so Devereux weiter, ein ehemaliger Soldat in den USA blind
in die Menge schieße, handele es sich um die Verzweiflungstat eines
»paranoiden Psychotikers«, die einem »Amok« nur ähnlich sehe.
Devereux nimmt hier offenbar Bezug auf den ehemaligen Marine-
soldat, Pfadfinderführer und Waffenliebhaber Charles Whitman,
der 1966 zunächst seine Mutter und seine Frau im Schlaf erstach,
sich anschließend auf der Aussichtsplattform eines Turms verbar-
rikadierte, das Feuer auf den Campus der Universität von Austin
eröffnete und 15 weitere Menschen tötete, bevor er selbst von einem
Polizisten erschossen wurde. Eine literarische Schilderung dieses
Amoklaufs finden wir in Lars Gustafsons Erzählung *Die Tennisspieler* (München–Wien 1979, S. 20 ff.). Peter Bogdanovich drehte
1968 in freier Anlehnung an den Fall, der in den USA unter dem
Namen *Texas sniper* geführt wird, den Film *Targets – Bewegliche
Ziele.* »Wenn der Fall eintritt«, so räumt Devereux dann allerdings
ein, »dass ein besonders sensationelles psychotisches Verbrechen –
eine wirkliche Hekatombe – eine ›Mode‹ auslöst, dann verwandelt
sich das ursprüngliche Vorkommnis bald in eine Art ›Tradition‹,
die, zumindest teilweise, durch kulturelle Werte strukturiert ist.
(…) Da solche kulturellen Definitionen sich meist langsamer entwickeln als die soziale Realität, kann eine neue ethnische Störung
recht verbreitet sein, bevor sie als Produkt der Kultur anerkannt
wird.« (S. 78 ff.). Im Rückblick bildet die Campus-Schießerei des
25-jährigen Charles Whitman vom August 1966 tatsächlich den
Auftakt einer nicht mehr abreißenden Serie von Amokläufen in
der westlichen Welt.

Einiges spricht dafür, dass die spektakulären Amokläufe der jüngsten Zeit – und auch die Angriffe auf New York und Washington stellen ja eine sakrale, von religiösem Fanatismus gespeiste Form von Amok dar – und vor allem ihr mediales Echo endgültig dafür gesorgt haben, dass »Amok« sich in den Metropolen des entfesselten Marktes als neuer Modus der Spannungsabfuhr im Verhaltensrepertoire etabliert hat.

*

Man stößt auf die Spuren des Rätsels Amok in der Literatur – von Stefan Zweigs 1922 erschienener Novelle *Der Amokläufer* bis hin zu Sándor Márais Roman *Die Glut*, in dem es heißt: »Man lebt einer genauen Ordnung gemäß, und eines Tages wird man zum Amokläufer wie deine Malaien. Man hat ein Haus, Titel und einen Rang und eine peinlich genaue Lebensweise. Und eines Tages rennt man aus alledem hinaus, mit einer Waffe in der Hand, einen starren Blick in den Augen.«

In Márais Tagebüchern stieß ich auf einen Eintrag über einen »acte gratuit« (André Gide), der sich vor seiner Haustür ereignete. Ich zitiere den Eintrag vom 20. Juli 1984 ausführlich, weil er demonstriert, dass das Phänomen auch im damaligen Ostblock existierte und so neu nicht ist. Dann verdeutlicht er, dass der Amoklauf keineswegs ein Privileg von männlichen Jugendlichen ist. Gleichzeitig führt uns der Text in seinem letzten Satz unter die giftigen Bäume unseres eigenen Dschungels und erschwert es uns auf diese Weise, die alte Büchner'sche Frage: »Was ist das, was in uns lügt, stiehlt und mordet?« von uns zu weisen und das Problem auf *die anderen* zu verschieben.

»Einige Straßen weiter ist um vier Uhr nachmittags ein Mann in eine Imbissstube getreten, er hielt eine Waffe im Anschlag und forderte, dass sich die Gäste und das Personal bäuchlings auf den Fußboden legten, dann machte er eine Stunde lang Zielschießen auf die liegenden Opfer. Er war ganz ruhig, immer wieder lud er nach, er beobachtete, wer noch lebte und sich verdächtig machte, indem er sich scheintot stellte, der bekam dann noch einen Schuss. Hin und wieder schoss er durch die Glastür auf die Straße und traf Passanten. Die Polizei umstellte das Gebäude, und nach einer Stunde traf ein Scharfschütze von der Straße aus den Massenmörder. Insgesamt wurden zweiundzwanzig Menschen getötet, darunter drei Angestellte. Am Abend äußerte sich die Witwe auf dem Bildschirm. Sie sagte, ihr Mann habe gelegentlich ›Stimmen gehört‹. Das ist möglich. Manchmal flüstert einem der Teufel etwas zu. Wir müssen ihn nicht suchen, er ist ganz nah, in uns drinnen.«

Mutmaßungen über den Amoklauf

»Von dem Vulkan, der in mir brütet und kocht,
hat kein Mensch eine Ahnung.«
Aus den Memoiren des Hauptlehrers und Amokläufers Ernst Wagner

Der Kenntnisstand über das Phänomen Amok ist immer noch dürftig, obwohl man sich von Seiten der Wissenschaft seit Jahrzehnten darum bemüht, sein Geheimnis zu lüften. Als Begründung wird darauf verwiesen, die Taten seien für systematische Untersuchungen zu selten, die Täter nach der Tat meist tot oder schwer verletzt und, wenn sie überlebten, in Gefängnissen oder forensischen Psychiatrien untergebracht, wo sie wissenschaftlichen Untersuchungen nur schwer zugänglich seien. Wir stoßen hier auf die typische Selbstbeschränkung einer Wissenschaft, die da, wo ihr empirische Fakten und Daten fehlen, resigniert, statt auf die Kraft der Reflexion und einer begrifflich gezügelten Empathie zu setzen. »Die Wissenschaft denkt nicht«, hat Heidegger lakonisch bemerkt. Künstlerische Versuche, sich des Themas anzunehmen, wie etwa Rainer W. Fassbinders Film: *Warum läuft Herr R. Amok?*, in dessen Zentrum ein kleiner Angestellter steht, der an der sterilen Normalität seines Lebens verzweifelt, essayistische Annäherungen von Karen Duve, Hans-Joachim Neubauer oder Gabriele Goettle, die Romane von Emmanuel Carrère: *Amok*, Marc Höpfner: *Pumpgun* und Lionel Shriver: *Wir müssen über Kevin reden*, bringen womöglich mehr über die verborgene Wahrheit des Amok zum Vorschein, als die dürren Fakten, welche die Wissenschaft uns bis heute zu bieten hat.

Zudem ist es äußerst fraglich, ob mehr überlebende Täter die Datenbasis wirklich erweitern würden. Sie kennen ihre Motive oft ebenso wenig wie die verstörte Umgebung, und würden im Zweifelsfall nachplappern, was ihnen medial vorgegeben wird. Kennten sie ihre Motive, bräuchten sie die Tat wahrscheinlich nicht zu begehen. Auch Justiz und forensische Psychiatrie beißen sich an solchen Fällen fast immer die Zähne aus und stellen die Suche nach den Motiven irgendwann resigniert ein.

Inzwischen hat sich eine Definition von Amok durchgesetzt, die ihn als »intentionale und nach außen hin überraschende Tötung und/oder Verletzung mehrerer Personen bei einem Tatereignis ohne Abkühlungsperiode fasst, wobei einzelne Tatsequenzen im öffentlichen Raum stattfinden« (Jens Hoffmann). In Psychiatrielehrbüchern stößt man auf den Begriff *Amok* im Kapitel über den »erweiterten Selbstmord«, dem meist eine depressive oder wahnhafte Erkrankung zugrunde liege. Eine Antwort auf die Frage, warum sich ein Mensch, der es mit sich und der Welt aus irgendwelchen Gründen nicht länger aushält, nicht mit einem »einfachen Suizid« zufrieden gibt, sondern in seinen eigenen Abschied aus der Welt noch möglichst viele Fremde mit sich reißen möchte, liefert uns der rein deskriptive Begriff des »erweiterten Selbstmords« nicht. Zu jedem Suizid gehört eine gehörige Portion von Wut, aber die des Amokläufers scheint zu groß, als dass er sich mit seiner Selbstzerstörung zufrieden geben könnte. Der erweiterte Selbstmord des Amokläufers wäre dann zu verstehen als die Verzweiflungstat eines Menschen, dessen Leben in Folge von Unglücksserien mehr und mehr in den Bann eines ausufernden Hasses geraten ist. Im »Zeitalter des Narzissmus« (Christopher Lasch) wird man vermuten dürfen, dass immer mehr Suizidanten ein »einfacher Abgang aus der Welt« zu unspektakulär vorkommt und sie ihn stattdessen in ihren letzten großen Auftritt, in eine grandiose Mordorgie und letzte »Super-Show« verwandeln wollen. Zur Bezeichnung von Amoktaten an Schulen hat sich in der Folge des Columbine-Massakers in Forschung und Literatur der Begriff »School Shooting« durchgesetzt. Bis 2007 geht man von ca. 100 Fällen von »School Shooting« weltweit aus. Für seine Verbreitung scheint eine starke und medial vermittelte narzisstische Komponente verantwortlich. Die jugendlichen Täter wollen durch ihre Tat »berühmt werden« und dafür sorgen, dass man sie »nie mehr vergisst«. Wer es nicht schafft, auf gesellschaftlich üblichem Weg Anerkennung zu finden, kann als Negativ-Held in die *Hall of Fame* der Übeltäter eingehen.

Das Wort »Amok«, ursprünglich »amuk«, erfahren wir in einem aufschlussreichen Text des Schweizer Arztes Thomas Knecht (Transkulturelle Betrachtungen über eine Extremform menschlicher Aggression, Kriminalistik Nr. 10/98), stammt aus dem Malaiischen und bedeutet im Kontext kriegerischer Rituale, in die Amok ursprünglich eingebunden war, so viel wie »im Kampf sein Letztes geben«. Die frühesten Beschreibungen stammen von europäischen Reisenden, die im 16. Jahrhundert im Zuge der Kolonisation des malaiischen Archipels auf diese merkwürdige Tradition stießen. Krieger stürzten sich mit dem Kampfschrei »Amok« auf die Reihen ihrer Gegner, wobei sie ihren eigenen Tod in Kauf nahmen und diesen mit dem Tod möglichst vieler Feinde zu verknüpfen trachteten. Unter dem Einfluss des Islam mutierte »Amok« in der Folgezeit zu einem Akt religiösen Fanatismus', um dann im Laufe des 19. Jahrhunderts zu einer Sache des einzelnen Amokläufers zu werden, des »Pengamok«, der als Reaktion auf irgendeine ihm zugefügte reale oder vermeintliche Ungerechtigkeit mit einem Dolch bewaffnet und in einem tranceähnlichen oder opiumberauschten Zustand seine Hütte verlässt, um auf jeden einzustechen, der seinen Weg kreuzt. »Amok« bedeutet jetzt so viel wie »Raserei«, »Wut« oder »Rache«, die aus Demütigung und Gesichtsverlust aufsteigen. In dem Maße, wie der Amoklauf seine kriegerische bzw. religiöse Einbindung und Ritualisierung einbüßte und zur Tat eines Einzelnen wurde, verlor der Amokläufer den Nimbus des unbesiegbaren Helden, der ihn bis dahin umgab, und geriet immer mehr in die Nähe des »seelisch Kranken« und damit unter die Deutungsmacht der neu entstandenen Wissenschaft der Psychiatrie, die ihn als wahnhafte Erkrankung und Geistesstörung klassifizierte.

Der Begriff »Amok« bleibt unscharf und eigenartig schillernd. Als Spezifikum des reinen Amoklaufs gilt die Zufälligkeit der Opferwahl, was ihn von anderen extremen Gewalttaten mit ähnlich hoher Opferzahl, die eher Abrechnungscharaker tragen, unterscheidet. Wenn etwa ein 40-jähriger Techniker auf Hawai, der irgendwelche Probleme am Arbeitsplatz hatte, in seine Firma geht und dort sieben Kollegen erschießt, oder ein »Day-Trader«, der sich verspekuliert hat und sich betrogen fühlt, in Atlanta in Broker-Firmen eindringt, um dort wild um sich zu schießen, handelt es sich streng genommen um Grenzfälle zwischen Amok und einem gezielten Akt der Rache. Die Anzahl sogenannter Firmen-Amokläufe nimmt in dem Maße zu, wie Betriebe im Zuge der Deregulierung und Verschlankung dazu übergehen, Personal abzubauen und gerade ältere, psychisch labile und leistungsschwächere Mitarbeiter auf die Straße zu setzen. Das schuldlose Scheitern in der Arbeitswelt und der Absturz in die Welt staatlicher Unterstützungsleistungen können Persönlichkeitsstörungen virulent werden lassen, die vorher durch die Einbindung in Arbeitsprozesse und darüber vermittelte zwischenmenschliche Gefüge in der Latenz gehalten wurden.

Zwei Beispiele aus Deutschland: Im Februar 2002 stürmt der 22-jährige, aus Polen stammende Adam L. mit einem Kampfanzug bekleidet in die Räume einer Echinger Dekorationsfirma, die ihn kurz zuvor entlassen hatte. Er erschießt seinen ehemaligen Chef und dessen Vertreter. Dann lässt er sich per Taxi nach Freising zu seiner ehemaligen Schule fahren, an der er Jahre zuvor von einem Lehrer gedemütigt und gekränkt worden war. Er zündet Rohrbomben und erschießt den Schulleiter. Mit der letzten Kugel tötet er sich selbst.

Im September 2003 betritt der 24-jährige Stefan A. das Bader-Versandhaus in Pforzheim, in dem er Jahre zuvor eine Lehre absolviert hatte und nach einem gescheiterten Versuch, ein Studium zu beginnen, nun wieder angestellt war. Er trägt ein Samuraischwert bei sich, stürmt in die Marketingabteilung im sechsten Obergeschoss und schlägt sofort zu. Eine Frau stirbt, einer weiteren wird beinahe der Oberarm abgetrennt und eine Hand abgehackt, zwei weitere werden schwer verletzt. »Ich hasse die Welt, ich hasse die Menschen«, sagte der junge Mann zur Erklärung seiner Tat. Mehr hat auch das Gericht nicht über seine Motive in Erfahrung gebracht, das ihn zu einer lebenslänglichen Freiheitsstrafe verurteilte.

In Europa scheint uns der Fortbestand gewisser bürgerlicher Residuen und verinnerlichter Hemmungen bislang vor einer noch stärkeren Zunahme amokartiger Gewalt am Arbeitsplatz zu bewahren. Als man in den 80er Jahren in den USA im Zuge der *Reaganomics* dazu überging, die Post zu privatisieren und zu verschlanken, kehrten zahlreiche ehemalige Angestellte bewaffnet an ihren Arbeitsplatz zurück und schossen dort um sich. In Frankreich hat die gegenwärtig betriebene Privatisierung des Telekommunikationskonzerns *France Telecom* eine Selbstmordwelle ausgelöst: Innerhalb von nur 18 Monaten haben sich 25 Angestellte das Leben genommen. (*Süddeutsche Zeitung* vom 30.10.2009) Während französische Arbeiter gelegentlich ihre Chefs verprügeln und Manager entführen, scheinen zumindest im Angestelltenmilieu noch immer ein eher depressiver Modus der Reaktion auf biographische Brüche und eine Reprivatisierung gesellschaftlicher Krisen vorzuherrschen. Die Menschen geben sich selbst die Schuld und versinken in Resignation und stiller Verzweiflung.

*

Der Amoklauf wird als ein Wahn begriffen, der aber dennoch gewissen Regeln und Verlaufsformen unterliegt. Der »klassische Amok« lässt folgenden Ablauf erkennen: Er beginnt mit dem »sozialen Tod« des späteren Täters, einem Vorstadium des mehr oder weniger langen »Brütens« und Grübelns. Dieses geht mit einer sozialen Isolierung und einem Rückzug aus der Welt einher, die sich dem späteren Amokläufer zusehends verdunkelt und bedrohliche Züge annimmt. Sodann erfolgt »raptusartig« und vom »Starrwerden des Blicks« begleitet, ein mörderischer Wutanfall, der sich in einer Reihe von Tötungshandlungen ohne ersichtliches Motiv entlädt. Mit dem Ruf »Amok! Amok!« und »verdunkeltem Blick« stürzt der Täter auf die Straße, um mit seinem Dolch auf jeden einzustechen, der seinen Weg kreuzt. Auf diesen Ruf reagierten die Malaien etwa so, wie wir auf eine Alarmsirene reagieren. An den Straßenecken hatten die Behörden Lanzen aufgestellt, mittels derer die Passanten versuchen konnten, sich den Amokläufer vom Leib zu halten. Dabei soll es laut Devereux gelegentlich vorgekommen sein, dass sich der Amokläufer von der Lanze allmählich durchbohren ließ, damit er seinem Gegner nahe genug kommen konnte, um ihn dennoch zu töten. Der Amoklauf endete mit der Überwältigung und dem Tod des Amokläufers, dem die Bevölkerung ein gewisses Maß an Respekt zollte, weil sein Verhalten die privatisierte Schwundstufe eines einstmals bewunderten kriegerischen Mutes darstellte.

Der zeitgenössische westliche Amoklauf, mit dem wir uns im Fortgang des Buches befassen wollen, vertauscht den Dolch oder die Lanze gegen eine Schusswaffe und mündet meist in den Suizid des Täters, was uns über das dichte Nebeneinander von mörderischen und selbstmörderischen Tendenzen belehrt. Einige Täter überlassen ihre Tötung den Sicherheitskräften.

Als auslösende Faktoren für Amokläufe gelten psychosoziale Entwurzelung, Verlust der beruflichen Integration, erfahrene Kränkungen und Konflikte mit Liebespartnern oder Trennungserfahrungen. Lothar Adler (Amok, München 2000) konnte unter den Tätern jeweils große Subgruppen von altersinadäquat bei der Mutter lebenden Sonderlingen und Einzelgängern, beruflich eher gut Qualifizierten, deren Karriere ein jähes Ende durch Entlassung oder Dequalifizierung nahm, von Soldaten oder Mitarbeitern privater Wachdienste und sogenannten »gehemmt-aggressiven« Waffennarren und Freizeitschützen ausmachen. Der typische Amokläufer ist nach dieser Studie zwischen 20 und 40 Jahre alt und männlich. 40 Prozent von ihnen waren aktuell arbeitslos und sozial desintegriert. Inzwischen werden die zahlreichen Schulamokläufe der letzten Zeit den Altersdurchschnitt gesenkt haben.

Allerdings finden sich amokartige Gewalttaten in jüngster Zeit auch am anderen Ende des Altersspektrums: Vereinsamte oder in eine paranoide Sackgasse geratene alte Männer schießen auf Repräsentanten von Behörden oder spielende Kinder.

»Sinnentzug« und Altersamok

Immer mehr ältere Menschen machen angesichts des forcierten gesellschaftlichen Wandels die Erfahrung von »Sinnentzug«: Darunter versteht Alexander Kluge »eine gesellschaftliche Situation, in der das kollektive Lebensprogramm von Menschen schneller zerfällt, als die Menschen neue Lebensprogramme produzieren können«. Was sie in Kindheit und Jugend gelernt und verinnerlicht haben, passt inzwischen auf kein Lebensgelände mehr so richtig. Vielen von ihnen geht es wie Meister Anton, der am Ende von Friedrich Hebbels Theaterstück »Maria Magdalena« sinnend stehen bleibt und ausruft: »Ich verstehe die Welt nicht mehr.« Sie haben mit dem Fortgang des Ganzen nichts mehr zu tun und fühlen sich angesichts des Zusammenbruchs des Reichs des Vertrauten verstört und entwertet. Der forcierte gesellschaftliche Wandel erschüttert das eingespielte Gleichgewicht zwischen der Struktur der äußeren Realität und der Identitätsstruktur der Menschen und wird zur Quelle von Wirklichkeitsverlust und seelischer Krankheit. Alte Menschen geraten in den quasidadaistischen Zustand desjenigen, der mit einem Stadtplan von 1920 das heutige Berlin durchqueren will. Das, was aus Gegenwart und Zukunft auf die Menschen zukommt, fügt sich ihrer Verarbeitungsroutine nicht mehr. Immer mehr bisher gut angepasste Menschen fallen aus ihrer Ordnung der Dinge und haben das Gefühl, dass der Film der äußeren Realität schneller läuft als der innere Text, den sie dazu sprechen. Sie sehnen sich nach stationären Zuständen und hoffen, dass eines Tages die äußere Realität wieder zu ihren inneren Texten passt. Manch einen treibt diese Sehnsucht in die Arme von politischen Strömungen, die ihnen Entlastung durch rückwärtsgewandte Konzepte versprechen.

Wenn einem die Grundlagen des Lebenslaufs entzogen werden und eingeschliffene Lebensmuster vor dem Zusammenbruch stehen, treten starke Spannungen auf, die den Einzelnen zerreißen können. Eingeübt in das passive Hinnehmen unerträglicher Zustände, wohnen viele ältere Menschen ihrem gestreckten sozialen Tod in mürrischer Geduld bei. Ihre Aggressionen werden in der Watte innerer Hemmungen stumpf und wenden sich in Gestalt von Depression oder Krankheiten gegen die eigene Person. Dennoch kommt es in jüngster Zeit auch bei älteren Menschen vermehrt zu Gewaltdurchbrüchen.

Menschen, die an Denk-, Gefühls- und Handlungsgewohnheiten festhalten, die von außen nicht mehr bestätigt werden, geraten leicht in eine Position abseitiger Starrheit, die wahnhafte Züge annehmen kann. Sie geraten in Sackgassen und spinnen sich in paranoide Phantasien ein, die ihre Wahrnehmung mehr und mehr trüben und verzerren.

- In Frankfurt schießt im März 2002 ein 69-jähriger Rentner mit einem Luftgewehr auf Fußball spielende Jugendliche, von denen er sich verfolgt und in die Enge getrieben fühlt. Schon im Sommer zuvor hatte er zwei Jugendliche an Arm und Oberschenkel verletzt.

- In der hessischen Kleinstadt Wetzlar eröffnet im Mai 2002 ein 80-jähriger Mann das Feuer auf den Gerichtsvollzieher und Möbelpacker, die auf richterliche Anordnung seine Wohnung räumen wollen. Er verletzt niemand, zieht sich in die Wohnung zurück, wo er sich selbst erschießt. Er habe durch die angedrohte Räumung »sein Gesicht verloren«, hatte er zuvor seinem Rechtsanwalt gesagt.

- Aus Fürstenfeldbruck wird aus einem Altenheim eine Art Amoklauf gemeldet: Im Juli 2002 erschießt dort ein 65-jähriger Mann seine Frau und eine Pflegerin und taucht anschließend im Trubel eines Stadtfestes unter.

- Am 18. 8. 2009 schießt im niederrheinischen Schwalmtal ein 71-jähriger Rentner auf Anwälte und Gutachter, die sein Haus für eine geplante Zwangsversteigerung taxieren sollen. Zwei Anwälte und ein Gutachter sind tot, ein weiterer Gutachter wird schwer verletzt in ein Krankenhaus eingeliefert. Er habe ein Zeichen setzen wollen, gibt der Rentner später zu Protokoll, dass man mit ihm und seiner Familie so nicht umgehen könne.

Amok und Zivilisationsprozess

Im Anschluss an den Amoklauf von Winnenden wurde verschiedentlich die Frage aufgeworfen, warum der jugendliche Amoklauf sich außerhalb von Nordamerika vor allem im mittleren und nördlichen Europa verbreitet hat und im Süden und Südosten Europas so gut wie gar nicht anzutreffen ist? Genauer gesagt finden wir spektakuläre Schulamokläufe, wie uns eine Chronik gleich zeigen wird, in Europa nur in Deutschland und Finnland.

In Nordeuropa ist der »Prozess der Zivilisation« (Nobert Elias) und die Verwandlung von Fremdzwängen in Selbstzwänge schneller vorangeschritten und schreitet unaufhörlich weiter fort. Das Tabu, das auf der Gewalt liegt, wird ständig verschärft. Wir alle arbeiten unablässig an Sicherheitsvorschriften: Fahren Sie nicht so schnell! Reden Sie nicht zu laut! Schnallen Sie sich an! Setzen Sie beim Radfahren einen Helm auf! Sogar der Krieg scheint diesem Tabu zu unterliegen, soll nur noch aus Hitze und Licht bestehen, und seine Waffen seien, so wird uns versichert, extrem intelligent und sauber.

Je strenger die Gewalt tabuiert ist, je mehr Verhaltensweisen als unerlaubt-aggressiv klassifiziert werden, umso dringlicher macht sich der Wunsch bemerkbar, alles in die Luft zu sprengen, was wiederum das Tabu verschärft und immer so fort. Die Gewaltphantasien schießen ins Kraut und gleichzeitig werden die Möglichkeiten ihrer symbolisch-rituellen Entäußerung permanent beschnitten. Neuerdings soll sogar das Spiel Paintball verboten werden, das Erwachsenen Gelegenheit bietet, ihre Tötungsgelüste zu sublimieren, indem sie am Wochenende mit Farbpatronen aufeinander schießen. Wo wird in unseren Breiten noch Holz gehackt, wo werden noch Gärten umgegraben und Tiere geschlachtet, Teppiche ausgeklopft und Kohlen aus dem Keller geholt? Die Tastatur des Computers reagiert auf zarteste Berührungen, eine Schreibmaschine brauchte noch richtige *Anschläge*. Das warme Wasser kommt aus dem roten Hahn, die Türen schließen automatisch, Rolltreppen und Fahrstühle schaffen das Treppensteigen ab, elektrische Küchengeräte ersparen uns das Hacken von Kräutern und Zwiebeln. Im Süden und Südosten Europas konnten sich Züge einer expressiven Alltagskultur durchhalten, die der Körperlichkeit und auch der Aggression mehr Raum bietet. Die Welt in ihrer sinnlichen Schwere und Dichte hat sich noch nicht zugunsten von unsinnlichen Abstraktionen verflüchtigt. Arbeit existiert hier noch als körperlich-materielle Tätigkeit und hält die gewissermaßen leibliche Gewissheit aufrecht, mit der Menschen die Welt in ihren sinnlichen Qualitäten und ihrer Widerständigkeit erfahren. Die Welt der Gefühle ist nicht vollständig hinter einer Mauer der Verdrängung verschwunden, kleine Scharmützel, rituell ausgetragene Feindseligkeiten und leibliche Anwesenheit sind Bestandteile des Alltagslebens. Gewalt bedeutet dort noch einen Austausch hochsymbolischer, ritueller Gesten, Aggression ist in den Körperausdruck integriert. Die Verbreitung von Amoktaten scheint mit dem Aggressionstabu und seinen unterschiedlichen Durchsetzungsgraden zusammenzuhängen. Im Norden regieren die Depression, die verinnerlichten Selbstzwänge, das Grübeln und die in einem seelischen Innenraum gestaute Wut. Die körpernahe Aggression wird moralisch abgewehrt und aus dem Körperausdruck entfernt. Das seit Jahrhunderten aufgerichtete staatliche Gewaltmonopol definiert jede Gewalt, die der Staat und seine Organe nicht selber ausüben, als roh und illegitim. Wenn im zivilen Leben dennoch auf Gewalt zurückgegriffen wird, kommt es zu Mord und Totschlag. Gerade bei aggressionsgehemmten Menschen, die gelernt haben, alles einzustecken und runterzuschlucken, kommt es eines Tages zu einer katastrophischen Entladung, zur alles vernichtenden Explosion. Wir werden später noch sehen, dass Amokläufe in ländlich-kleinstädtischen Milieus gedeihen und von netten, gehemmt-aggressiven, unauffälligen Jungs und nicht von den »wilden Kerlen« begangen werden.

Was für einzelne Menschen gilt, scheint auch für ganze Kulturen zu gelten: Amok ist eine Form der Wiederkehr des durch den Prozess der Zivilisation Verdrängten und Exkommunizierten, der Einbruch der Gewalt in eine aggressionsgehemmte Kultur.

Das Gefühl, dass sich das gesellschaftliche Leben in allen Einzelheiten zu einem Netz zusammenzieht, das uns fesselt und erstickt, führt im Extrem dazu, dass es erst krachen oder brennen muss, damit überhaupt irgendein Gefühl des Existierens entsteht. »Amoklauf ist ein Symptom der fortgeschrittenen Entfremdung, in der Herrschaft so abstrakt, die Gewalt so schmeichlerisch, die Schuld nicht nachweisbar und der Feind verallgemeinerbar geworden ist«, schrieb Gabriele Goettle 1988 in der ZEIT.

Eine kommentierte Chronik der Schulamokläufe

- Am 11.6.1964 dringt der Frührentner Walter Seifert mit einer zu einem Flammenwerfer umgebauten Unkrautspritze und einer Lanze auf das Gelände der Volksschule Köln-Volkhoven vor. Den 42-jährigen Mann, der als verschlossener Einzelgänger geschildert wird, treibt jahrelang aufgestaute Wut: Wut auf Beamte, die seine Tuberkulose-Erkrankung nicht als Kriegsfolge anerkennen und seine Rente nicht erhöhen, Wut auf Ärzte, die nicht verhindert haben, dass seine Frau und ihr gemeinsames Baby im Kindbett starben. Die Wut reißt sich schließlich von ihrem Anlass los und generalisiert sich zum Hass auf die ganze Welt, den er an seiner alten Schule austobt. Das erste Opfer ist die Lehrerin Anna Langohr, die auch ihm einst Lesen und Schreiben beibrachte. Sie turnt gerade mit einer Mädchengruppe auf dem Schulhof. Dann zielt er mit dem Flammenwerfer auf die Kinder. Die Bilanz des bis dato in Deutschland einmaligen Schulmassakers: acht tote Kinder, zwei tote Lehrerinnen, zwanzig Schwerverletzte, die dauerhaft Schmerzen, Narben und schwere Traumatisierungen davontragen. Der Amokläufer tötet sich unmittelbar nach der Tat selbst, indem er das Insektengift E 605 schluckt.

- Am 3.6.1983 stürmt der 34-jährige Exil-Tschechoslowake Karel Charva in eine Klasse der Freiherr-vom-Stein-Schule im hessischen Eppstein und beginnt, um sich zu schießen. Er tötet drei Schüler, einen Lehrer und einen Polizisten. Anschließend erschießt er sich selbst. Die Motive bleiben im Dunkeln.

- Am 13.3.1996 erschießt der 43-jährige arbeitslose Jugendbetreuer Thomas Hamilton in der Turnhalle einer Grundschule im schottischen Dunblane 16 Schulkinder und eine Lehrerin. Sechs Tage vor der Tat bat der Mann, der sich wegen seiner Homosexualität ins Abseits gedrängt fühlte, in einem Brief die Königin um Hilfe, »damit ich mein Selbstwertgefühl in dieser Gesellschaft wiedererlangen kann«. Nach der Tat setzt er seinem Leben ein Ende. In der Hoffnung, den Schrecken durch einen magischen Akt der »Wüstung« zu bannen, lässt die Gemeinde die Turnhalle abreißen.

- Am 24.3.1998 eröffnen in Jonesboro/Arkansas ein 11- und ein 13-Jährige das Feuer auf Mitschüler und Lehrer, als diese nach einem von den beiden Jungen ausgelösten Feueralarm die Schule verlassen. Vier Schülerinnen und eine Lehrerin kommen ums Leben. Mitchell Johnson, der ältere der beiden, wollte es vor allem seiner Ex-Freundin heimzahlen, die gerade mit ihm Schluss gemacht hatte.

- Am 20.4.1999, keineswegs zufällig an Hitlers Geburtstag, nehmen in Littleton/Colorado die von der Schulgemeinschaft an den Rand gedrängten und der sogenannten Trenchcoat-Mafia angehörenden Schüler Eric Harris und Dylan Klebold grausige Rache. Während der einjährigen Phase der Tatvorbereitung hatten sie sich in ihren destruktiven Größenphantasien vorgestellt, Sprengsätze zu werfen, in der Schule mindestens 250 Menschen zu töten und anschließend ein Flugzeug zu entführen und über New York zum Absturz zu bringen. Pannen verhinderten das Schlimmste. Sie erschießen schließlich einen Lehrer und zwölf farbige und/oder als Sportler hervorgetretene und deswegen von ihnen gehasste Mitschüler: »Alle Sportler aufstehen, alle Sportler sind tot«, rufen sie, bevor sie das Feuer eröffnen. Am Ende ihres mörderischen Wütens erschießen sie sich selbst. Mit dem Massaker an der Columbine-Highschool beginnt auch für den Amoklauf das Zeitalter der Globalisierung: Die Bilder gehen um die Welt, und das Internet sorgt dafür, dass jederzeit und überall eine Art Blaupause für Schulschießereien abrufbar ist. Wer in die *Hall of Fame* der Übeltäter und Negativ-Helden aufgenommen werden will, muss sich in punkto Opferzahl mit Klebold und Harris messen und die perverse Überbietungsspirale ein Stück weiter drehen.

- Eine Studie des US-Geheimdienstes über 37 Schießereien an Schulen ergab: Die Massaker wurden regelmäßig geplant, und die Täter standen eher an der Peripherie der Gemeinschaft und fühlten sich gehänselt oder ausgestoßen. Das Gros der School-Shootings fand nicht in innerstädtischen Problemgebieten und sozialen Brennpunkten, sondern in religiös geprägten ländlichen Regionen oder gediegenen Vororten statt. Unter präventiven Aspekten wichtig scheint, dass fast alle Täter ihren Mitschülern gegenüber im Vorfeld der Tat mehr oder weniger klare Andeutungen gemacht haben: »Etwas Schreckliches wird sich demnächst hier ereignen!« Für diese Absichtsbekundungen hat sich in der Forschung der Begriff »Leaking« durchgesetzt, was so viel bedeutet wir Durchsickern.

- Am 1.11.1999 schießt der 16-jährige Lehrling Martin P. in Bad Reichenhall aus dem Fenster der elterlichen Wohnung auf alles, was sich bewegt. Er tötet vier Menschen und anschließend sich selbst. Der Schauspieler Günter Lamprecht und seine Lebensgefährtin Claudia Amm geraten durch einen Zufall ins Schussfeld des Täters und überleben schwer verletzt und dauerhaft traumatisiert.

- Zu den unmittelbaren Nachahmungstaten, die jedes größere Massaker nach sich zieht, gehört die Tötung einer Lehrerin im sächsischen Meißen durch einen 15-jährigen Gymnasiasten am 9.11.1999. Er war bis dato in der Schule nie aufgefallen und galt als recht beliebter und guter Schüler. Er hatte seine Tat angekündigt und wiederholt von seinem »Hass« auf jene Lehrerin gesprochen.

- Zu den Nachbeben von Bad Reichenhall gehört auch das von drei 14-jährigen Schülern für Ende November 1999 bis in alle Einzelheiten geplante Blutbad an einer Schule im bayerischen Metten, das die Polizei gerade noch rechtzeitig verhindern kann.
- Am 16.3.2000 schießt der 16-jährige Michael F. im bayerischen Brannenburg auf den Leiter eines Internats, der ihn am Tag zuvor wegen wiederholter Regelverstöße der Schule verwiesen hatte. Der Lehrer stirbt Tage später, der Schüler, der sich nach der Tat in den Kopf geschossen hatte, liegt seitdem im Koma.
- Am 8.6.2001 stürmt in einem Vorort von Osaka/Japan ein 37-jähriger Mann in einen Schulraum und ersticht acht Schulkinder mit einem Messer, 20 weitere werden zum Teil schwer verletzt.
- Am 19.2.2002 stürmt der 22-jährige, aus Polen stammende Adam L. mit einem Kampfanzug bekleidet in die Räume einer Echinger Dekorationsfirma, die ihn kurz zuvor entlassen hatte. Er erschießt seinen ehemaligen Chef und dessen Vertreter. Dann lässt er sich per Taxi nach Freising zu seiner ehemaligen Schule fahren, an der er Jahre zuvor von einem Lehrer gedemütigt und gekränkt worden war. Er zündet Rohrbomben und erschießt den Schulleiter. Mit der letzten Kugel tötet er sich selbst.
- Diese Tat und vor allem ihr großes mediales Echo erlebt Robert S. in Erfurt, während er über seinen Racheplänen brütet. Am 26.4.2002 führt er sie aus und tötet am Gutenberg-Gymnasium zwölf Lehrkräfte, zwei Schüler, eine Sekretärin und einen Polizisten, bevor er sich selbst umbringt.
- Nach dem Massaker gibt es allein in Thüringen circa 80 Drohungen von sogenannten Trittbrettfahrern: »Hier gibt es bald Erfurter Verhältnisse!«
- Im Oktober 2002 nimmt der 16-jährige Marcel K. im baden-württembergischen Waiblingen — ausgerüstet mit einer schusssicheren Weste, einer Luftpistole und Bombenattrappen — zehn Schüler und eine Lehrerin als Geiseln. Nach intensiven Verhandlungen lässt er die Geiseln nach und nach frei und ergibt sich. Dass es in Waiblingen glimpflich ausgeht, führt ein Polizeipsychologe »auf Reste an Einfühlungsvermögen« beim Täter zurück.

- In der Nähe von Barcelona nimmt im November 2002 ein bewaffneter Mann 25 Schulkinder als Geiseln und verlangt 1,5 Millionen Euro Lösegeld. Er kann noch am selben Abend überwältigt und festgenommen werden.

- Am 2.7.2003 schießt im bayerischen Coburg ein 16-jähriger Schüler eine Lehrerin an und tötet sich anschließend selbst durch einen Schuss in den Mund. Die Waffe stammt aus dem Waffentresor des Vaters. Im Vorfeld der Tat scheint sich im Leben des Realschülers etwas verändert zu haben. Äußerlich kommt das darin zum Ausdruck, dass er schwarze Kleidung trägt, sich für Satanismus interessiert und Gothik-Musik hört.

- Im Frühjahr 2006 schlagen Lehrer der Rütli-Schule und anderer Berliner Hauptschulen Alarm und klagen über eine Eskalation alltäglicher Gewalt, die einen geregelten Unterricht kaum noch zulässt. An sogenannten Problemschulen ist der alltägliche Gewaltpegel hoch, aber Amokläufe fanden bisher dort nicht statt.

- Am 26.5.2006 sticht der stark alkoholisierte 16-jährige Mike P. während der Feierlichkeiten zur Eröffnung des Berliner Hauptbahnhofs blindlings auf Passanten in der Menge ein. Er verletzt 37 Menschen, acht davon schwer. Er ist einer der seltenen Amokläufer, die ihre Tat überleben, und wird im März 2007 zu sieben Jahren Jugendstrafe verurteilt.

- Am 20.11.2006 betritt der 18-jährige Sebastian B., der sich im Internet ResistantX nennt, gegen 9.30 Uhr maskiert und schwer bewaffnet das Gelände seiner ehemaligen Schule in Emsdetten, schießt wahllos auf Menschen, zündet Rauchbomben. Fünf Personen werden durch Schüsse verletzt, weitere 32 müssen wegen erlittener Schocks oder Rauchvergiftung behandelt werden. Dann tötet er sich selbst. Im Internet hinterlässt er einen düsteren Abschiedsbrief, in dem er seinen Ekel vor den Menschen und seinen Hass gegen alle Welt verkündet: »Bevor ich gehe, werde ich euch einen Denkzettel verpassen, damit mich kein Mensch mehr vergisst. Ich hasse euch und eure Art! Ihr müsst alle sterben.« Sebastian B. galt als Außenseiter und Eigenbrötler, der mit sich und der Umwelt nicht zurechtkam. Am Tag nach der Tat sollte wegen unerlaubten Waffenbesitzes vor Gericht gegen ihn verhandelt werden. Dass Sebastian B. seine weitreichenden Vernichtungspläne nicht realisiert und sein mitgeführtes großes Waffenarsenal nicht ausschöpft, deutet auf Ambivalenzen und erhalten gebliebene Tötungshemmungen hin.

- Nach der Tat von Emsdetten tauchen in ganz Deutschland »Amoklisten« von Trittbrettfahrern auf. Schüler kündigen via Internet Amokläufe an Schulen an und versetzen ganze Bundesländer in Aufregung und Tausende von Polizisten in Alarmbereitschaft. Wer »keinen Bock auf Schule hat«, äußert im Internet eine Drohung und schon fällt am nächsten Tag die Schule aus.

- Am 16.4.2007 erschießt der aus Südkorea stammende Cho Sueng-Hui an der technischen Universität von Virginia 32 Studenten und Dozenten, bevor er sich selbst tötet. Einige Tage nach der Tat tauchte beim Fernsehsender NBC ein Päckchen mit einer umfangreichen multimedialen Dokumentation auf. Der Absender: Cho Sueng-Hui. In Texten, auf Fotos und in Videos doziert und posiert er mit an den Kopf gehaltenen Waffen. Er redet in abgehackten, oft wirren Sätzen und mit einer pathetischen Sprache und bezichtigt die ganze Welt, ihm Unrecht getan zu haben.

- Am 7.11.2007 erschießt der 18-jährige Abiturient Pekka Eric Auvinen an einem Schulzentrum im finnischen Jokela sechs Mitschüler, eine Schulkrankenschwester und die Schulleiterin. Dann tötet er sich selbst mit einem Kopfschuss.

- Knapp ein Jahr später, am 23.9.2008, ereignet sich erneut ein Schulamoklauf in Finnland. An einer Berufsschule in Kauhajoki tötet der 22-jährige Matti Saari neun Menschen und sich selbst. Genau wie Auvinen posierte auch er in den Wochen vor der Tat im Internetportal Youtube mit Waffen und kündigte dort das Massaker an. Auf seiner Webseite beschrieb er sich als Hard-Rock-Fan und Konsument von Horrorvideos. Seine Hobbys: Sex, Computer, Waffen und Bier. Der mediale Narzissmus spielt in jüngster Zeit bei der Planung und Durchführung von Amokläufen eine immer größere Rolle, und es wird über das Medium Internet eine grandiose Selbstinszenierung betrieben.

- Am 26.11.2008 muss nach einer per E-Mail eingegangenen Drohung der Unterricht an einer Gesamtschule in Erfurt ausfallen.

- Am 11.3.2009 kehrt der 17-jährige Tim K. in schwarzer Kampf-montur an seine ehemalige Schule in Winnenden, die Albert-ville-Realschule, zurück und schießt mit einer Pistole aus dem Besitz seines Vaters in mehreren Klassenräumen um sich. Er tötet acht Schülerinnen, einen Schüler, drei Lehrerinnen. Nach dem Eintreffen der Einsatzkräfte verlässt er die Schule und tötet auf seiner Flucht drei weitere Menschen. Schließlich wird er auf einem Parkplatz vor einem Autohaus umstellt und angeschossen. Schließlich erschießt er sich selbst. In den folgenden Tagen und Wochen kommt es zu unzähligen Amokdrohungen von Tritt-brettfahrern und Wichtigtuern. Die Gießener Kriminologin Bannenberg sprach in einem Vortrag von ca. 2000 solcher »Be-drohungsfällen« in den Wochen nach dem Amoklauf. Spekta-kuläre Verbrechen aktualisieren bei anderen eine zuvor bereits latent vorhandene Tatbereitschaft und ziehen häufig gravierende Resonanzstraftaten nach sich. Ein Mann löscht wenige Tage nach dem Massaker von Winnenden seine Familie aus und tötet sich selbst, der lange schwelende Groll über einen Erbschaftsstreit entlädt sich in einer Schießerei im Amtsgericht von Landshut/Bayern, der zwei Menschen zum Opfer fallen. Wenige Kilometer von Winnenden entfernt bringen zwei Jugendliche eine vierköp-fige Familie um (s.u.).
- Am 11.5.2009, also exakt zwei Monate nach dem Amoklauf von Winnenden, kann die 16-jährige Gymnasiastin Tanja O. aus dem nordrhein-westfälischen St. Augustin gerade noch daran gehin-dert werden, Brandsätze in Klassenzimmer zu werfen und mit einem Samuraischwert zu wüten. Eine 17-jährige Mitschülerin hatte sie auf der Schultoilette während der Vorbereitungen ent-deckt. Sie verliert im Handgemenge mit der Täterin einen Dau-men. Dazu mehr im Kapitel »Mädchen und Amok«.
- Am 17.9.2009 wirft im fränkischen Ansbach der 18-jährige Schü-ler Georg R. am Gymnasium Carolinum einen sogenannten Molotow-Cocktail und geht mit einer Axt gegen seine Mitschüler vor. Er verletzt neun Schüler und einen Lehrer, bevor er von der Polizei außer Gefecht gesetzt werden kann. Er überlebt schwer verletzt.

Rückblick 1:
»Mein Zorn ist wie der eines Gottes.«
Das Massaker an der Columbine-Highschool von 1999

Marcus Messner aus Newark besucht das College im idyllisch gelegenen Winesburg in Ohio. Er ist ehrgeizig, nimmt sein Studium ernst und bekommt deswegen Ärger mit seinen Kommilitonen, die alles leichter nehmen und sich amüsieren wollen. Er verstrickt sich in eine unheilvolle Liebesbeziehung zu einem psychisch fragilen und kapriziösen Mädchen. Er gerät über seinen Ehrgeiz sogar in Konflikt mit seinen Lehrern. Er ist unglücklich, aber aus seinem Abseits heraus auch voller Neid auf die anderen. Während er sich quält und diskriminiert fühlt, fliegt ihnen alles zu. Demütigung war für sie ein Fremdwort, sie sahen gut aus und traten gewandt, selbstsicher und gelassen auf. Sie waren die Quarterbacks im Baseballteam und wurden von den schönsten Mädchen begehrt, die natürlich Tambourmajorinnen und Star-Cheerleader waren. Marcus Messner *empört* sich, kotzt dem Collegeleiter auf den Teppich, begeht schließlich einen Fehler und wird der Schule verwiesen. Er wird zur Armee eingezogen und in den Koreakrieg geschickt, in dem er den Tod findet. So endet die Geschichte einer »Empörung« im Jahre 1951, von der Philip Roth in seinem gleichnamigen Roman erzählt. Zu jener Zeit ging die Gewalt an Schulen und Universitäten noch von den Lehrern aus. Der Rückschlag des gedemütigten Lebens unterblieb, die Aggression wurde in der Watte verinnerlichter Hemmungen und Konventionen stumpf und selbstzerstörerisch.

Eine Generation später hätte Marcus Messner seinen Frust über die Enge seines Elternhauses, seinen Mangel an Liebe und die Borniertheit seiner Mitschüler in die weltweite Protestbewegung einbringen und politisieren können. Er hätte sich in Sätzen wie diesen von Jerry Rubin wiedererkannt: »Wir waren verwirrt. Wir begriffen nicht, warum wir arbeiten sollten, bloß um größere Häuser unser Eigen nennen zu können. Größere Wagen. Größere manikürte

Rasenflächen. ... Unsere Botschaft lautet: Werdet nicht erwachsen. Erwachsenwerden heißt Träumen aufgeben.« Statt sich in der Hamstertrommel seines Ehrgeizes zu verschleißen und sich in den Koreakrieg schicken zu lassen, wäre er Teil der Anti-Vietnam-kriegs-Bewegung geworden, ein paar Jahre später in eine Land-kommune gezogen, hätte Hanf angebaut und wäre zum Buddhis-mus konvertiert.

Noch eine Generation später besuchen Eric Harris und Dylan Kle-bold die Columbine-Highschool in Littleton/Colorado. Sie sind 18 und 17 Jahre alt, und auch sie sind Außenseiter und sehen sich mannigfachen Schikanen ihrer Mitschüler ausgesetzt. Sie schaffen sich eine kränkungsgeschützte Parallelwelt, in der sie exzessiv den Ego-Shooter *Doom* spielen, sich für Oliver Stones Film *Natural Born Killers* begeistern und für die deutsche Band *Rammstein* schwärmen. Sie gehören der sogenannten *Trenchcoat-Mafia* an und beginnen, ihr Außenseitertum regelrecht zu zelebrieren. Sie dre-hen ein Video mit dem Titel »Hitmen For Hire«, in dem Männer mit Basekaps, Sonnenbrillen und schwarzen Mänteln als Rächer der Gedemütigten auftreten und gegen Bezahlung die wegen ihrer Arroganz verhassten Sportler- und Siegertypen, die sogenannten Jocks erschießen. Unter dem Titel »Ich bin voller Hass – und das liebe ich« ist dieser Tage ein Buch von Joachim Gaertner erschie-nen, das die Dokumente eines wuchernden und sich entgrenzen-den Hasses versammelt. Man wird Zeuge, wie das Selbstgefühl der beiden mehr und mehr in den Bann eines bösartigen, der amerika-nische Psychoanalytiker Otto F. Kernberg würde sagen: »malignen Narzissmus« gerät, der die Vorstellung der eigenen Grandiosität mit dem Gefühl der Machtausübung verknüpft und sadistisch ein-färbt. Der Hass der beiden ist derart uferlos und explosiv, dass er sich auf Dauer nicht sublimieren lässt und mit symbolischen Arti-kulationen zufrieden geben kann. Außerdem dürsten sie nach Ruhm und Anerkennung, und da sie diese auf üblichem Weg nicht finden können, entscheiden sie sich, ihren Abgang aus der Welt wie ein privates »jüngstes Gericht« grandios in Szene zu setzen. »Mein Zorn ist wie der eines Gottes«, hatte Dylan Klebold in sein Schul-jahrbuch geschrieben. Und: »Ich kann ihn gar nicht erwarten, den heiligen Aprilmorgen der Natural Born Killers.« Am 20.4.1999 schreiten sie – keineswegs zufällig am 110ten Geburtstag Adolf Hitlers – zur Tat. Wie die Wiedergänger ihrer Film- und Video-helden gekleidet, betreten sie um kurz nach 11 Uhr die Schule und eröffnen das Feuer auf ihre Mitschüler. In der Bibliothek und der Cafeteria töten sie in den nächsten 45 Minuten zwölf Schüler und einen Lehrer. Dann erschießen sie sich selbst.

Auch vor Littleton hat es Schulamokläufe gegeben, aber das Co-lumbine-Massaker markiert nicht nur wegen der bis dato unvor-stellbaren Brutalität und der Anzahl der Opfer eine Zäsur. Es ist der erste Schulamoklauf des globalen und digitalen Zeitalters. Das Fernsehen ist life dabei, und die Bilder der Überwachungskame-ras, die den mörderischen Auftritt von Klebold und Harris in der Schulcafeteria festgehalten haben, gelangen ebenso ins Internet wie die Handy-Notrufe der Opfer. Zehn Jahre nach Littleton müssen wir konstatieren, dass *Columbine* zum Oberbegriff und Symbol für Schießereien an Schulen und Universitäten geworden ist und eine grausige Mode begründete. Im November 1999 übersprang der »Amok-Virus« den Atlantik und erfasste den 16-jährigen Lehrling Martin P. aus Bad Reichenhall, der mit Waffen aus dem Besitz des Vaters auf Passanten feuerte und vier Menschen und sich selbst tötete. Seither reißt die Kette jugendlicher Amokläufe und Schul-schießereien in Nordamerika und Mittel- und Nordeuropa nicht ab. Die blutige Spur führt in Deutschland über Freising und Erfurt 2002, Coburg 2003, Emsdetten 2006, Winnenden im März 2009 bis nach Ansbach im September 2009.

Im Sinne des Ethnopsychoanalytikers George Devereux müssen wir uns fragen, ob der ursprünglich im südostasiatischen Raum als kulturelle Reaktion auf einen untilgbaren Ehr- und Gesichtsverlust beheimatete »Amok« nicht im Begriff ist, sich mit entsprechenden Modifikationen auch in den Metropolen des Westens als ein »Mo-dell des Fehlverhaltens« zu etablieren. Devereux zufolge stellt jede Kultur ihren Mitgliedern Verhaltensschablonen zur Verfügung, nach denen traumatischer Stress und unerträgliche Spannungs-zustände abgeführt werden können, ohne das System als Ganzes in Frage zu stellen. Es ist so, als würde die Gesellschaft dem Individuum sagen: »Tu es nicht, aber wenn du es tun musst, dann muss es so und so gemacht werden.« Das unbewusste Skript für den Missbrauch lautet in unserem Fall: »Wenn du dich ausgegrenzt und nicht wahrgenommen fühlst, wenn sich in deinem Leben Niederlage an Niederlage reiht und du deswegen einen wachsenden Hass verspürst, dann kannst du einen Amoklauf in Erwägung ziehen. Trainiere dir am Computer das Mitleid ab, übe das Töten und studiere die Choreographie ein. Denke rechtzeitig an deine multimediale Selbstdarstellung, um deinen Nachruhm zu sichern. Wenn der Tag der Rache gekommen ist, hole die Waffen aus dem Versteck, kleide dich schwarz und maskiere dich. Begib dich ins Epizentrum deiner Kränkungen und verwandele die Stätte deiner Traumatisierungen in den Ort deines Triumphes. Lass dein geschundenes und verkanntes Selbst in einem gigantischen finalen Feuerwerk verglühen.«

Als Devereux seine Überlegungen Ende der 60er Jahre niederschrieb, konnte er noch nicht ahnen, welche Rolle eines Tages den modernen Medien bei der Durchsetzung neuer »Modelle des Fehlverhaltens« zukommen würde. Es scheinen die giftigen Sekrete der unter die Diktatur der Einschaltquote geratenen Medien zu sein, die neue Modelle des Fehlverhaltens ins gesellschaftliche Verhaltensrepertoire einspeisen und so den »Amok-Virus« auf Empfänger übertragen, deren narzisstisches Immunsystem geschwächt ist und die infolgedessen für Ansteckung anfällig sind. Wenn es stimmt, dass Schulamokläufer wesentlich von dem Wunsch angetrieben werden, aus der Bedeutungslosigkeit ihrer Existenz herauszutreten und ins Rampenlicht öffentlicher Aufmerksamkeit zu geraten, dann macht sich, wer Bilder der Tat und des Täters verbreitet, zu seinem Komplizen und Erfüllungsgehilfen. Der mediale Nachhall der Schüsse ist wesentlicher Teil der Tatplanung und wird von den Tätern intensiv vorphantasiert und genossen. Die toten Amokläufer und die Amok-Schläfer sind in einer weltumspannenden, imaginären Hassföderation vereint, die medial organisiert ist und von Bildern lebt. Wem es ernsthaft um Prävention zu tun ist, müsste dafür sorgen, dass die Berichterstattung über solche Massaker auf ein sachliches Minimum begrenzt wird. Vor allem dürfen keine Bilder des Täters in Aktion und voller Montur in Umlauf gesetzt werden, weil diese den »malignen Narzissmus« amokgefährdeter Jugendlicher auf besondere Weise stimulieren und sie zur Nachahmung geradezu animieren.

Seit dem Massaker an der Columbine-Highschool ist die Gestalt des Schulamokläufers fester Bestandteil des Ensembles jugendlicher Rachegestalten, auf die in der Phantasie immer dann zurückgegriffen wird, wenn sich im realen Leben Kränkung an Kränkung reiht und man Opfer von Dissing- (d. i. jemanden schmähen, verbal fertigmachen) und Mobbing-Attacken geworden ist. Schon in der Kindheit bringt jeder seine eigenen Racheengel hervor. Sie erwachen zum vollen Leben, erhalten Kontur und Kraft mit der ersten erfahrenen Kränkung. »Schon die erste Demütigung, die erste als Schmach erlebte Niederlage zeugt kompensatorische Phantasieaktionen. Sie schreit nach szenischen Imaginationen eigener stolzer Siege. Triumphe werden erträumt, Rachen werden phantastisch bebildert. Die Demütigung des Demütigers. Die Phantasien Gedemütigter sind immer furchtbar«, schreibt Silvia Bovenschen in ihrem Buch »Älter werden« (Frankfurt/Main 2006). Grausamkeit ist die Rache des gekränkten Stolzes. Wenn es an Kraft, Mut und Möglichkeit mangelt, real Rache zu üben, wird sie nach Innen in die Phantasie verschoben: Im Dreck soll der andere liegen, seine Gedärme sollen ihm herausgerissen, die Haut in Streifen abgezogen werden. Die, die gerade noch über mich gelacht und mich verspottet haben, sollen auf die Knie sinken, durch den Staub kriechen und vor Angst zitternd um Gnade winseln. Wer eine nicht verarbeitbare Kränkung erlitten hat, wird auch auf der Probebühne der Phantasie immer weit über die traumatische Kränkung hinaus zurückschlagen, um zu unterstreichen, dass sie niemals hätte geschehen dürfen und sich niemals wiederholen darf. Es geht bei solchen phantasierten Rachefeldzügen um Heilung, um die Wiederherstellung des noch schwachen Ichs, das wir uns gerade erst spiegelbildlich gebastelt haben und das durch Kränkungen beschädigt wurde. Der innere Held fungiert, wie Bovenschen sagt, als »ein seelischer Schadenschnelldienst«, der auf Anruf sofort herbeieilt und durch sein Eingreifen den narzisstischen Super-GAU verhindert. Insofern erfüllt die Rachegestalt eine enorm wichtige Funktion in unserem seelischen Haushalt. Wenn einem Menschen im Leben allerdings wenig mehr bleibt als solche Phantasien, wenn sie schließlich seinen gesamten inneren Horizont ausfüllen, ihn ganz beherrschen, dann ist Gefahr im Verzug. Der Blick trübt sich, die Wahrnehmung färbt sich paranoid ein, und die erscheinende Wirklichkeit wird solange umgedeutet, bis sie sich den verzerrten Bildern fügt, die der Paranoiker sich von ihr macht. Jetzt verwandelt sich dieser Mensch, wenn seine inneren Helden Harris, Klebold oder Steinhäuser heißen, in einen Amokläufer im Wartestand, in einen Amok-Schläfer.

Im Zeitalter des Narzissmus besteht nur dann Hoffnung auf eine Eindämmung der Amok-Epidemie, wenn die mediale Resonanz möglichst gering ausfällt und die ungewollte Heroisierung der Täter unterbleibt. Gäbe es den medialen Hype nicht und würden Meldungen über Schulschießereien auf Seite 7 der Lokalzeitungen landen, gäbe es die Schulmassaker nicht oder doch in viel geringerem Ausmaß. Da Winnenden uns gerade wieder ein zum medialen Paroxysmus gesteigertes Gegenbeispiel geliefert hat, könnte man vermuten, dass diese Gesellschaft – und damit wir alle – den Amoklauf unbewusst fördern, weil er uns mit Bildern beliefert, die wir schaudernd genießen, und uns kurzfristig ein panikinduziertes Gefühl der Zusammengehörigkeit beschert. Solange das so bleibt, müssen wir davon ausgehen, dass die nächsten Schützen in den Kulissen des Alltags schon bereitstehen und sich auf ihren Auftritt vorbereiten.

ALLTAGSAMOK – AMOKALLTAG: IM LEBENSMITTELMARKT

Im Lebensmittelmarkt fällt mir ein junger Mann auf. Er ist schwarz gekleidet, trägt eine Basecap, aus deren rückwärtiger Öffnung ein Pferdeschwanz herausfällt. Er stapft breitbeinig, in einer Art von Seemannsgang durch die Regalreihen. Ich beobachte, wie er grob die Abdeckung einer Kühltruhe aufreißt. Er nimmt eine Packung heraus, mustert sie kurz und wirft sie dann verächtlich und mit Wucht zurück. Er schiebt die Abdeckung derart aggressiv zu, dass sie aus der Halterung zurückspringt und halb geöffnet stehen bleibt. Dasselbe Verhalten zeigt er auch vor dem Lebensmittelregal. Dinge werden herausgenommen und achtlos zurückgeworfen. Dabei ist in seinem Gesicht ein Zucken, eine Art unwillkürlichen Grimassierens, und er redet vor sich hin. Seine Gesten und Aktionen sind präzise, aggressiv und roh, und ich ahne, dass es, spräche man ihn darauf an, böse enden würde. Also lasse ich es.

In der Schlange vor der Kasse drängt sich eine ältere Frau nach vorn. Mit Rücksicht auf ihr Alter – ich schätze, sie ist 80 – beschwert sich niemand über ihr Verhalten. Außerdem hält sie nur ein Paket Spargel in der Hand. Sie grummelt vor sich hin und äußert ihren Unmut über die Länge der Warteschlange. Von links nähert sich ein vielleicht 70-jähriger Mann und fordert lautstark die Öffnung einer weiteren Kasse. Die Umstehenden schmunzeln über die Zeitnot der beiden Rentner. Als endlich tatsächlich eine weitere Kasse geöffnet wird, stürzt die alte Frau auf sie zu, kommt aber am Einkaufswagen des älteren Mannes nicht vorbei, der ebenfalls gewendet hat und dabei mit dem Wagen an einem Gestell hängen geblieben ist. Die alte Frau drängt an ihm vorbei, rüttelt an seinem Wagen, schiebt und drückt. Zwischen den beiden entsteht beinahe ein Handgemenge, Flüche werden ausgestoßen, Beschimpfungen gehen hin und her. Die alte Frau wirft nun das Spargelpaket über den Einkaufswagen des Mannes im hohen Bogen auf das Förderband vor der Kasse, um ihr Vorrecht auf den ersten Platz zu demonstrieren. Auch als die beiden aus meinem Blickfeld entschwunden sind, höre ich noch, wie sie schimpfen und sich Beleidigungen an den Kopf werfen.
Dicht unter der Oberfläche des Alltags und angepasster Verhaltensweisen schlummern heftigste Aggressionen und brechen bei erster Gelegenheit auf. Was sie einst hemmte, erodiert oder wird gar nicht mehr erworben. In Krisenzeiten wie den unseren reichert sich der Konformismus vieler Leute mit Bösartigkeit und Feindseligkeit an. Den zwischenmenschlichen Beziehungen ist etwas zutiefst Feindseliges beigemischt, und wer sehen will, der erkennt den Kern von Gewaltförmigkeit im sozialen Frieden der bürgerlichen Gesellschaft.

II. Das Gefängnis als »Gewaltlabor« und Ort, der mein Schreiben prägt[1]

> »Die Ursache kommt ungestraft davon,
> die Wirkung muss ins Gefängnis.«
> *Philip Roth*

Die Sehnsucht einer Wirkung nach ihrer Ursache

Es ist an der Zeit, den Lesern zu erläutern, wer hier zu ihnen spricht und aus welcher Perspektive und was sie im Fortgang des Buches zu erwarten haben.

Von Hause aus, wie man so sagt, bin ich Sozialwissenschaftler, arbeite aber seit vielen Jahren als Gefängnispsychologe im Erwachsenenstrafvollzug. Den Umstand, dass ich über kein Psychologie-Diplom verfüge, aber als Anstaltspsychologe tätig bin, haben gelegentlich Gefangene, die aus irgendwelchen Gründen nicht gut auf mich zu sprechen waren, zum Anlass genommen, mich wegen »Amtsanmaßung« anzuzeigen und bei verschiedenen Institutionen anzuschwärzen. Sie waren offenbar der Meinung, einem großen Betrugsskandal auf die Schliche gekommen zu sein, so als hätte ich mich – wie der gelernte Briefträger Postel als Oberarzt in eine psychiatrische Klinik – unter Vorspiegelung falscher Tatsachen als Psychologe ins Gefängnis eingeschlichen. Diese Klagen und Beschwerden blieben freilich ohne Erfolg.

---

1 Wann immer sich der Verfasser im Laufe dieses Buches zum Thema Gefängnis, Verbrechen und Strafe äußert, handelt es sich um Meinungsäußerungen des Autors und nicht um offizielle Äußerungen der Justizbehörden oder des Hessischen Justizministeriums.

Beim Versuch der interpretierenden Aneignung der gegenwärtigen Gewaltwirklichkeit kommt mir diese Doppel-Identität als Sozialwissenschaftler und Gefängnispsychologe dagegen zugute. Wie sich eine Gesellschaft in der Einstellung zu ihren Randzonen als Ganze enthüllt und zu erkennen gibt, so entwickelt man vom Gefängnis aus umgekehrt einen spezifischen Blick aufs gesellschaftliche Ganze. Es ist ein Blick von unten, ein Blick, der vom Rand aufs Zentrum fällt und dieses in einem anderen Licht erscheinen lässt.

Der Satz von Philip Roth, den ich diesem Kapitel vorangestellt habe, hat zwei Dimensionen, die für meine Arbeit wesentlich sind. Einmal besagt er, dass die Insassen unserer Gefängnisse Wirkungen von Ursachen sind, die außerhalb der Mauern liegen und ungestraft davonkommen. Es ist nach meinem Verständnis ein Aspekt von »Re-Sozialisierung«, den isolierten Täter als Ensemble seiner und unserer gesellschaftlichen Verhältnisse zu begreifen und seine Tat in ihrem gesellschaftlichen Kontext zu betrachten. Freilich: Die Verhältnisse tun nichts, aber ohne sie wären bestimmte Taten schwer vorstellbar. Wir werden im Laufe dieses Textes verschiedentlich auf sie stoßen. Dann bedeutet der Roth'sche Satz aber auch: Die Gefangenen sitzen vor mir mit der Sehnsucht einer Wirkung nach ihrer Ursache, die ihrem Bewusstsein nicht zugänglich ist und die sie doch kennen müssen, um einen Ausweg aus dem Labyrinth krimineller Wiederholungszwänge finden zu können.

Man hat, wenn man sich theoretische Neugier und Einfühlungsvermögen bewahrt hat, im Gefängnis gewissermaßen den Finger am Puls der Gewaltwirklichkeit der Gegenwart, und manches wird durch die dortigen Zuspitzungen zur Kenntlichkeit gebracht. Viele der Erfahrungen, die in diesen Text eingeflossen sind, verdanke ich dem Vertrauen, das Gefangene mir entgegengebracht haben, indem sie mir ihre Geschichte erzählten und mir hinter den aktenmäßigen Auffälligkeiten einen Blick in ihre psychischen Abgründe gewährten. Das Gefängnis ist für mich gewissermaßen ein »Gewaltlabor«, ein Feld ständiger Empirie und Erfahrung. Aber man darf die Gefangenen nicht aufspießen und einer kalten psychischen Vivisektion unterziehen. Wer so vorgeht, erfährt nichts, sondern bestätigt nur, was er bereits zu wissen glaubt: »Es handelt sich beim

Gefangenen XY um einen klaren Fall von …« Es bedarf einer Art von mittleren Haltung zwischen den Polen Distanz und Nähe. Es gibt zwei sich scheinbar ausschließende Bedingungen einer solchen Arbeit im Gefängnis: Wer sich plump mit den Gefangenen gemeinmacht, wird ihre Anerkennung und ihr Vertrauen schwerlich finden. So etwas empfinden sie als verlogen und macht sie mit Recht skeptisch. Das ist nicht das, wonach sie suchen und was sie benötigen. Wer sich anbiedert, beraubt sie eines wirklichen Gegenübers und Widerparts. Die andere lautet: Bestimmte Dimensionen erschließen sich nur dem, der auf die Gefangenen setzt und an ihre besseren Möglichkeiten glaubt. Das fällt angesichts der enorm hohen Rückfallquoten, die unsere Gefängnisse nach wie vor aufweisen, nicht unbedingt leicht. Man benötigt etwas von der Haltung des Opernsängers, von dem Alexander Kluge in einem seiner Filme einmal erzählt hat. Befragt, wie er es fertigbringe, im ersten Akt einer Oper, die im fünften Akt tragisch endet, auch bei der 81. Aufführung noch Optimismus auszustrahlen, antwortet er: »Im ersten Akt kann ich nicht wissen, wie die Oper im fünften Akt ausgeht.«

Wenn es einem gelingt, diese Dialektik lebendig zu halten und auszutragen, wird man mit Erfahrungen reich beschenkt und kann die psychischen Beschädigungen und Mängel kennenlernen, aus denen Gewalt und Verbrechen hervorwachsen.

Ein »Amokexperte« am 11. März 2009.
Zur Entstehungsgeschichte dieses Buches

Ich erinnere mich, dass ich, als ich Anfang März von einem Spaziergang nach Hause zurückkam, dachte: »Demnächst beginnt die ›Amok-Saison‹.« Es gibt nämlich eine auffällige Häufung von Amokläufen im Frühjahr, und es gibt – worauf Gabriele Goettle schon vor vielen Jahren hingewiesen hat – keine oder fast keine Amokläufe im Sommer. Eine Studie des amerikanischen Geheimdienstes über bewaffnete Schulgewalt in den USA, die den Zeitraum von 1974 bis 2000 umfasst, enthält keinen einzigen Eintrag aus den Monaten Juni, Juli, August. Die Amokgefahr scheint an den Nahtstellen zwischen »Winterdepression« und »sommerlicher Manie« zu steigen.

Die signifikante Häufung in den Frühjahrsmonaten scheint damit zusammenzuhängen, dass es an Jahrestagen spektakulärer Amoktaten zu einer periodischen Häufung ähnlicher Taten kommt. Der Amoklauf an der Columbine-Highschool in Colorado ist zu einer Art Blaupause für alle nachfolgenden Schulschießereien geworden. Die beiden Täter avancierten zu Heroen einer gewissen nekrophilen Szene mit Amokaffinität. Klebold und Harris verehrten auf eine diffuse Weise Hitler und den Nationalsozialismus und wählten deswegen Hitlers 110ten Geburtstag, den 20. April 1999, als Datum für ihr lange geplantes Massaker. Woher mag diese Affinität stammen? Unter einem bestimmten Blickwinkel ist Adolf Hitler der größte Amokläufer der Weltgeschichte. Hitler brauchte den Umweg über den Mord an Millionen und musste halb Europa in Schutt und Asche legen, um endlich Hand an sich legen zu können. Der Zweite Weltkrieg war in dieser Hinsicht nichts anderes als die gigantische Inszenierung des erweiterten Suizids eines kleinen gescheiterten Kunstmalers aus Österreich. Am Abend nach seiner Ablehnung an der Wiener Kunstakademie hätte er es tun sollen, aber er vertagt es. Am Montag, den 30. April 1945 sind die sowjetischen Truppen gerade noch 200 Meter vom Tiefbunker der Reichskanzlei entfernt, die Einschläge der Granaten kommen näher und näher, die Erde bebt. Jetzt endlich schafft es Hitler, sich zehn Meter unter der Erde auf dem geblümten Sofa seines Bunkerwohnraums zu erschießen und in seinen Untergang »eine Welt mitzunehmen«, wie er es dem Luftwaffenadjutanten von Below zuvor angekündigt hatte. Wir werden später noch auf das Phänomen des »absoluten Narzissmus« beim Amoklauf zurückkommen.

Littleton, Erfurt, Blacksburg/Virginia heißen die Stationen der Massaker mit großen Opferzahlen, die sich im April ereigneten. Und nun Winnenden am 11. März 2009. Möglicherweise hat Tim K. die Befürchtung gehegt, es könne ihm jemand zuvorkommen mit einem »Gedenk-Amoklauf« zum 10. Jahrestag des Columbine-Massakers, und er zog seine Bluttat einen Monat vor. Wir wissen inzwischen, dass er zu den Verehrern von Klebold und Harris zählte und sich im Internet über sie und ihre Tat informiert hat. Es kann natürlich dennoch sein, dass er den Zeitpunkt ohne jeden Bezug zu Columbine und einer ganz anderen inneren Logik gehorchend gewählt hat.

An diesem 11. März hielt ich mich am späten Vormittag noch zu Hause auf. Das Telefon klingelte, und eine Kollegin aus der Telefonvermittlung des Gefängnisses, in dem ich arbeite, teilte mir mit, irgendwelche Medienmenschen wollten mich dringend sprechen, und sie wisse nicht, was sie denen sagen solle. »Ich komme im Laufe des frühen Nachmittags«, sagte ich ihr und bat sie, die Leute bis dahin zu vertrösten. Ich hatte nichts gehört von dem, was in Winnenden vor sich ging, bis ein Rundfunkredakteur bei mir zu Hause anrief und mich um eine Stellungnahme zum Amoklauf an der Albertville-Realschule bat. Der Täter war noch unterwegs und schoss auf der Flucht um sich, da sollte ich als sogenannter »Amokexperte« bereits aus 350 Kilometer Entfernung und ohne jede Kenntnis der genaueren Umstände eine Einschätzung abgeben! Ich überließ das anderen.

Im Gefängnis angekommen, fand ich einen Zettel mit Telefonnummern vor, bei denen ich mich dringend melden solle. Auch das ignorierte ich und versuchte, meiner Arbeit nachzugehen. Eine große Frauenzeitschrift meldete sich per E-Mail und schickte Fragen, die ich doch bitte umgehend beantworten solle. »Ist unsere Gesellschaft so gestört, oder wird es immer wieder vorkommen?«, lautete die erste Frage der Redakteurin. Ich war bedient, antwortete nicht und löschte die Mail. Am nächsten Tag gelang es einem Mitarbeiter der *Augsburger Allgemeinen*, zu mir vorzudringen. Der junge Mann war recht gut informiert, und ich ließ mich breitschlagen, ihm telefonisch ein Interview zu geben. Dieses las dann am nächsten Morgen ein Verleger und fing Feuer. Noch am selben Nachmittag rief er mich zu Hause an und fragte, ob ich mir vorstellen könne, ein neues Buch zum Thema »Amok« zu schreiben und in seinem Verlag erscheinen zu lassen. Ich fand den Enthusiasmus des Verlegers sympathisch und ansteckend. Ich wollte aber zunächst abwarten, bis sich der Pulverdampf der Schüsse von Winnenden verzogen hätte, und bat mir etwas Bedenkzeit aus. Die Rezeptionsgeschichte meiner beiden unter dem Eindruck der Amokläufe von Bad Reichenhall und Erfurt geschriebenen Bücher hat mir ein Lehrstück über die Kürze der »Halbwertszeit der Betroffenheit« geliefert. Das Buch zum jeweils aktuellen Amoklauf kommt immer zu spät. Wenn es mit einer entsprechenden Zeitverzögerung erscheint, ist bereits wieder das Gras der Verdrängung und des Vergessens über das Ereignis gewachsen. Nach relativ kurzer Zeit will niemand mehr etwas vom letzten Amoklauf wissen, und das Buch wird gleichsam auf Eis gelegt und erst im Anschluss an den nächsten Amoklauf »aufgetaut« und rezipiert. Ich plädierte also dafür, dem Druck der Aktualität nicht nachzugeben und das Buchprojekt mit einem gewissen Abstand zum Ereignis anzugehen.

Im Mai 2009 nahm ich Urlaub, setze mich mitten im Lärm einer riesigen Baustelle, von dem später noch die Rede sein wird, an den Schreibtisch und begann zu schreiben (vgl. S. 187 ff.).

Die tägliche Zeitungslektüre lehrt einen das Fürchten, wenn man angesichts der Fülle des medial vermittelten Horrors die Fähigkeit dazu nicht längst eingebüßt und sich eine Haltung von Zynismus und Indolenz zugelegt hat. Teilweise habe ich mir die Themen von der Zeitungslektüre vorgeben lassen und Meldungen und Berichte über Verbrechen und andere Ereignisse kommentiert. Beobachtungen beim Gang durch die Stadt finden genauso Eingang in diesen Text wie wissenschaftliche oder literarische Funde. Es wird nicht nur um *Amok* im engeren Sinn gehen, sondern um das ganze Spektrum der Gewaltwirklichkeit und um Kindheitsmuster unserer Tage, die von Gewalt durchdrungen sind und Gewalt produzieren. Eine Woche im September 2009 hat uns das Spektrum der Gewalt dramatisch vor Augen geführt, mit dem wir uns befassen wollen: In München haben zwei polizeibekannte Jugendliche an einer S-Bahn-Station einen Mann erschlagen, der andere Jugendliche vor ihnen beschützen wollte, in Ansbach wirft ein stiller und bis dato unauffälliger Gymnasiast einen Brandsatz in ein Klassenzimmer seiner Schule. Die Täter sind im gleichen Alter und dennoch sehr verschieden.

Fallgeschichten aus meinem Arbeitsfeld sollen helfen, den Bezug zur gelebten Erfahrung nicht aus den Augen zu verlieren. Bei diesen biographischen Skizzen wurden Namen und Orte weggelassen oder geändert. Die portraitierten Gefangenen haben mir ihre Geschichten erzählt und sind mit deren Wiedergabe einverstanden. Wo es mir thematisch angebracht schien, habe ich Rückblicke auf vergangene Amokläufe eingeschoben und dabei teilweise auf Texte zurückgegriffen, die zu früheren Zeitpunkten entstanden sind. Auf wissenschaftliche Zitiergewohnheiten und andere akademische Stoßdämpfer habe ich zugunsten der Lesbarkeit weitgehend verzichtet.

Was Sie hier vor sich liegen haben, ist also kein in sich geschlossener Text. Ich folge über weite Strecken dem Fluss meiner Gedanken, der nicht wissenschaftlich begradigt wurde und infolgedessen mäandert. »Früher hat man einen Bachlauf nicht verstanden, heute wird er begradigt, das versteht ein jeder. Ein Bach, der so schlängelt. Karl Valentin: *Das machen sie gern, die Bäch.* Ich kann mich eines schlängelnden Baches nicht bedienen zur Begradigung.« Das hat Herbert Achternbusch einmal über die Entstehung seiner Filme gesagt, und ich könnte etwas Ähnliches über die Produktions- und Schreibweise dieses Buches sagen. Der Weltgeist, hatte der Hannoveraner Psychologe Peter Brückner bereits Mitte der 70er Jahre des vorigen Jahrhunderts bemerkt, sei partikular geworden, und eine Schreib- und Denkweise, die dem Rechnung tragen wolle, müsse neben systematischen auch ganz grob anti-systematische Züge tragen und sich zum Alltagsleben der Menschen hin öffnen. Eine zeitgemäße Form von *Kritischer Theorie* hätte Lebensgeschichte und Geschichte, Erfahrung und Objektivität, Besonderes und Allgemeines fühlbar zu vermitteln und zwischen diesen Polen zu oszillieren. Schulen könne sich ein solches Denken an Adornos *Minima Moralia*, ein Buch, das für ihn immer im Umkreis von ein einhalb Meter verfügbar sein müsse.

Strengen wissenschaftlichen Idealen verpflichtete Leser werden, wenn sie denn Bücher wie diese überhaupt zur Kenntnis nehmen, über meinen laxen und sich nicht an Definitionen klammernden Umgang mit dem Begriff *Amok* die Nase rümpfen. Der schweifende und an den Rändern offene Begriff von Amok, der dieses Buch durchzieht, fungiert auch als Chiffre für diffuse, frei flottierende Gewaltphänomene, die kennzeichnend sind für unsere Gegenwart und ihre kriminelle Physiognomie prägen. Dieser offene und assoziative Begriff dient dem Versuch, die seltene Extremvariante des bewaffneten Amoklaufs als einen Abkömmling beinahe alltäglicher Gewaltphänomene kenntlich zu machen. Nicht immer habe ich Anführungszeichen gesetzt, wenn der Begriff Amok den Status einer Metapher besitzt.

ALLTAGSAMOK – AMOKALLTAG: DER »AMOKLAUF« DES GELDES UND SEINE SPRACHLICHE BEGLEITMUSIK

Am Wochenende habe ich einen Blick auf die Stellenanzeigen einer großen Tageszeitung geworfen. Sie haben mich ratlos hinterlassen. Wer oder was wird denn gesucht, wenn die Stelle eines Corporate Key Relationship Managers, eines Change Managers, eines Manager Component Purchasing and Subcontracting oder eines Supply Chain Managers ausgeschrieben ist? Überhaupt scheint es nur noch Manager zu geben, selbst der gute alte Staubsaugervertreter oder das Mitglied einer Drückerkolonne nennen sich heute Area Sales Manager. Der Berufsberater oder Arbeitsvermittler beim Arbeitsamt ist jetzt ein Case Manager, der darauf achtet, ob der Bewerber über ausreichende Softskills verfügt und teamfähig ist. Bewährungshelfer avancieren zu Sicherheitsmanagern und der Hausmeister heißt nicht länger Hausmeister, sondern darf sich Facility Manager nennen. Neuerdings können sich Lehrer als Bedrohungsmanager zertifizieren lassen, um anschließend an ihren Schulen nach potenziellen Gewalttätern zu fahnden. Wir alle betreiben, wenn wir unser Leben führen und über unser Verhalten nachdenken, Selbstmanagement. Das menschliche Subjekt von einst mutiert zur Ich-AG, zum Unternehmer der eigenen Person, der Ich-Ressourcen verwertet und ein ausgefuchstes Zeitmanagement betreibt. Die Mutter verwandelt sich in eine Familienmanagerin, die durch Familienarbeit Humankapital produziert und durch ihre liebevolle Zuwendung zum Kind die Herausbil-

dung einer funktions- und leistungsfähigen neuronalen Struktur fördert.
Selbst in die Kirchen hat der BWL-Jargon Einzug gehalten. Priester
und Pfarrer bezeichnen sich neuerdings als Gemeindemanager, die am
Sonntag für ihre Kunden die Dienstleistung Gottesdienst anbieten. Hat-
te Jesus Händler und Geldwechsler nicht aus dem Tempel vertrieben?
Dieser betriebswirtschaftliche Jargon ist die semantische Begleitmusik
zum Aufstieg der Finanzblasenökonomie seit Mitte der 90er Jahre. Dem
Amoklauf der wild gewordenen Finanzmärkte korrespondieren Woo-
doo-Begriffe, die vollkommen abgehoben sind und jeden Bezug zur
gemeinten Sache eingebüßt haben, wie das spekulativ um den Globus
zirkulierende Geld den Bezug zur Produktion realer Gegenstände.
Wenn wir den Wahnsinn der losgelassenen Ökonomie stoppen wollen,
müssen wir nicht nur die Ramsch- und Woodoo-Papiere aus dem Ver-
kehr ziehen, sondern wir werden uns auch die sprachlichen Leerverkäu-
fe und Mogelpackungen wieder abgewöhnen und zu Worten mit Reali-
tätsbezug und Körpergeruch zurückkehren müssen. Sogar im Begriff
Manager selbst ist dieser Bezug ja etymologisch noch aufbewahrt. Er
leitet sich von den lateinischen Wörtern manus, die Hand, und agere,
etwas tun, ab und bezeichnet so ursprünglich jemanden, der etwas zu
handhaben und zu bewerkstelligen versteht. Man könnte es auch mit
Handarbeiter oder Handwerker übersetzen.
Mein kollegialer Freund Peter hat den unsäglichen ökonomistischen
Neusprech unlängst wunderbar karikiert, als er mir seinen Hund, der
mich am Hoftor bellend empfing, mit den Worten vorstellte: »Gestatten,
das ist unser Yard-Manager.«

»Woran soll man sich denn halten?« Auf dem Gebiet der Erziehung herrscht Unsicherheit

Am Nachmittag betrete ich eine große Buchhandlung oder das, was man inzwischen so nennt. Es sind ja eigentlich Kaufhäuser mit Wühltischen und Sonderangeboten und angeschlossener Cafeteria. Dass das Buch zur Ware geworden ist, findet hier seine angemessene

Erscheinungsweise und Art der Präsentation. Im Obergeschoss stoße ich auf einen Tisch voller pädagogischer Ratgeberliteratur. Ich
umkreise den Tisch und staune: Ein Autor sieht die Jugendlichen
»verloren im Netz«, ein zweiter warnt vor Eltern, die es »zu gut
meinen«. Der aus Dutzenden von Talkshow-Auftritten sattsam bekannte Bernhard Bueb hat nach seinem Bestseller »Lob der Disziplin« nachgelegt und meint, uns im Umgang mit Jugendlichen an die
»Pflicht zu führen« erinnern zu müssen, ein anderer Autor warnt
vor »dem Missbrauch der Disziplin« und der Wiederkehr »teutoni-
scher Tugenden«. Michael Winterhoff versucht zu begründen, »warum unsere Kinder Tyrannen werden«, der Kontrahent Wolfgang
Bergmann antwortet mit einem Buch, das zeigen möchte, dass »unsere Kinder ein Glück sind«. Ein Buch verheißt seinen Lesern, das
Geheimnis »gelassener Erziehung« zu offenbaren, ein anderes verspricht: »So gelingt Erziehung heute.« Mitten drin liegt wie eine
Endmoräne aus einer anderen Zeit ein Stapel von Alice Millers Klas-
siker »Am Anfang war Erziehung«, der den von Katharina Rutschky geprägten Begriff der »schwarzen Pädagogik« populär gemacht
hat und uns die Erziehungsverbrechen vor Augen führte, die die
subjektiven Bedingungen der Möglichkeit des Faschismus schufen.
Ein neuer Trend hat inzwischen auch den Buchmarkt erfasst: Kinder werden immer weniger als »Geschenk« begriffen, sondern gelten als eine Art von Rohmaterial, aus dem die Eltern durch gezielte
Maßnahmen der qualitätskontrollierten »Frühförderung« etwas
zu formen haben. Seit die Bergwerke stillgelegt sind und keine
Kohle mehr gefördert wird, hat man die kindlichen Gehirne als
»Ressource« und »Humankapital« der Zukunft entdeckt. Das Rat-
tenrennen beginnt mit der Geburt, vielleicht sogar bereits davor.
Schon wird von Frauen berichtet, die bereits ihre ungeborenen
Kinder über Kopfhörer mit Beethoven-Symphonien beschallen.
Unlängst traf ich im Botanischen Garten eine Bekannte, die ihr
Kleinkind im Kinderwagen vor sich her schob. Vor dem Gesicht
des Kindes schwirrte ein Mobile. Als ich fragte, warum das Kind
nicht einfach das Gesicht der Mutter, die Wolken und die Bäume
betrachten dürfe, bekam ich von der empörten jungen Mutter zu
hören: »Das Mobile regt die Synapsenbildung an!«

Schluss mit dem zweckfreien kindlichen Spiel; gezielte Synapsenbildung und zeitiger Erwerb »betrieblicher Führungsfähigkeiten« sind angesagt. Die Konkurrenz schläft nicht: Andere Kinder haben im Krippenalter bereits englische und chinesische Wörter aufgesogen und dabei ihre »Synapsen optimal vernetzt«. Achtung Eltern: Das »Zeitfenster für Sprachen« schließt sich früh! Mit sieben Jahren lässt die Aufnahmefähigkeit nach, mit elf ist es vorbei mit dem mühelosen Lernen einer Fremdsprache. Trainiert nicht der Nachbarssohn seine Konzentrationsfähigkeit mit »Flashcards«? Schon propagieren Bücher: »Ein Leben lang für Vorsprung sorgen.« Mutterliebe und eine vertrauensvolle Atmosphäre sind nicht um ihrer selbst willen da, sondern fördern die Herausbildung einer funktions- und leistungsfähigen neuronalen Struktur. Die Mutterliebe wird von der instrumentellen Vernunft in Dienst genommen und erhält ihr leistungsgesellschaftliches »Um ... zu«: Sie fördert die Dopaminproduktion und damit die Herausbildung neuronaler Autobahnen. Der Stundenplan der Kinder muss strukturiert werden wie der Tag eines Managers – genau darauf sollen die Kinder ja vorbereitet werden. Eltern wird suggeriert, dass sie es in der Hand haben, ob ihr Kind zu den Gewinnern und Erfolgreichen gehören wird oder in Mittelmäßigkeit versinkt. Was waren das für Zeiten, als wir nachmittags Staudämme in Bächen gebaut haben und auf Wiesen stundenlang Fußball spielten!

Die Vorstellung vom »machbaren Kind« findet ihre Entsprechung und Fortsetzung im zeitgenössischen Körperkult und dem, was man »Neuro-Enhancement« nennt. Der Körper wird nicht länger als Mitgift der Natur begriffen, mit der man sich abzufinden und in der sich das »Ich« einzurichten hat, sondern als »jämmerlicher Erstversuch« (Alex Rühle) voller Fehler und Mängel, die sich nachträglich beheben lassen. Je weniger körperlich gearbeitet wird, desto mehr glauben wir, uns einen Körper erarbeiten zu müssen. Der Körper gilt als eine Art »Bio-Aktie«, in die investiert werden muss, wenn das als Kleinstunternehmen konzipierte zeitgenössische Subjekt im Rennen bleiben und seine Marktchancen wahren will. Noch aus dem mangelhaftesten Ausgangsmaterial kann durch hartes Training und Kunstgriffe der plastischen Chirurgie ein Wunderwerk kreiert werden, mit dem man sich auf den Laufstegen des Alltags sehen lassen und an der Börse der Eitelkeit einen dicken narzisstischen Gewinn verbuchen kann. Und man kann seiner Leistungsfähigkeit durch Hirndoping auf die Sprünge helfen. Im Amerikanischen hat man alle Praktiken der pharmakologisch gestützten neurologischen und kognitiven Verbesserungen unter dem Begriff »Neuro-Enhancement« zusammengefasst.

Immer mehr Zeitgenossen greifen zu Medikamenten, die ursprünglich zur Behandlung psychischer Erkrankungen entwickelt wurden, um Gefühle, Konzentration, Kompetenz und kognitive Leistungsfähigkeit zu intensivieren. Das fängt mit Vitaminen an, dann folgen Antidepressiva, schließlich Ritalin und Kokain. Eine unbekannte Zahl von Studierenden betreibt mehr oder weniger regelmäßig Hirndoping in der Hoffnung, dadurch schneller denken und sich in der sozialdarwinistischen Leistungskonkurrenz besser behaupten zu können.

*

So schweiften meine Gedanken, als ich bei meiner Umrundung des großen Tisches beinahe mit einem Mann zusammenstoße, der in einem Buch blättert und liest. Das Buch heißt »Jungs im Abseits« und macht offenbar auf die prekäre Lage der Jungen im Bildungs- und Schulsystem aufmerksam. Eine ganze Reihe von Büchern ist diesem Thema gewidmet. Wir kommen ins Gespräch und verständigen uns schnell darüber, dass die Auswahl der Bücher auf diesem Tisch die Verwirrung und Anomie, die im pädagogischen Feld herrschen, ziemlich exakt widerspiegelt und dass, wer als Verunsicherter an diesen Tisch herantritt und Rat und Orientierung sucht, am Ende ratloser von dannen zieht, als er hergekommen ist. Lauter sich widersprechende Handlungsanweisungen und Dissonanzen lassen den Wunsch nach Klarheit und Eindeutigkeit ins Leere laufen. »Anomie« nennt man in der Soziologie einen gesellschaftlichen Zustand, der dadurch charakterisiert ist, dass Normen und Regeln, die das menschliche Zusammenleben und Verhalten regeln, zerfallen sind, ohne dass neue Regeln und Normen an deren

Stelle treten. Einen solchen Zustand ausgesetzter Regeln und der Norm- und Orientierungslosigkeit ertragen Menschen nicht lange. Sie sehnen sich nach einer Rückkehr zu einem Zustand vor der Verunsicherung, als man sich noch in der Ordnung der Welt bestätigt fühlen konnte, wenn man das kindliche Verhalten regulierte und disziplinierte. Es soll endlich wieder Ordnung herrschen und klar und eindeutig zugehen. Von der allgemeinen Verunsicherung und den aus ihr erwachsenden Sehnsüchten profitieren jene, die mit einfachen Konzepten aufwarten und den Eltern die Rückkehr zur »schwarzen Pädagogik« empfehlen, der zufolge »ein Klaps auf den Hintern« und eine Ohrfeige noch nie jemandem geschadet haben.

Niemand scheint in puncto Erziehung mehr zu wissen, was richtig und was falsch ist. Taucht einer auf, der es doch zu wissen behauptet, kommt sofort ein anderer daher und sagt: »Papperlapapp, genau das Gegenteil stimmt!« Alles ist unfixiert wie Quecksilber und in der Schwebe. Die Ursache der Misere, vermutet mein Gesprächspartner, sei wahrscheinlich in dem Umstand zu suchen, dass die gleichsam naturwüchsige kulturelle Transmission zwischen den Generationen nicht mehr funktioniere und die Menschen sich auf sich selbst zurückgeworfen und elementarer Wissensbestände enteignet seien. Praktisches Lebenswissen, also Wissen darüber, wie man lebt und stirbt, wie man Kinder bekommt und großzieht, eine Ehe führt und kocht, werde nicht mehr von Person zu Person, von Generation zu Generation weitergereicht. Irgendetwas habe diese Kette der Tradierung von Wissen unterbrochen. Er wisse auch nicht genau, was. Wahrscheinlich sei es eine Begleiterscheinung dessen, was Soziologen als Individualisierung beschreiben. Jedenfalls finde sich das zeitgenössische Individuum als verstörtes in seinem begrenzten Lebenshorizont vor. Die Vorräte eines überlieferten, gemeinsamen Lebenswissens blieben ihm verschlossen, und es beginne nun eine rastlose Suchbewegung danach, wo Lebenshilfe und Rat zu bekommen sei.

Der Mann gab sich als Lehrer zu erkennen, der in einer nahegelegenen Kleinstadt an einer Grund- und Hauptschule unterrichtet. Er sei einer der ganz wenigen Männer im weiblich geprägten Universum dieser Schule, weiblich nicht nur in dem Sinne, dass 90 Prozent seiner Kollegen Frauen seien, sondern auch darin, dass weibliche oder mädchentypische Verhaltensweisen prämiiert und männlich-jungenhafte sanktioniert und tabuiert würden. Jungs fielen mit ihren oft verqueren Lebensäußerungen und ihrem Hang zu motorischen Formen des Ausdrucks mehr und mehr hinten runter und würden häufig nur noch als Störfaktoren wahrgenommen. Das sei in seinen Augen auch der Grund dafür, warum sie im Vergleich mit den Mädchen leistungsmäßig in letzter Zeit so arg ins Hintertreffen geraten seien. Auch er könne nicht leugnen, dass der Umgang mit Mädchen tatsächlich einfacher und bequemer sei, wobei man nicht übersehen dürfe, dass diese ihre eigenen versteckten Formen der Aggressivität besäßen und sich als Strippenzieherinnen von Intrigen hervortäten. In der prekärer werdenden schulischen Situation der Jungen sehe er ein großes soziales Problem heraufziehen, das jede Menge Sprengstoff berge. Schließlich entscheide die Qualität eines Schulabschlusses über die Verteilung von Lebenschancen. Er leide beruflich darunter, dass er viel zu wenig Zeit habe, sich einzelnen Schülern zuzuwenden. Es wäre viel gewonnen, wenn interessierte Lehrer Gelegenheit hätten, ihre Schüler wirklich kennenzulernen und sich mit deren je individueller Problematik zu befassen. Darin und nicht im Anbringen von Metalldetektoren an den Schultoren oder im Kampf gegen Computerspiele sehe er die einzig wirksame Möglichkeit von Gewaltprävention. Ein Lehrer müsse instand gesetzt werden, die in den Verhaltensauffälligkeiten eines Schülers verschlüsselt enthaltene Botschaft zu entziffern und adäquat darauf zu reagieren. Sensibilität für besondere Umstände, emotionale Bindungen zwischen Lehrern und Schülern und eine von diesen getragene Schulgemeinschaft seien das einzig wirksame Gegenmittel gegen die zunehmende Gewalt.

»So, nun möchte ich aber noch ein wenig stöbern«, sagte der Mann schließlich mit einem Blick auf seine Armbanduhr. »Mit wem hatte ich eigentlich das Vergnügen zu reden?«, fragte er, und wir stellten einander zum Abschied vor. Ich erzählte ihm von meinen Schreibvorhaben und bedankte mich für seinen Bericht aus der Schulpraxis, auf den ich sicher zurückgreifen würde, wenn er nichts dagegen hätte. Er drücke mir die Daumen und werde den Buchmarkt beobachten.

Rückblick 2: Amok und Idyll.
Die Amokfahrt von Apeldoorn

In der Tagesschau sehe ich die Bilder von der Amokfahrt in Appeldoorn. Nun hat also auch die holländische Klinker- und Tulpenidylle ihren Amok-Riss erhalten. Während des Umzugs zum *Koninginnedag* durchbrach der 38-jährige Karst T. mit seinem Wagen die Absperrungen und raste auf den offenen Bus zu, in dem die königliche Familie saß. Der Kleinwagen riss dabei 17 Menschen um und prallte schließlich gegen ein Denkmal. Ausgerechnet das Denkmal »De Naald« – ein Hochzeitsgeschenk der Stadt Apeldoorn an Königin Wilhelmina und Hendrik, Herzog von Mecklenburg – stoppte die Amokfahrt und verhinderte den Aufprall auf den königlichen Bus. Sechs Menschen starben, elf weitere wurden zum Teil schwer verletzt. Der Fahrer des Amokwagens erlag in der folgenden Nacht seinen Schädel- und Hirnverletzungen. Er hatte, als er noch bei Bewusstsein war, der Polizei mitgeteilt, er habe einen Anschlag auf Königin Beatrix verüben wollen. Wie immer tappt man bei der Suche nach den Motiven im Dunkeln. Der Mann, so ist zu hören, sei verzweifelt gewesen, weil er kurz zuvor seine Arbeit und seine Wohnung verloren habe. Er wird von den Nachbarn als zurückgezogener Einzelgänger, »sympathisch und still«, geschildert. Er entspricht damit ziemlich genau dem Profil des Amokläufers, das darin besteht, keines zu sein, weil es auf Millionen von unauffällig lebenden Menschen zutrifft. Wie viele Menschen verlieren gegenwärtig Arbeit und Wohnung, ohne dass sie deswegen zu Amokläufern werden? Die Durchschnittlichkeit der Lebensumstände des Täters machen wieder einmal unfreiwillig deutlich, worin Normalität münden kann. An die Stelle der Beretta trat als Mordinstrument in diesem Fall der eigene Kleinwagen. Auch das

ist ein Aspekt von Normalität, denn auch für Bevölkerungsmehr-
heiten ist der Pkw längst zu einem Instrument der Realisierung
homizidaler und suizidaler Tendenzen geworden. An einem europäischen Urlaubswochenende sterben auf den Straßen nach wie vor
mehr Menschen als in einer veritablen mittelalterlichen Schlacht.

Was wäre denn, wenn der Umstand, dass das Fernsehen den
Koninginnedag live überträgt und Millionen Holländer im ganzen
Land zuschauen, als Motiv ausreichte? Bei welcher anderen Gelegenheit hätte man vergleichbare Chancen, seinen Abgang aus
der Welt derart öffentlich und spektakulär in Szene zu setzen? Aus
den vorphantasierten Reaktionen des Publikums bezieht der Täter
die Motivation für seine Tat und den narzisstischen Gewinn. An
spektakulären Inszenierungen dieser Art wirken die Medien mit,
es gibt inzwischen sogar Indizien dafür, dass Gewalttaten begangen
werden, damit sie zu Bildern werden. Die Wahrnehmung der Zuschauer ist das eigentliche Ziel der Tat, nicht ein bloßer Neben-
effekt. Die Medien stellen Resonanzräume zur Verfügung, vermitteln Spiegel- und Echowirkungen für das unstillbare Bedürfnis
nach dem Gesehen- und Gehörtwerden. Auch den Namenlosen
und aus der Welt Herausgefallenen wird auf diese Weise Beachtung gesichert und Bedeutung verliehen. Anerkennungsverluste
und -defizite machen Menschen anfällig für das, was Florian Rötzer »Aufmerksamkeitsterror« genannt hat: Du musst etwas großes
Böses tun, um aus dem Nichts, der Bedeutungslosigkeit herauszutreten und ein Gefühl des Existierens zu erzeugen. »Rampage kil-
ling« nennt man in den USA einen Typus öffentlichen Mordens,
bei dem sich eine atavistische private Wut mit der zeitgenössischen
Sehnsucht nach medialer Spiegelung zu einer explosiven Mischung
verbindet.

Hat Karst T. nicht gerade erst mitbekommen, wie Tim K. in Winnenden seinen Abgang aus der Welt grandios und mit einem gigantischen medialen Nachhall inszeniert hat? Schon einmal hat sich
ein Niederländer von einer deutschen Amoktat zu einer Reso-
nanzstraftat animieren lassen: Eine Woche nach dem Amoklauf
von Erfurt erschoss der 32-jährige Volkert van der Graaf den
Rechtspopulisten Pim Fortuyn. Wer Amok läuft, ist in der Regel

zuvor einen sozialen Tod gestorben und kann seine Gesellschaftlichkeit nur tödlich noch einmal herstellen. Der Amokläufer hat derart viel Wut entwickelt, dass er sich mit einem stillen suizidalen Abgang aus der Welt nicht begnügen kann und will. Die Krisen der Gegenwart rücken immer mehr Menschen in eine anomische Situation und sorgen dafür, dass sich Kränkungen ansammeln und sich die gesellschaftliche Atmosphäre mit Rache- und Amokphantasien anreichert. Gegenwärtig ist die ganze Welt aufgeladen mit Amok. Bewusstlos, aber lustvoll taumeln wir auf den Abgrund zu, den die Schlips tragenden Amokläufer an den Finanzmärkten mutwillig aufgerissen haben. Wer bilanziert eigentlich die Opfer dieses Amoklaufs der Banker und Hypothekenmanager? Wir dürfen uns jedenfalls nicht wundern, wenn sich der Hass in die Poren des Alltags hineinfrisst und hinter den wohlgeordneten Fassaden und unter einem dünnen Firnis der Anpassung Amok und Vandalismus ihr Unwesen treiben.

In der Presse dominieren Schlagzeilen wie »Ende einer Idylle« und »Ende einer harmonischen Gesellschaft«. Der *Koninginnedag*, der am Geburtstag von Juliana begangen wird, die dieses Jahr 100 Jahre alt geworden wäre, ist in gewisser Weise ein Symbol für die holländische Idylle und die vermeintliche oder auch reale Verbundenheit von Königshaus und »Volk«. Julianas Beliebtheit war in der Tat enorm, und ihre Tochter wird es schwer haben, diesen Status jemals zu erreichen. Viele Holländer verzeihen ihr noch nach Jahrzehnten die Hochzeit mit einem Deutschen nicht. Ich halte mich oft in den Niederlanden auf und habe auch den einen oder anderen *Koninginnedag* miterlebt. Er wird in jedem Dorf gefeiert, und das ganze Land ist schon Tage zuvor orange eingefärbt. Wenn mich mein Blick von außen nicht trügt, hat sich dieses Fest in den letzten Jahren von einer rein royalistischen Veranstaltung mit eher paradeähnlichem Charakter zu einem echten zivilen Volksfest entwickelt. Organisiert werden die Festlichkeiten von der örtlichen *Oranjevereiniging*. Vor ein paar Jahren stieß ich in dem Ort, in dem ich morgens meine Brötchen hole, an einer Hauswand auf einen Aufruf der örtlichen *Oranjevereiniging*, in dem mitgeteilt wurde, dass sie nur noch aus drei Leuten bestehe und vom Aussterben bedroht sei.

Wenn sich nicht neue Mitglieder fänden, werde dies das letzte Koninginnedags-Fest sein. Mit einem »Mensen, laat diet nit gebeuren!« – »Menschen, lasst das nicht geschehen!« endete der flammende Appell an die Mitbürger.

Was dieser Aufruf vielleicht noch verhindert hat, bewirkt nun möglicherweise die Amokfahrt des Karst T.: das Ende der Idylle, der Abschied von der gesellschaftlichen Harmonie, die immer schon etwas Trügerisches hatte und mich mit Skepsis erfüllte. Das häufigste niederländische Wort, das man als Ausländer hört, ist *leuk*, was so viel wie *nett, reizend* bedeutet. Es wird unentwegt in die Rede eingestreut und dient zur Charakterisierung von allem und jedem. Was ebenfalls auffällt, ist die Neigung zum verniedlichenden Diminutiv. An viele Worte wird ein *je* angehängt, um das Bezeichnete gewissermaßen auf Spielzeugformat zu verkleinern. Mir scheint, dass das häufige *leuk* als Desinfektionsmittel dient, als eine Art semantischer Teppichschaum, der alles zudeckt, Flecken beseitigt, alles glättet und keimfrei macht. Es gibt überhaupt in den Niederlanden, vor allem in den Städten, eine Tendenz zum Infantilismus und zur kollektiven Regression, die nicht ruht, bis die ganzen Niederlande ein einziges Disneyland für Erwachsene geworden ist. Eine riesige fröhliche Simulationskulisse aus Klinkerhäuschen, hinter deren netten Fassaden Depression herrscht und die Wut grassiert. Man muss einmal gesehen haben, mit welcher verbissenen Inbrunst die Vorgärten auf geometrische Formen gebracht, die Rasenflächen kurz gehalten und die Kanten geschnitten werden. Am Wochenende wird der Hochdruckreiniger angeworfen und das Unkraut zwischen den Waschbetonplatten der Garageneinfahrt entfernt. Die berühmten gardinenlosen Fenster suggerieren eine Offenheit, die trügerisch ist. Sie legen das Innere der Häuser frei, der Blick fällt in saubere und aufgeräumte Wohnstuben, deren Interieur von der Abwesenheit des Privaten, ja des Lebendigen zeugt, nicht von seiner Öffentlichkeit. Holländer – wie immer gilt, was für alle gilt, natürlich nicht für jeden – haben eine ausgeprägte Neigung zum Kitsch, und der Kitsch ist, wie Milan Kundera einmal bemerkt hat, »eine spanische Wand, hinter der sich der Tod verbirgt«.

Die Tat des Karst T. hat uns erneut über den Zusammenhang von Amok und Harmonie belehrt und demonstriert, dass das scheinbare Idyll mit Bösartigkeit und Feindseligkeit kontaminiert ist. Von Amok sprechen wir bei einem Täter, der keinerlei Empathie mit den Opfern aufweist, die er blind wählt und wahllos in seinen Untergang mit hineinreißt. Amok entzieht sich dem Versuch, ihm einen Sinn zu geben, all unsere Erklärungsversuche drehen sich im Kreis. Wir haben angesichts von brutalen Verbrechen und Hekatomben ein starkes Bedürfnis nach einer rationalen Erklärung des Geschehens, und am meisten befriedigt und beruhigt uns eine kausale Erklärung: »Das also ist es!« Kausale Erklärungen versprechen Abhilfe und Erlösung, deswegen sind sie so beliebt. Amok, so fürchte ich, wird einstweilen etwas Rätselhaftes behalten, das sich unseren Erklärungsversuchen entzieht. Die Normalität gebiert Ungeheuer. Der Amokläufer verkörpert die dunkle Seite des Alltags, seinen verborgenen Schrecken.

Apropos Winnenden 1: Die Industrialisierung des Mitleids. Von der »fürsorglichen Belagerung« durch Psychologen

In der Wochenendausgabe der *Frankfurter Rundschau* stoße ich unter dem Titel *Nur ein paar Fragen noch* auf einen großen Bericht über die Lage in Winnenden, sieben Wochen nach dem Amoklauf. Erinnern wir uns: Am 11. März 2009 kehrte der 17-jährige Tim K. in schwarzer Kampfmontur an seine ehemalige Schule in Winnenden, die Albertville-Realschule, zurück und schoss mit einer Pistole aus dem Besitz seines Vaters in mehreren Klassenräumen um sich. Er tötete acht Schülerinnen, einen Schüler und drei Lehrerinnen. Als die Einsatzkräfte der Polizei eintrafen, verließ er die Schule und tötete auf seiner Flucht drei weitere Menschen. Schließlich wurde er auf einem Parkplatz vor einem Autohaus umstellt und angeschossen. Schließlich erschoss er sich selbst.

Unter anderem wird in dem langen Zeitungsbericht das »Beratungsdorf im Stadtgarten« vorgestellt. Rund 300 Meter von der Albertville-Realschule entfernt hat man eine Reihe von Containern aufgestellt, die ein Dutzend Psychologen, Rehabilitationsberater und Sozialarbeiter beherbergen, die ein Beratungsteam für Schüler, Lehrer und Eltern bilden. Zu der Zeit, als der Reporter der *Frankfurter Rundschau* das Beratungsdorf besuchte, lief dort gerade – und jetzt zitiere ich wörtlich aus dem Artikel – »ein Screening der 580 Albertville-Schüler. In Einzelinterviews klären die Psychologen, wer längerfristig betreut werden muss und wer schon wieder einigermaßen stabil ist, alleine zurechtkommt. Die Klassen, in denen Tim K. wütete, haben einen eigenen Schulpsychologen zugeordnet bekommen. Der ist im Unterricht dabei, jeden Tag, jede Stunde.«

Darüber, ob jemand allein zurechtkommt, können der Schüler und seine Familie nicht selbst entscheiden, darüber befinden sogenannte Trauma-Experten und Psychologen. Aus deren Perspektive sind Menschen »Klienten«, ein Wort, das sich vom lateinischen *cliens* herleitet, das war ein landloser Mensch, der in einem Abhängigkeitsverhältnis zu einem Patron stand. Die Verwandlung von Menschen mit auffälligen, unnormalen oder störenden Verhaltensweisen in »Klienten«, also belieferungs- und hilfsbedürftige Mängelwesen, hat Max Horkheimer in den USA früh beobachtet und in seinen »Notizen« unter dem Stichwort »Unterschied« festgehalten: »Wenn in Europa einer benebelt aussieht und verwirrt redet, ohne doch gerade betrunken zu sein, sagte der Zuschauer böse: ›Wahrscheinlich ein Säufer‹, in Amerika ernsthaft besorgt: ›He obviously needs psychiatric help.‹« Der Unterschied in der Sicht auf eigenartige Menschen markiert präzise das Einfallstor und die Entstehung der Pfründe des psychosozialen Helfersystems und des Expertentums.

Kurz nach dem Amoklauf waren 130 Psychologen und Betreuer im Einsatz, die aus dem ganzen Bundesgebiet zusammengezogen worden waren, um Menschen Beistand zu leisten, die im Jargon des psychosozialen Helfersystems »Betroffene« oder eben »Klienten«

heißen. Die ARD präsentierte uns in einer Nachrichtensendung unmittelbar nach der Tat ein vielleicht zwölfjähriges Mädchen, dessen Freundin sich unter den Opfern befand. Ob ihr denn jemand schon geholfen habe, wurde sie von der Reporterin gefragt. Das Kind berichtete unter Tränen, dass es gerade einer Psychologin begegnet sei, die ihr geraten habe, sich mit einer Freundin zu treffen und sich ein »bisschen abzulenken«. Andere Jugendliche erhielten die Expertenempfehlung, jetzt »ganz fest zusammenzuhalten«. Eine akademische Trauma-Expertin meldet sich in der *Frankfurter Rundschau* vom 16. März mit dem bahnbrechenden Rat zu Wort: »Reden hilft, Eltern müssen Gesprächsbereitschaft ausdünsten.«

Als vor einiger Zeit an den ersten Schulamoklauf in Köln-Volkhoven 1964 erinnert wurde, wo der 42-jährige Frührentner Walter Seifert mit einer zum Flammenwerfer umgebauten Unkrautspritze auf das Gelände seiner ehemaligen Volksschule eindrang und acht Kinder und zwei Lehrerinnen tötete und zahlreiche andere schwer verletzte, fragte man überlebende Opfer und Zeugen, wie sie denn damals betreut worden seien. »Gar nicht«, war die verblüffend kurze und erstaunte Antwort. Man habe das Erlebte entweder selbst oder gewissermaßen beiläufig im Rahmen der Familien, der Nachbarschaft und der Kirchengemeinde so weit bewältigt, dass ein wie immer reduziertes Weiterleben möglich wurde. Natürlich habe das Ereignis teilweise bis heute fortwirkende Spuren in den Lebensläufen hinterlassen. Eine Generation nach Kriegsende herrschte noch jene im preußischen Deutschland seit Generationen endemische Mentalität des Zähnezusammenbeißens, die sich bündig in dem unsäglichen, aber im Volk verbreiteten Spruch zusammenfasste: »Was uns nicht umbringt, das macht uns nur noch härter.« Das Leben besaß nun einmal eine gewisse Grundhärte, und wer im »Daseinskampf bestehen« wollte, musste sie sich zu eigen machen oder gar zu überbieten versuchen. Die Jünger'schen »Stahlgestalten« entstiegen nicht nur den Schützengräben, sondern wurden auch vom Alltagskrieg weiter hervorgebracht. Auch Arbeit war und ist eine Form von Krieg, und während der gesamten Phase des Kalten Krieges blieb der Krieg weiter der sogenannte Ernstfall, auf den man sich vorzubereiten und mit dem man zu rechnen hatte. Galt damals Härte als »der gute Koch« in der Erziehung und oberste Lebensmaxime, so scheinen heutige Generationen in Erwartung eines pasteurisierten und homogenisierten Lebens heranzuwachsen, das weitgehend schmerz- und leidensfrei verläuft. Sie werden dann natürlich von vergleichsweise geringen Erschütterungen und Einbrüchen des unerwartet Grausamen aus der Bahn geworfen und »traumatisiert«.

Aber es ist nicht nur dieser Wandel in den Mentalitäten. Offensichtlich existierte in den 60er Jahren noch ein fragiles Gebilde, das man als »soziales Immunsystem« bezeichnen kann. Die Einzelnen waren in soziale Gemeinschaften auf eine Weise eingebettet, dass auch im Falle größter zwischenmenschlicher Katastrophen niemand aus der Welt zu fallen drohte. Die Menschen interessierten sich noch füreinander und kümmerten sich umeinander, wenn jemand in eine Notlage geriet. Hier müssen im Laufe der seither vergangenen Jahrzehnte gravierende Veränderungen vor sich gegangen sein. Die Tendenz zur Individualisierung hat die letzten Reste von Gemeinschaftlichkeit offensichtlich geschleift und das »soziale Immunsystem« erodieren lassen. Mitgefühl, sorgende Zuwendung und gegenseitige Nothilfe nehmen Warenform an und werden mehr und mehr in bezahlte Dienstleistungen verwandelt. Was sagt es uns über den Zustand einer Gesellschaft, wenn sie bezahlte Experten benötigt, um Kinder zu trösten? Wie wir unserem geschwächten körperlichen Immunsystem mit allerlei Nahrungsergänzungsmitteln auf die Sprünge helfen, so versuchen wir das vom Kollaps bedrohte »soziale Immunsystem« mit Hilfe von synthetisch nachproduziertem Mitgefühl und käuflicher Nothilfe aufzupäppeln.

Ein Haus stürzt ein, ein Tunnel brennt, ein Zug verunglückt, eine Lawine geht nieder, ein Flugzeug stürzt ab und prompt werden wir am Ende der Nachricht mit dem Hinweis darauf beruhigt, dass Psychologen bereits vor Ort seien und die Betroffenen betreuten. »Ja, dann ist ja alles in Ordnung«, sagen wir uns und lehnen uns im Sessel bequem zurück.

*

Wer nach einem erlittenen Schock den Weg zurück in die Normalität so ohne Weiteres nicht findet und über die durchschnittliche Halbwertszeit der Betroffenheit hinaus Anzeichen leib-seelischer Erschütterung zeigt, gerät seit den frühen 80er Jahren unter die Deutungshoheit von Psychologie und Psychiatrie. Das nachhaltige Leiden an schockartigen Erfahrungen wird seither in den psychiatrischen Diagnosemanualen als »posttraumatische Belastungsstörung« geführt, die sich in bestimmten Symptomen manifestiert, die man an Opfern von Flugzeugabstürzen, Eisenbahn- und Grubenunglücken und Verbrechen gleichermaßen beobachtet hat. Seit man um die möglichen Spätfolgen traumatischer Erfahrungen weiß, wartet man nicht mehr ab, bis sie sich artikulieren, sondern fliegt an den jeweiligen Ort des Unglücks oder der Katastrophe sofort jede Menge Psychologen und Trauma-Experten ein, die die »Betroffenen« vorsorglich in ihre Obhut nehmen und ihnen zeigen, wie man ein Trauma ordnungsgemäß bewältigt. In den Wochen nach dem Schulmassaker befanden sich ungefähr 50 Psychologen in Erfurt, um Schüler, Lehrer und Angehörige zu betreuen. Nach der Wiederaufnahme des Unterrichts standen wöchentlich zwei Stunden »Trauma-Bewältigung« auf dem Lehrplan. Eine Schülerin berichtet, ihre Psychologin habe die Stunde damit begonnen, dass alle ihre Gefühle in einen mitgebrachten Karton hineintun sollten. Die Schüler wurden gedrängt, Fragebogen auszufüllen, damit die Psychologen herausfinden konnten, wer als »hochtraumatisiert« einzustufen ist und infolgedessen eine weitergehende Einzeltherapie benötigt. Die Psychologen standen phasenweise Schlange, um endlich Kontakt zu einem »Betroffenen« zu bekommen.

Angesichts einer derart massiven Präsenz von Experten, die vorgeben zu wissen, wie man ein solches Ereignis verarbeitet und im Falle von Verhaltensauffälligkeiten psychotherapeutische Zuwendung anordnen, nimmt es nicht wunder, dass es auch kritische Stimmen und fast so etwas wie antikolonialen Widerstand gegen die Invasion der Psychologen gab und gibt. »Wir sind doch nicht psychisch kaputt, wir sind einfach nur traurig«, wehrte sich ein 16-jähriger Schüler. Eine Schülerin äußerte gar, das Schrecklichste neben der Journalisten-Plage seien eigentlich die Psychologen gewesen, die einem überall auflauerten und das Alleinsein mit sich selbst oder mit Freunden und Angehörigen mit raffinierten Tricks zu verhindern versucht hätten. Wer sich beratungs- und therapieresistent verhalte, riskiere schlimme und schlimmste Spätfolgen, so sei zu hören gewesen, nur fachliche Anleitung garantiere, dass man einigermaßen glimpflich davonkomme. Aufdringliche Psychoattacken dieser Art verhindern, dass die Opfer von Gewalterfahrungen zunächst einmal auf ihre eigenen Bewältigungsmechanismen und die ihrer näheren Umgebung zurückgreifen, und zielen darauf ab, mäandernde psychische Prozesse unter Kontrolle zu bringen und zu begradigen. Manche Kritiker behaupten, dass Psychologen durch ihren voreiligen Zugriff und imperialen Gestus häufig die Störung erst schaffen, die zu behandeln sie vorgeben. Experten, ursprünglich auf den Plan gerufen, um gesellschaftliche Mangelkrankheiten zu kompensieren, tragen, wenn sie sich als Berufszweig einmal etabliert haben, dazu bei, das »soziale Immunsystem« durch Enteignung und Ausdünnung von Kompetenzen weiter zu schwächen. Irgendwann sagen sich die Leute: »Bevor ich beim Helfen und Trostspenden irgendetwas falsch mache, überlasse ich es lieber den Fachleuten und halte mich raus.« Wir sollen uns daran gewöhnen, unsere unwägbaren Gefühlszustände mittels Einnahme von psychoaktiven Substanzen oder Inanspruchnahme von Beratung zu regulieren. An die Stelle autonomer Ich-Leistungen tritt der Gang zu Arzt und Apotheker oder zur nächsten psychosozialen Beratungsstelle. Das als Kleinstunternehmen konzipierte Subjekt soll ein »Selbstmanagement« erlernen, dem sein Selbst mehr und mehr abhanden kommt.

In den letzten Tagen ist noch eine andere Variante psychologischen »Trittbrettfahrertums« medial groß in Erscheinung getreten. »Kriminalpsychologen« haben die Prävention als lukrativen Forschungs- und Geschäftszweig entdeckt und warten mit Amok-Frühwarnsystemen auf. Sie suggerieren, durch Einführung eines »Bedrohungsmanagements« und von durch sie ausgebildeten »Krisenteams« an Schulen ließe sich die Zahl der Schulschießereien zukünftig drastisch reduzieren und das »Problem in den

Griff« bekommen. »Eltern sollten an ihren Schulen ein qualifiziertes Bedrohungsmanagement einfordern«, schlägt Jens Hoffmann vor. »Krisenteams an Schulen« müssten als ein »echtes Qualitätsmerkmal« verstanden werden. Der »Kriminalpsychologe« Jens Hoffmann soll laut SPIEGEL 12/2009 aus Ermittlungsakten und Fallstudien sogar ein Online-Programm entwickelt haben, das es Lehrern, Schulpsychologen und Polizisten erleichtern soll, verhaltensauffällige Schüler richtig einzuschätzen. Das Programm vergleicht die Daten von »Problemschülern« mit denen früherer Amokläufer und bewertet auf dieser Basis, wie wahrscheinlich eine Gewalttat ist: »Kevin Schmidt hat ein Amokrisiko von 67,8 Prozent.« Das Programm wird man natürlich bei Herrn Hoffmann ebenso käuflich erwerben müssen wie die Zertifizierung als »Bedrohungsmanager«.

In Bayern hatte man nach den Ereignissen in Erfurt eine Weile mit einer aus den USA importierten »Checkliste« zur Erkennung potenzieller Gewalttäter experimentiert, bis man sie nach heftigen Protesten wieder aus dem Verkehr zog. Wir haben es hier mit einem nach innen gewendeten psychotechnischen Machbarkeitswahn zu tun, der die innere menschliche Natur nach dem Muster der äußeren unter Kontrolle bringen zu können glaubt. Die aufgelisteten »Warnsignale« geben sich immer erst als solche zu erkennen, wenn die Katastrophe bereits eingetreten ist. A posteriori scheint alles einer Logik zu folgen, die auf aggressive Eruption die ganze Zeit über zusteuerte. Vorher sind die sogenannten Warnsignale meist nur verquere jugendliche Lebensäußerungen und Tagträume, die sich irgendwann auswachsen und von selbst erledigen. Würde man auf diese in bürokratischer Routine mit Kontrollmaßnahmen oder psychologisch-sozialarbeiterischer Zwangszuwendung reagieren, entstünde an Schulen eine Fahndungsmentalität und ein Klima universalen Verdachts, die gerade jenes Frühwarnsystem zu zerstören drohten, über das halbwegs lebendige Schulgemeinschaften als Gratisbeigabe verfügen und das von emotionalen Bindungen und wechselseitigem Vertrauen gespeist wird. Suizidgedanken und Gewaltphantasien, die viele Schüler gelegentlich haben, würden sich dann in den Untergrund zurückziehen und einen

Schwarzmarkt bilden, der sich jeder Kontrolle und Beeinflussung entzieht. Man muss der Gewalt ins Auge sehen, wenn man an ihrer Zähmung arbeiten will.

»Übersicht gewinnt, wer vieles übersieht«, hat Peter Sloterdijk einmal angemerkt, und so wird vor lauter präventivem Eifer und damit verbundenen geschäftlichen Interessen leicht übersehen, dass alle spektakulären Schulschießereien in Deutschland nicht von aktuellen, sondern von ehemaligen Schülern begangen wurden. Die Täter von Freising, Erfurt, Emsdetten und Winnenden kehrten nach mehr oder weniger großem zeitlichen Abstand an ihre ehemaligen Schulen zurück, um dort für vergangene und gegenwärtige Kränkungen Rache zu üben. Ein noch so ausgefuchstes »Bedrohungsmanagement« an diesen Schulen hätte also gegen diese Taten nichts auszurichten vermocht. Es sei denn, man hätte in Erfurt die bürokratische Entsorgung eines Schülers verhindert oder fürsorglich aufgefangen. Ehemalige Schüler befinden sich häufig auf irgendwelchen Abstellgleisen im Niemandsland zwischen Schule und Beruf, Pubertät und Erwachsensein, und wissen nicht, gegen wen sie ihre ohnmächtige Wut wenden sollen. Diese sucht sich dann ein Ersatzopfer, einen Sündenbock, der die Wut auf sich zieht, weil er verletzlich und greifbar ist und/oder weil er mit vergangenen Kränkungen assoziiert wird, die sich mit den gegenwärtigen trübe verfilzen.

*

Warum stoßen die Präventionsversprechen auf derart große Resonanz? Der Amoklauf bricht aus dem befriedeten Alltag und mitten aus der Normalität der bürgerlichen Ordnung hervor und ist zugleich deren absolute Negation. Die Täter sind zuvor unauffällig gewesen: freundliche Nachbarn, treusorgende Familienväter, harmlose Eigenbrötler, nette Jungs. Amoklauf ist kein Problem der Dunkelzonen des Sozialsystems, von sozialen Brennpunkten und Problembezirken, sondern er findet in Wohlstandsregionen, Kleinstädten, scheinbar intakten Familien statt. Der Amokläufer bricht aus der Normalität hervor, schießt wahllos um sich, und seine

Kugeln können jeden treffen. Die Krux der Amokprävention besteht im Kern darin, dass das, wonach man sucht, die personifizierte Unauffälligkeit und Durchschnittlichkeit ist. Deswegen geht sie ins Leere.

Der Amokläufer erschüttert die Innerlichkeit der Bürger, weil er das vom Staat im Tausch gegen den Gewaltverzicht seiner Bürger gegebene Sicherheitsversprechen radikal in Frage stellt. Weil es gegen das – freilich seltene – Ereignis Amoklauf keine Präventionsmöglichkeiten und keinen wirksamen Schutz gibt, muss der Staat wenigstens so tun, als gebe es sie. Deswegen greift er nach jedem Massaker tief in die Kiste der sozialpolitischen Palliativmedizin: Es wird dies und das verschärft und verboten, die Polizei wird weiter aufgerüstet und die »innere Sicherheit« militarisiert. Staat und Gesellschaft lassen es sich etwas kosten, die Ursachen der Gewalt bestehen zu lassen und ihre Folgen mehr oder weniger repressiv zu bekämpfen.

»So traumatisiert wie du bin ich schon lange!« Krankheit als Mittel der Distinktion

> »DER EXPERTENGLAUBE DES MENSCHEN IST EINER
> DER ALLERGRÖSSTEN GLAUBEN HEUTZUTAGE.«
> *Arnold Stadler*

Nachdem eine Kurzfassung des Kapitels über »fürsorgliche Belagerung« unter dem Titel »Die Industrialisierung des Mitleids« in der Wochenzeitung *Der Freitag* vom 18. März 2009 erschienen war, meldeten sich empörte Menschen und ziehen mich des Zynismus und der Menschenverachtung, als hätte ich mich grundsätzlich dagegen ausgesprochen, traumatisierten Menschen zu helfen. Es wundert mich, dass man glaubt, eine solche Aussage aus dem Text herauslesen zu können. Natürlich gibt es Menschen, die etwas erlebt haben, was ihre Verarbeitungskapazitäten überstieg und sie traumatisierte. Und natürlich muss diesen Menschen nach besten Kräften und mit allen uns zur Verfügung stehenden medizinischen und psychotherapeutischen Methoden geholfen werden – auch von Experten, die ihr Handwerk gelernt haben und sich darauf verstehen.

In einigen Anrufen, die mich erreichten, und Online-Kommentaren, die bei der Zeitschrift eingingen, lag etwas Gereizt-Aggressives. Worauf sind diese überschießenden Reaktionen auf meinen Text zurückzuführen? Die Anrufer gaben sich als »Betroffene« zu erkennen, die selbst unter einer »Posttraumatischen Belastungsstörung« (PTBS) litten und die sich – so meine These – von meinem Text in Frage gestellt fühlten, als würde ich sie in ihrem Leiden nicht ernst nehmen und sie ihrer Identität als Leidende berauben wollen.

In der Tat handelt es sich bei der Diagnose PTBS um eine Modediagnose, zu der auch viele Menschen greifen, die sich auf der Suche nach einer Konkretisierung ihres diffusen Leidens und Unbehagens, ihrer namenlosen Ängste und amorphen depressiven Zustände befinden. Mancher fühlt sich von den Strapazen einer mühseligen, langwierigen Suche nach den seine Misere verursachenden kindlichen Originalszenen entlastet und lässt sich bereitwillig ein erlittenes Trauma suggerieren oder suggeriert es sich selbst: »Aha, das ist es also, worunter ich leide.« Mitunter helfen Suggestion und Täuschung besser als hartnäckige, theoriegeleitete Wahrheitssuche, die sich im Nebel des Vergessens, der sich über die frühkindlichen Erfahrungen gelegt hat, zu verlieren droht.

Edward Shorter hat in seinem Buch »Moderne Leiden« (1994) gezeigt, dass jeweils vorherrschende Krankheitsbilder und Modediagnosen eine Art von Verhaltenskodex für das Unbewusste liefern. Jede gesellschaftliche Entwicklungsstufe speist in den gesellschaftlichen »Symptompool« die zu ihr passenden Modekrankheiten ein, auf welche die Menschen auf der Suche nach einem Sinnzusammenhang, in den sie ihre vagen, vorsprachlichen körperlichen und seelischen Empfindungen einbetten können, zurückgreifen müssen, wenn sie mit ihrer Krankheit ernst genommen werden wollen.

70

»Irgendwie traumatisiert« worden zu sein, ist das Grundgefühl vieler Zeitgenossen, und sie bedienen sich der Diagnose PTBS, die ihrem diffusen Leiden endlich einen Namen gibt und einen Krankheitsstatus verleiht und mit entsprechenden therapeutischen Rezepturen versieht. Hat man sich einmal auf eine Diagnose festgelegt, wird der anfangs vielleicht noch vorhandene Zweifel verdrängt, und man verwandelt sich in einen »Krankheitsfanatiker«, der eine streitbare Identität und einen Distinktionsgewinn aus diesem spezifischen Krankheitsbild bezieht: »So traumatisiert wie du bin ich schon lange!«

Mein Text wurde und wird als Wiederkehr des exkommunizierten Zweifels gelesen und deswegen von den »Betroffenen« bekämpft und vehement abgelehnt. Dabei war das gar nicht meine Intention, sondern ich wollte nur an die von Ivan Illich früh ausgesprochene Warnung vor der »Entmündigung durch Experten« (Reinbek 1979) erinnern, die uns die Rolle eines Mängelwesens oder Kranken zuweisen, die uns ihrer Deutungshoheit unterstellt und ihren Praktiken unterwirft. »Das besondere Privileg der Experten, anderen vorschreiben zu können, was für sie richtig ist und was sie daher benötigen, ist die Quelle von Prestige und Macht«, schrieb Illich damals. Und hat sich eine neue Sorte von Experten einmal etabliert, sorgen diese in der Folge selbst dafür, dass sich die Krankheit, auf deren Therapie sie sich spezialisiert haben, auch entsprechend verbreitet. Wir werden diesem Phänomen später im Kontext der Auseinandersetzung mit der Diagnose Aufmerksamkeits-Defizit-Hyperaktivitäts-Syndrom (ADS bzw. ADHS) noch einmal begegnen.

ALLTAGSAMOK – AMOKALLTAG: »FRÜHLINGSERWACHEN«

»Frühlingserwachen« heißt ein Theaterstück von Frank Wedekind, das 1891 verfasst wurde und von den Pubertätsnöten und Schulqualen Jugendlicher handelt, die von den Verhältnissen erdrückt und in den Tod getrieben werden. Die heute noch oder wieder aktuelle Quintessenz des Stückes könnte man so zusammenfassen: Jugend ist, was junge Leute

selten haben. Diesen Titel hat sich nun die Gießener Geschäftswelt von Wedekind geliehen, um uns mitten in der Wirtschaftskrise auf den Frühling einzustimmen. Wer durch die Stadt ging, wurde mit Primeln beschenkt und exzessiv mit synthetischem Vogelgezwitscher beschallt. Will man uns auf diese Weise schon jetzt an eine Zeit gewöhnen, da die Singvögel endgültig aus den Städten verschwunden oder gar ausgestorben sind? DLRG, Amnesty International, Polizei und Ausländerbeirat hatten Stände aufgebaut und informierten über ihre Arbeit. In direkter Nachbarschaft zu diesen Ständen hatten deutsche Automobilhersteller ihre durchweg schwarzen Luxuskarossen ausgestellt. »Symbolisieren diese Autos nicht viel mehr den krisenhaften Zustand der Wirtschaft als den Frühling«, fragte ich mich. 90 Prozent der Passanten entstammten obendrein Einkommensgruppen, für die diese Automobile auf ewig unerschwinglich bleiben und die sie bestenfalls in ihren Träumen fahren werden. Ich muss zugeben, dass ich die Ausstellung dieser Automobile und das Zugleich und Nebeneinander von Menschenrechtsorganisationen und BMW/Mercedes merkwürdig, ja beinahe obszön fand. Obszön nicht in dem Sinn, wie unsere Eltern dieses Wort verwendeten, um uns den Anblick eines nackten Busens zu verekeln, sondern wie ihn Herbert Marcuse gelegentlich gebraucht hat. »Diese Gesellschaft ist insofern obszön, als sie einen erstickenden Überfluss an Waren produziert und schamlos zur Schau stellt, während sie draußen ihre Opfer der Lebenschancen beraubt; obszön, weil sie sich und ihre Mülleimer vollstopft, während sie die kärglichen Nahrungsmittel in den Gebieten ihrer Aggression vergiftet und niederbrennt; obszön in den Worten und dem Lächeln ihrer Politiker und Unterhalter; in ihren Gebeten, ihrer Ignoranz und in der Weisheit ihrer gehüteten Intellektuellen.« (Versuch über die Befreiung, Frankfurt/Main 1969, S. 21/22).

Am späten Nachmittag sah ich vor den schwarzen BMW-Cabriolets einen alten Mann stehen, der sich auf seinen Stock stützte und sichtlich dem ärmeren Teil unserer Gesellschaft angehörte. Er schimpfte und brummelte vor sich hin. Er empfand offensichtlich ähnlich wie Herbert Marcuse und ich, denn als ich näher kam, hörte ich ihn laut ausrufen: »Schämt ihr euch nicht!« Dabei hob er seinen Stock, hielt dann aber mitten in der Bewegung inne und man sah, dass in seinem Inneren zwei Tendenzen miteinander rangen: Der Impuls, auf die Autos loszugehen, und die Vernunft, die ihm sagte: »Lass es, das führt zu nichts, und bringt dir nur Ärger ein!« Schließlich fiel ihm die Vernunft in den Arm, und er ging grummelnd davon. Die ganze Erscheinung des Mannes und sein Verhalten ließen mich an den »vermummten Herrn« denken, dem Wedekind sein Theaterstück gewidmet hat und der in ihm das Leben verkörpert.

Apropos Winnenden 2: Der Kampf gegen die Halbwertszeit der Betroffenheit

Der oben bereits erwähnte Artikel aus der *Frankfurter Rundschau* berichtet in seinem zweiten Teil von der Rückkehr der Normalität in die Gemeinde Winnenden. Nach der Tat herrschte eine tiefgreifende Erschütterung, viele Menschen standen unter Schock. Inzwischen ist der Alltag zurückgekehrt, und es ist, als wäre nichts geschehen. »Darüber sprechen die Leute nicht mehr«, sagt eine Marktfrau. Auch die Abwicklung der Winnender Ereignisse liefert uns wieder ein Beispiel für die Kürze der Halbwertszeit der Betroffenheit. Die Chance, aus dem Massaker gesellschaftlich zu lernen, wurde erneut vertan. Wer auf eine Art von Katastrophendidaktik gesetzt hatte, sieht sich enttäuscht. Die zunächst beunruhigte Öffentlichkeit wurde mit Palliativen abgespeist, ansonsten herrscht business as usual. Andere Themen haben die Winnender Ereignisse aus den Medien und dem öffentlichen Bewusstsein verdrängt, und es steht zu fürchten, dass erst der nächste Amoklauf die Fragen nach den gesellschaftlichen Bedingungen der Möglichkeit solch entgrenzter Gewalt wieder auf die Tagesordnung setzen wird.
Ein von Eltern der Opfer ins Leben gerufenes Aktionsbündnis will diesen Verdrängungsprozess nicht mitmachen und die Wunde Winnenden so lange offen halten, bis an die Ursachen gerührt wird und wirkliche Heilung möglich ist. Sie wollen es nicht hinnehmen, dass erst noch »drei weitere Amokläufe stattfinden müssen, bis die Politiker Ernst machen«. Das Leben dieser Eltern und Angehöri-

gen wird ohnehin nie wieder so sein wie vor der Tat, für sie gibt es auf lange Sicht keine Rückkehr zur Normalität.

Auch in Erfurt hatte es eine von Schülern ins Leben gerufene Vereinigung »Schrei nach Veränderung« gegeben, die in einem Aufruf (Frankfurter Rundschau vom 18.7.2002, S. 6) zur Auseinandersetzung mit den gesellschaftlichen Ursachen des Amoklaufs von Erfurt aufforderte. Vergeblich, wie wir wissen. Da hielten es die Erfurter schon lieber mit ihrem Ministerpräsident Vogel, der den Amoklauf behandelte, als sei er ein »Unheil, das vom Himmel gefallen ist«. Hat ein Massaker den gleichen Status wie das Erdbeben von Lissabon oder ein Hurrikan, ist man von der Suche nach gesellschaftlichen Ursachen entlastet und kann weiterleben wie zuvor.

In einer Fernsehreportage ein Jahr nach dem Erfurter Amoklauf sah man, wie zwei Polizisten, die vor Jahresfrist beim Einsatz am Gutenberg-Gymnasium dabei gewesen waren, Streife durch die Erfurter Innenstadt fuhren. Einer der beiden deutete nach draußen auf den befriedeten städtischen Verkehr und sagt: »Inzwischen ist alles wieder wie vor dem 26. April.« Er meinte das tröstlich und hielt es für ein Zeichen der kollektiven Genesung von Trauma und Schock. Was aber, wenn Alltag und Normalität zu den Bedingungen des Schreckens gehörten? Das Verstörende am Massaker von Erfurt war ja, dass der Täter einer »ganz normalen Familie« entstammte und keineswegs monströse Züge trug. Die von den Profilern nach der Tat veröffentlichten Ermittlungsergebnisse verschafften uns einen Einblick in die Abgründe dieser Normalität. Die Fassade der »heilen Welt« bröckelte und gab den Blick frei auf eine Szenerie von Leistungsdruck, Kälte und Indifferenz. Wenn das die Normalität ist, der der Wahnsinn entspringt, muss deren Rückkehr nach dem Schock uns eher erschrecken.

Anlässlich des fünften Jahrestages des Massakers von Erfurt habe ich ausführlich Rückschau gehalten. Die folgenden Texte entstanden im Jahr 2007 und sind in gekürzten Fassungen am 24. April in der *Frankfurter Rundschau* bzw. am 27. April in der Wochenzeitung *Freitag* erschienen.

Rückblick 3: Erfurt und die Folgen.
Vom Scheitern der Katastrophendidaktik:
»Für heute reicht's.«

»Ich war zwanzig. Niemand soll sagen,
das sei die schönste Zeit des Lebens.«
Paul Nizan

Als Robert S. sich am Morgen des 26. April 2002 anschickt, das Haus zu verlassen, wundert sich seine Mutter darüber, dass er eine uralte Hose mit großen Seitentaschen trägt. Ist das die angemessene Kleidung zur letzten schriftlichen Abiturprüfung? »Lass den Jungen in Ruhe«, denkt sie und sagt zu ihm: »Heute ist endlich Schluss.« Im Gehen erwidert er: »Ja, dann ist Schluss.«
Kurz vor 11 Uhr betritt er mit Rucksack und Sporttasche die Schule und sucht eine Toilette auf. Ganz in Schwarz gekleidet und maskiert, kommt er wenig später heraus. Es ist, als hätte er sich durch diese Metamorphose in eine Figur aus einem seiner Ego-Shooter verwandelt, der ihm nun auch die Choreographie für sein weiteres Vorgehen liefert.

Ein Ego-Shooter entsteigt dem Bildschirm und wendet sich dem Guten-
berg-Gymnasium zu. Zeichnung: Otto Fuchs

Mit Pistole und Pumpgun bewaffnet, durchkämmt er systematisch das ganze Gebäude, geht von Klassenzimmer zu Klassenzimmer, von Stockwerk zu Stockwerk. Sobald eine Lehrerin oder ein Lehrer in sein Blickfeld gerät, feuert er gezielt auf deren Kopf. Zwei Mitschüler tötet er eher zufällig beim Durchschießen einer geschlossenen Tür. Gegen 11.15 Uhr trifft er im ersten Stock auf seinen ehemaligen Geschichtslehrer Heise, der ihn erkennt und mit Namen anspricht: »Bist *du* das, Robert?« Daraufhin zieht dieser seine Maske herunter, die Metamorphose ist beendet, der Amoklauf implodiert. Als der Lehrer ihn auffordert, nun auch ihn sehenden Auges zu erschießen, sagt er: »Für heute reicht's.« Der Lehrer schiebt ihn in einen Materialraum und schließt von außen ab. In der Kammer nimmt sich Robert S. das Leben.

Seinem Amoklauf fielen zwölf Lehrerinnen und Lehrer, ein Mitschüler und eine Mitschülerin, eine Sekretärin und ein Polizist zum Opfer.

*

Die Sache war die: Robert S. ging seit einem halben Jahr gar nicht mehr zur Schule. Das Gutenberg-Gymnasium hatte sich seiner im Herbst 2001 durch einen Akt bürokratischer Exklusion entledigt, nachdem er geschwänzt und ein Attest gefälscht hatte. Der Schulverweis entzog seinem Lebensentwurf die Grundlagen und stürzte ihn wegen einer Besonderheit des Thüringer Schulgesetzes ins Nichts. Ohne jeden Schulabschluss drohte er zu dem zu werden, was im sozialdarwinistischen Jargon der Gegenwart ein »Loser« genannt wird.

Da er sich von der realen Welt zurückgewiesen fühlte, zog er sich mehr und mehr in die virtuelle Welt der Computerspiele zurück, die sein lädiertes Selbstwertgefühl aufpäppelte und ihm ein Gefühl von Macht und Stärke vermittelte, dem in der Realität immer weniger entsprach. Parallel dazu verstrickte er sich der Familie gegenüber in ein komplexes Lügengebilde. Indem er den Schulverweis zu Hause verschwieg und so tat, als wäre nach wie vor alles in Ordnung, begann er gleichsam Federball mit Dynamit zu spielen. Denn

zwangsläufig musste der Tag kommen, an dem seine Lügen auf-
fliegen würden und er seinen Eltern mit dem Geständnis seines
Scheiterns unter die Augen treten müsste. Der letzte Tag der
schriftlichen Abiturprüfungen wurde so zum Tag der Entscheidung, und er beschloss, die Widersprüche, in die er sich heillos verstrickt hatte, gewaltsam zu lösen.

In einem Gespräch mit dem Nachrichtenmagazin DER SPIEGEL
vom 28. April 2003 hat Roberts Mutter ein Jahr später eigene
Versäumnisse eingestanden. Sie habe damals aus Zeitmangel und
wegen privater und beruflicher Belastungen vieles übersehen oder
nicht sehen wollen. Sie erinnert sich an eine bestimmte Szene: »Ein
paar Monate vor der Tat saß Robert am Küchentisch und sagte: ›Es
hat alles keinen Sinn‹. Ich habe nur geantwortet: ›Was redest du für
einen Quatsch?‹ Heute sage ich mir ständig, dass ich nur ein einziges Mal hätte reagieren müssen.«

Was sagt uns das? Elterliche Unwissenheit beruht zu einem großen
Teil auf einem wie auch immer begründeten Desinteresse, oder
andersherum: Eltern, die wissen wollen, ob ihr Sohn tatsächlich
die Schule besucht und dort etwas lernt, die erfahren das auch.
»Wer denkt, es ist alles in Ordnung, obwohl nichts in Ordnung
ist, der will auch glauben, es sei alles in Ordnung, weil er angesichts
der erahnten Unordnung resigniert hat«, kommentiert Wolfgang
Schmidbauer die Haltung vieler Eltern, nicht nur der von Robert.
Hätte sich Frau S. an jenem Morgen zu Robert an den Küchentisch
gesetzt und ihm Gelegenheit gegeben, zu erzählen und sein schu-
lisches Scheitern einzugestehen, wäre es möglicherweise zur Tat
nicht gekommen.

*

Dass in diesen Tagen in den Medien der Name von Robert S. erneut
genannt wird, gehört zu seinen posthumen ›Erfolgen‹ und belehrt
uns zugleich über ein möglicherweise zentrales Motiv solcher Täter. »Ich möchte, dass mich eines Tages alle kennen«, hatte er im
Vorfeld der Tat einer Mitschülerin anvertraut – und so ist es nun
auch. Wem es auf gesellschaftlich lizenzierte Weise nicht gelingt,

Anerkennung zu finden, kann als Massenmörder und Negativ-Held in die Annalen der Zeitgeschichte eingehen. Die Medien erweisen sich als mächtige Komplizen von Tätern, die auf Anerkennung aus sind. Der Täter produziert den Schrecken in der sicheren Gewissheit, dass die Medien ihn verbreiten. Jeder Bericht über die spektakuläre Rache eines Zukurzgekommenen und Übersehenen an seiner kränkenden Umwelt kann »Sleeper« wecken, die – verborgen in der anonymen Masse der Menschen mit chronischen Anerkennungsdefiziten – auf ihren Aufmerksamkeit garantierenden Auftritt warten.

Wer auf eine Form von Katastrophendidaktik gesetzt hatte, sieht sich fünf Jahre nach dem Massaker von Erfurt enttäuscht. Selbst die größten anzunehmenden zwischenmenschlichen Unfälle lösen keinen prinzipiellen und nachhaltigen Zweifel an der Gangart des gesellschaftlichen Prozesses aus.

Der Staat lebt vom Glauben seiner Bürger, durch ihn vor Unsicherheiten und Gefahren aller Art bewahrt zu werden. Da es gegen den Amoklauf so gut wie keine kurzfristig wirksamen Präventionsmöglichkeiten gibt, muss der Staat wenigstens so tun, als gäbe es sie. Um die durch die monströse Erfurter Tat erschütterte Innerlichkeit und Loyalität der Bürger zu restabilisieren, verabreichte man ihnen die üblichen Palliativa aus der sicherheitspolitischen Hausapotheke: Man verschärfte das Waffenrecht, novellierte das Jugendschutzgesetz und änderte das Schulgesetz von Thüringen. Ansonsten blieb alles beim Alten: *business as usual*.

Was wäre denn aus dem Massaker zu lernen gewesen? In Familien sollte ein Klima herrschen, das es Kindern und Jugendlichen ermöglicht, alles sagen zu können. Wer die Erfahrung macht, dass man erlittene Niederlagen eingestehen darf, ohne die Zuwendung der Eltern zu riskieren und in Notsituationen von einem unzerstörbaren Netz emotionaler Bindungen aufgefangen zu werden, wird es selbst mit peinlichen Kränkungen und schlimmen Zurückweisungen aufnehmen können, die das Leben ›draußen‹ bereithält.

Am Ende von Fritz Langs Film *M – eine Stadt sucht den Mörder* fällt der Satz: »Wir müssen uns mehr um unsere Kinder kümmern.« Was so einfach und banal klingt und die einzig wirksame Form der

Prävention wäre – dass für keinen und niemand die Kommunikation und der Bezug zur Welt abbricht –, ist doch zugleich das Schwierigste. Die Bereitschaft, sich umeinander und vor allem um Kinder zu kümmern, lässt sich nicht dekretieren, und solange mächtige Tendenzen, die in der Grundstruktur dieser Gesellschaft verankert sind, daran arbeiten, die Menschen in gegeneinander isolierte und miteinander konkurrierende Sozialatome zu verwandeln, werden viele Familien nicht mehr sein als das bloße Nebeneinander von sprach- und lieblosen Einsamkeiten.

Gesamtgesellschaftlich wäre aus der Erfurter Katastrophe zu lernen gewesen, dass wir der Demontage des Sozialstaats Einhalt gebieten und Solidarität an die Stelle des entfesselten Konkurrenzkampfes setzen müssen. Das wäre eine soziale Form der Prävention, die langfristig den Nährboden austrocknen würde, auf dem der Amoklauf gedeiht. Die Menschen des neoliberalen Zeitalters leben in einem Universum permanenter Verteidigung und Aggression und werden von der Angst umgetrieben, aus der Gesellschaft, ja aus der Welt herauszufallen und einen sozialen Tod zu sterben. Wer seine Arbeit verliert, verliert ja weit mehr als seine Arbeit. Er büßt seine Gesellschaftlichkeit ein, das Gefühl, gebraucht zu werden, die Bindung an einen Ort, an dem man abends zu ihm sagt: »Schönen Feierabend und bis morgen.« Wer so von der Teilhabe am gesellschaftlichen Prozess ausgeschlossen wird, kann leicht fallen – und wohin fällt einer heute dann? Welche Netze halten seinen Sturz auf? Da ist kein Glaube mehr, der tröstet, kein gewerkschaftlich-politisches Milieu, das den Verlust mit Sinn ausstattet und in gemeinsamen Widerstand überführt. Schwere Persönlichkeitsstörungen, die im geregelten Alltag leidlich eingekapselt waren, können nun aufbrechen. Gelingt der Rückweg in die Normalität nicht, wird der aus der Welt gefallene Mensch mehr und mehr von seiner Tagtraumwelt aufgesogen. Er brütet über seinen inneren Unglücksvorräten und droht in den Bann einer destruktiven Dynamik zu geraten, die sich schließlich suizidal oder amokartig entladen kann. Wenn der mit den Zwängen der weltweiten Konkurrenz begründete Trend zu Rationalisierung und Stellenabbau sich fortsetzt, große Teile der Jugend ohne jede Perspektive bleiben und ältere, leistungsschwächere, psychisch labile und mental unflexible Menschen weiter aus dem Arbeitsprozess heraus- und in eine Anomie-Position hineingedrängt werden, droht der Amoklauf zur kriminellen Signatur des neoliberalen Zeitalters zu werden.

Schulen als Orte der Kränkung und der Gewalt

Schulen sind privilegierte Schauplätze von Amokläufen. Dass aktuell gemaßregelte oder gar der Schule verwiesene Schüler bewaffnet am Ort ihrer Schande und Demütigung auftauchen, um Rache zu nehmen, scheint nachvollziehbar, auch wenn die ausufernde aggressive Reaktion in keiner Relation zum Anlass steht. Wer seine narzisstische Wut nicht beherrschen kann, wird immer weit über die traumatische Kränkung hinaus zurückschlagen, um deutlich zu machen, dass sie niemals hätte geschehen dürfen. Dennoch handelt es sich, wie ein Blick auf die Chronik der Schulmassaker zeigt, um ein relativ neues Phänomen, von dem man hierzulande bis Ende der 90er Jahre annahm, es komme nur in den USA vor. Erst nach dem Massaker von Littleton etablierten sich auch bei uns der jugendliche Amoklauf und das School Shooting als eine Art »Ventilsitte« für junge Männer, die sich in ihrem Stolz verletzt fühlen und deswegen »einen Hass haben«.

Obwohl die Schulen der Vergangenheit mit den ihnen ausgelieferten Schülern weitaus gewaltförmiger, mitunter beinahe sadistisch umgingen, wurden diese durch verinnerlichte Hemmungen daran gehindert, ihre Wut nach außen und gegen Autoritäten zu wenden. Ja, schlimmer noch: Die Verfilzung von Gewalt und Hörigkeit sorgte dafür, dass mancher deutsche Lehrer die unverbrüchliche Zuneigung eines Schülers gewann, wenn er ihn geohrfeigt oder geschlagen hatte. Die Wut wurde in der inneren Watte der Selbstzwänge stumpf oder wandte sich, wenn die Verzweiflung groß genug war, im Suizid gegen die eigene Person. Lehrer waren vor dem Rückschlag des verletzten Lebens dadurch geschützt, dass sie die Nachfolge der Eltern antraten und den diesen entgegengebrachten Respekt erbten. Ein leidlich erzogener Schüler empfand in der Regel Herzklopfen, wenn er zum Direktor gerufen wurde oder einen Polizisten sah, und hätte es nicht gewagt, die Hand gegen Eltern oder Lehrer zu erheben.

Die heutige Lage ist dagegen durch das Zugleich eines enorm gestiegenen Leistungsdrucks, des rapiden Schwunds innerer Selbstzwänge und Hemmungen – befördert durch eine systematische Desensibilisierung durch exzessives Spielen brutaler Computerspiele – und einer gewachsenen narzisstischen Verwundbarkeit gekennzeichnet. Letztere ist das Resultat einer verbreiteten Nicht-Erziehung der Kinder durch ihre Eltern, die sich aus Bequemlichkeit und/oder Verunsicherung aus dem Feld der Erziehung zurückziehen und ihre Kinder in einem weitgehend unsozialisierten Zustand und mit enormen psychischen Strukturdefiziten in der Schule abliefern. Das Selbstwertgefühl eines Kindes entsteht nicht im luftleeren Raum, sondern in der Auseinandersetzung mit konturierten und vor allem anwesenden Bezugspersonen. Werden einem Kind von diesen keine Frustrationen zugemutet und Grenzen gesetzt, kann es kein realistisches Selbstbild entwickeln. Frühkindliche Grandiositäts- und Omnipotenzvorstellungen halten sich durch und werden durch die Erfahrungen beim Spielen am Computer zusätzlich stimuliert: Das Kind sitzt vor dem Bildschirm und fühlt sich allmächtig. Stoßen die infantilen Größenphantasien dann in der Schule auf Widerstände, die zu schmerzlichen Relativierungen nötigen, kann es zum Durchbruch narzisstischer Wut und primitiver Racheimpulse kommen. Selbst kleine und kleinste Enttäuschungen werden als Signal für eine drohende Vernichtung gedeutet, gegen die Kampf mit allen Mitteln geboten erscheint.

Die Literaturgeschichte des 20. Jahrhunderts – von Thomas und Heinrich Mann über Thomas Bernhard bis Günter Kunert – ist voller Beispiele dafür, was Erziehungsverbrechen der Schule und der als Pädagogik getarnte Sadismus einzelner Lehrer anrichten konnten. Bei vielen Schülern hinterließ der Schulbesuch ein lebenslang wirksames Nachgefühl schmerzhafter Kränkungen. Einer der eindringlichsten Romane zu diesem Thema stammt von Leonhard Frank und heißt *Die Ursache*. Dieser Roman und andere literarische Zeugnisse erlittener Schülerqualen erschließen uns möglicherweise einen Zugang zum Verständnis jener älteren Schulmassaker, deren Protagonisten der Schule längst entwachsene Männer waren, die – wie in Köln-Volkhoven, Dunblane oder Eppstein – in der Stunde der Rache an ihre oder irgendeine beliebige Schule zurückkehren. Es handelt sich bei diesem Tätertyp um Männer, die irgendein Ereignis aus ihrer gewohnten Ordnung geworfen hat und die nun ihr Leben als eine einzige Abfolge von Niederlagen empfinden. Sie erleiden eine Kränkung nach der anderen, und im Gegensatz zu den meisten Menschen gerät keine davon in Vergessenheit. Sie wandern auf eine Art innerer Giftmülldeponie, aber in den Fässern brodelt es, und eines Tages rosten sie durch oder werden durch aktuelle Kränkungen leckgeschlagen. Unglückserfahrungen sind dann am explosivsten, wenn ihnen gesellschaftliche Berührung fehlt und sie nur noch in sich rotieren. Der Vereinsamte kann seine verlorene Gesellschaftlichkeit schließlich nur noch tödlich herstellen, indem er möglichst viele Menschen in seinen Untergang mit hineinreißt. Die Wahl des Schauplatzes für die Inszenierung des Abgangs fällt auf den letzten Arbeitsplatz oder eben die Schule, die als Symbol des misslungenen Lebens und der Ort erscheint, an dem alles Unglück seinen Anfang nahm. Im Amoklauf werden die Kindheitstraumata in den Triumph des Erwachsenen verwandelt und all die Niederlagen und die Ohnmacht von einst verblassen angesichts der machtvollen finalen Demütigung der Demütiger.

Warum beschränkt sich der Racheimpuls nicht auf Lehrer, sondern schließt Schüler mit ein, die fast noch Kinder sind? Wer zur privilegierten Zielgruppe gehört, wird davon abhängen, von wem die erlittenen Kränkungen schwerpunktmäßig ausgegangen sind. Wer sich, wie Robert S. in Erfurt, vom Lehrkörper gedemütigt und falsch behandelt fühlt, wird sich an Lehrerinnen und Lehrern rächen wollen, wer sich vor allem von den Mitschülern gehänselt und ausgestoßen fühlt, dessen Zorn wird hauptsächlich den Mitschülern gelten.

Es mag aber auch so sein, dass die Kinder dem erwachsen gewordenen Täter eine in die Zukunft weisende Lebendigkeit symbolisieren, die, weil sie der Amokläufer nicht finden konnte, nun keinem zuteil werden soll. Das Glück, das Kinder in guten Augenblicken umgibt, kann in dem zu Lebzeiten bereits Gestorbenen und vom Leben Enttäuschten, der sich zum Anwalt seiner Zerstörung gemacht hat, einen unbändigen Vernichtungsimpuls hervorkitzeln. Sein Hass entlädt sich gegen jene, die ihn an versunkene eigene Glücksversprechen erinnern und schwach und ohne Schutz sind.

Ein Schultrauma: *Die Ursache,* Roman von Leonhard Frank

Im Winter 1907 verspürt der vermögens- und erfolglose Dichter Anton Seiler, »ohne die Ursache zu kennen, unvermittelt und heftig den Drang, von Berlin aus in die kleine Stadt zu reisen, wo er als Sohn eines Wagnergesellen auf die Welt gekommen war«. In der Nacht vor dem Reiseentschluss hatte der Dichter von einem Schulausflug durch den heimatlichen Wald geträumt, der unter der Leitung des gefürchteten Lehrers Mager stattfand. Als er in seinem Heimatort ankommt, durchlaufen rasend schnell Erinnerungen sein Gehirn: Armut, Prügel, Demütigungen, Schulqualen. Er erinnert sich schließlich, dass es den geträumten Schulausflug tatsächlich gegeben hat, und fragt sich: »Ist es denn aber möglich, dass ein Mensch als Kind qualvolle Erlebnisse hatte … von denen er nichts mehr weiß, die aber in seinem Gefühlsleben ein dunkles Dasein weiterführen und plötzlich einen Hassausbruch verursachen?« Der Lehrer hatte ihn bei einem Ausflug nicht mit ins Wirtshaus genommen, wo alle anderen einkehrten, weil er die zehn Pfennige nicht hatte, um ein Glas Milch bezahlen zu können. »Ich musste vor dem Zaune stehen … vor allen Schulkameraden.«
Der Lehrer Mager wohnt jetzt in der Lochgasse, erfährt der Dichter von seiner Mutter. Er umschleicht das Haus des Lehrers, bringt

es aber nicht über sich, den alten Lehrer aufzusuchen, und fährt nach Berlin zurück. Doch ein eigenartiger Sog zieht ihn bald erneut in seine Heimatstadt, »wo im dunklen Erlebnisknäuel seiner Jugend die Ursachen seiner Haltlosigkeit, seines untergrabenen Selbstbewusstseins, seines ruinierten Lebens zu finden sein müssten«.

Geradewegs ging er in die Lochgasse: Lehrer Mager müsste sein Unrecht einsehen und ihn um Entschuldigung bitten. »Das würde ihm die Kraft zur Reinigung geben, zu einem neuen, rückgratvollen Leben.« Der Lehrer erkennt ihn nicht auf Anhieb wieder und fragt: »Seiler? ... Seiler? Haben Sie gestottert in der Schule?« Am schrecklichen Lächeln des Lehrers sah er, dass dieser sich erinnerte. Am selben Lächeln, mit dem der Lehrer, wenn der Dichter als Kind stotternd stecken geblieben war, ihn der ganzen belustigten Klasse ausgeliefert hatte. »Da stand er wie ein Schulknabe, in kraftlosem Hass.«

Von der Haushälterin werden zwei aktuelle Schüler in den Raum geführt, um Schulhefte abzuholen. Während der Lehrer dem älteren der beiden einen Apfel schenkt, demütigt er den Kleineren der beiden, indem er ihn am Ohr packt und seinen Kopf ruckartig in Richtung seines mit lauter roten Strichen versehenen Aufsatzheftes stieß und ausrief: »Du schämst dich also nicht, auch noch zu mir zu kommen?« Immerzu stieß der Lehrer des Schülers Gesicht aufs Heft und rief dabei: »Regen mit ch! Essen mit ß! Keule mit a u! Und mit zwei m schreibst du Amen? Amen!« Und er schleuderte ihn zur Wand. Der Kopf schlug gegen die Türvertäfelung. Der Kleine richtete sich wimmernd auf. Sein furchtbares, leises Weinen klang in der Stille.

Plötzlich erkennt sich der Dichter in diesem Jungen wieder, und es war ihm, als wäre sein Leben in des Kleinen Körper übergegangen. Der Dichter fragt: »Wie viele Knaben haben Sie gezeichnet ins Leben geschickt?« Der Lehrer versteht ihn nicht und beteuert, dass er sein Bestes gegeben hat, um seine Schüler fürs Leben vorzubereiten. Der Dichter erinnert den Lehrer an die Szene vor dem Wirtshaus. Statt sich zu entschuldigen, rechtfertigt er seine damalige Haltung mit dem Hinweis auf des Dichters lautes und ungebärdiges Betragen während des Ausflugs; außerdem habe er das nötige Geld für die Einkehr im Wirtshaus nicht gehabt. Der Dichter sagt: »Diese Demütigung traf mich damals ins Herz.« Der Lehrer sah abweisend in des Dichters furchtbare Augen. »Ich war so fröhlich gewesen … Und trage vielleicht seitdem das Mal … das Mal!!«, erhob sich die Stimme des Dichters, und langsam erhob sich auch der Körper vom Stuhle, »das glühende Mal in … meiner Seele!« Die ganze Kraft seines Körpers ging in des Dichters würggespreizte Hände über, die dem zur Wand zurückweichenden Lehrer folgten. »Der Adamsapfel glitschte noch einmal unter des Dichters Händen weg, eine Sekunde lang lockerten sich die Würghände – dann drückten die Daumen den Adamsapfel tief in den Hals hinein. Die ächzenden ä- und e-Laute verebbten. Solange der Körper an der Wand zu Boden glitt, ließ der Dichter die Hände am Hals des Toten.«

Er nimmt in einer merkwürdigen Übersprungshandlung einen Hundertmarkschein vom Schreibtisch des Lehrers, der zufällig dort liegt, steckt ihn ein und verlässt das Haus. Wenig später wird er am Bahnhof festgenommen. Als der Untersuchungsrichter sagt: »Geben Sie doch schon zu, dass sie den Lehrer umbrachten, um an den Hundertmarkschein zu kommen«, antwortet der Dichter: »Nein, das war es nicht.« Er versucht, dem Richter zu erklären, dass die Ursachen des Verbrechens weit zurückliegen. Was sein ehemaliger Lehrer ihm denn getan habe, dass er als 31-jähriger Mann hingegangen sei und ihn erwürgt habe, will der Richter wissen. »Getan? … hat er mir nichts … anderes, als was die meisten Erwachsenen den Kindern antun … Er hat mich ruiniert.« Dazu sei noch das Entsetzliche mit dem Schulknaben gekommen. »Ich musste mit ansehen, wie die gleiche Ursache meines Elends dem Knaben ins Gehirn geschleudert wurde. Da empfand ich, dass der Lehrer ein Repräsentant der Seelenzerstörer war … und mein Hass erwürgte ihn.« Der Dichter kann mit seiner Version der Ursache der Tat nicht durchdringen und wird wegen vorsätzlichen, überlegten Raubmords angeklagt und schließlich zum Tode verurteilt. Nachdem die Revision verworfen wurde, wird er durch das Beil hingerichtet.

Schulen als verlässliche Orte

»Ist es vielleicht Aufgabe des Lehrers, Kanonenfutter für
den militärisch-industriellen Komplex zu liefern? Formen
wir Päckchen für die Fliessbänder der Konzerne? «
Frank McCourt

Nach dem Erfurter Schulmassaker gab es einen breiten Konsens
darüber, dass ein Zusammenhang zwischen einem einseitig leis-
tungsfixierten Schulklima und der wachsenden Gewaltbereitschaft
von Schülern existiert und dass Schulen der sozialen und emotionalen Entwicklung der Schüler mehr Raum und Zeit zur Entfaltung
gewähren sollten. Aber die Konsequenzen aus dem sogenannten
PISA-Schock haben schnell die Schlussfolgerungen aus dem Massaker von Erfurt beiseitegedrängt. Seither wird weiter an der Leis-
tungsschraube gedreht, und es wird standardisiert, evaluiert und
modularisiert, was das Zeug hält. In dem Maße, wie Schulen sich
als effiziente Zulieferbetriebe für Industrie und Markt begreifen,
werden sie verschärft zu Orten der Konkurrenz, der Selektion und
damit auch der Kränkung. Da gleichzeitig bei den Heranwachsenden die Fähigkeit zur angemessenen Kränkungsverarbeitung immer weniger erworben wird, entsteht hier jede Menge schulischer
Sprengstoff.

Wenn die Elternhäuser ihre erzieherischen Aufgaben nicht mehr
mit ausreichender Zuverlässigkeit wahrnehmen, müssen die Schulen kompensatorisch einspringen und sich zu geschützten, verlässlichen Orten entwickeln, aus denen ein Schüler auch dann nicht
vertrieben werden darf, wenn er leistungsschwach ist oder »stört«.
Kinder und Jugendliche brauchen Zuwendung am meisten, wenn
sie sie am wenigsten »verdienen«. Das einzige Antidot gegen die
Gewalt sind emotionale Bindungen der Schüler an ihre Schule und
Lehrer und ein lebendiges, offenes Schulklima, das es möglich
macht, über alles zu reden, und verhindert, dass einzelne Schüler
oder ganze Gruppen aus von der Schule gestifteten Bezügen her-
ausfallen und dauerhaft an den Rand gedrängt werden.

»Es hätte nur jemand mit mir reden müssen«, hat ein amerikanischer School Shooter auf die Frage geantwortet, was hätte passieren müssen, um seinen Amoklauf zu verhindern. Schulen benötigen das, was bürokratischen Institutionen eigentlich wesensfremd ist, also widrigen Verhältnissen abgerungen werden muss: Einfühlungsvermögen und Sensibilität für besondere Umstände. Nur so sind Schulgemeinschaften imstande, die Folgen von Verletzungen wahrzunehmen, die die Schule einzelnen Schülern zufügt, und die Warnsignale aufzufangen, die die Verletzten und Gekränkten aussenden, bevor sie zur Gewalt greifen. Routine, Bequemlichkeit und Indifferenz sorgen im Schulalltag dafür, dass solche Vorzeichen übersehen werden: die Äußerung von Suizidabsichten oder tiefer Ausweg- und Hoffnungslosigkeit, dauerhafte Mobbing- und Dissing-Attacken gegen bestimmte Schüler, das Abdriften in gewaltgesättigte virtuelle Welten, apokryphe oder offene Andeutungen, dass »demnächst irgendetwas passieren wird« (»leaking«), die intensive heroisierende Beschäftigung mit anderen Amokläufern und die Übernahme von deren Zeichen- und Symbolsystemen. Die Präventionsforschung hebt hervor, dass es wesentlich ist, zwischen »flüchtigen« und »substanziellen« Drohungen zu unterscheiden. Flüchtige Drohungen sind Bestandteil jugendtypischer Kommunikation, entstehen aus einer unmittelbaren Streit- und Konfliktsituation und besitzen den Status eines Spiels oder Scherzes. Substanzielle Drohungen dagegen beruhen auf einer fortwährenden Absicht, anderen zu schaden. Als substanziell sind Drohungen dann einzustufen, wenn konkrete Zeitangaben gemacht, Waffen vorgezeigt, Namen von Opfern genannt, sogenannte Todeslisten erstellt und Komplizen oder Zuschauer für die Tat geworben werden. Wird eine Drohung als substanziell eingestuft, muss gehandelt werden bis hin zu Strafanzeigen und polizeilichen Hausdurchsuchungen. Die Präventionsforscher raten zur Einrichtung von *Krisenteams* an Schulen, die aus geschulten Lehrern bestehen und potenzielle Gefahrensituationen und Bedrohungslagen im Ansatz erkennen und durch geeignete Maßnahmen entschärfen sollen.
Die wirksamste Form der Prävention ist aber auch an Schulen eine soziale: ein von Empathie und Vertrauen getragenes Klima der

Aufmerksamkeit und wechselseitigen Sorge. Jedes hysterische Agieren, das auffällige Schüler vorschnell verdächtigt, droht das informelle Frühwarnsystem, das eine halbwegs intakte Schulgemeinschaft hervorbringt, zu zerstören. Nicht jede Verhaltensauffälligkeit darf behördliche Nachstellungen und sozialarbeiterische oder psychotherapeutische Zwangszuwendung auslösen. Die Ausbreitung einer Fahndungsmentalität würde Gewaltphantasien in den Untergrund abdrängen, wo sie sich der kommunikativen Bearbeitung und Entschärfung entziehen.

Vor dem Hintergrund verbreiteter alltäglicher Gewalt an Schulen müssen wir uns fragen: Was wird aus den Schülern, die im Rennen um Chancen auf rare Ausbildungs- und Arbeitsplätze – einer zeitgenössisch-zynischen und dabei höchst realen Version der »Reise nach Jerusalem« – auf der Strecke bleiben? Drohen Haupt- und Sonderschulen nicht, zu einem Abstellgleis für eine »Ware Arbeitskraft« zu werden, die nicht mehr abgerufen wird? Den Lehrern käme dabei die Rolle derjenigen zu, die an den Waggons rütteln, um den Insassen das Gefühl zu vermitteln, es ginge noch weiter. Für eine wachsende Zahl von Jugendlichen verwandelt sich der Schonraum Jugend unversehens in ein Ghetto, das über keine Ausgänge in die Zukunft verfügt. Es gehört zu den zentralen Nöten vieler Jugendlicher, dass sie gezwungen sind, ihre Identität in einer Gesellschaft auszubilden, die ihnen zu verstehen gibt, dass sie nicht benötigt werden und überzählig sind. Warum aber soll man in der Gegenwart Anstrengungen und Verzichtsleistungen auf sich nehmen, wenn die Zukunft weder materielle noch narzisstische Gratifikationen bereithält? Bevor die Jugendlichen den Gesellschaftsvertrag gewaltsam aufkündigen, hat die Gesellschaft häufig ihre Seite des Kontrakts längst gebrochen und sie zu Außenseitern gemacht.

Hirn-Screening oder: Vor uns liegen die Schrecken der Prävention

Die Erfurter Schülerinitiative »Schrei nach Veränderung«, die sich nach dem Massaker am Gutenberg-Gymnasium gegründet hatte, rief dazu auf, sich »verstärkt mit den gesellschaftlichen Ursachen dieser Tat auseinanderzusetzen«, weil nur deren Kenntnis es ermögliche, weiteren Taten vorzubeugen. Insbesondere müsse der Leistungsbegriff hinterfragt werden, der das Bildungssystem beherrsche und dafür verantwortlich sei, dass unablässig Verlierer produziert würden, die den vorherrschenden Idealen nicht entsprächen und in der Folge leicht in eine Position abseitiger Verzweiflung gerieten. Statt eine Pause der Besinnung einzulegen und diesen Fragen nachzugehen, wurde eine hektische politische Betriebsamkeit entfaltet, die staatliche Handlungsfähigkeit demonstrieren und den Bürgern das Gefühl vermitteln sollte, es geschähe etwas, das ihnen Schutz vor solchen Gewalttaten gewährt.

Inzwischen wird, wer weiter nach den gesellschaftlichen Wurzeln von Gewaltphänomenen fragt, als jemand verspottet, der sich in den Schützengräben des Klassenkampfes hat einschneien lassen und sich eines veralteten Interpretationscodes »abweichenden Verhaltens« bedient. Die »Kritische Theorie der Gewalt«, die Soziogenese und Psychogenese miteinander zu verbinden versucht, ist Schnee von gestern, en vogue ist eine »Ontologie der Gewalt«, wie sie beispielsweise Ulrich Greiner unter dem Titel »Am Tor des Unheils« (DIE ZEIT vom 1.2.2007), Hans Magnus Enzensberger in seinem Essay »Schreckens Männer« und der Göttinger Soziologe Wolfgang Sofsky in seinen Gewaltstudien betreiben. Amokläufer wie Robert Steinhäuser oder Cho Seung-Hui gelten als Inkarnationen eines zeitlos »Bösen«, das nun mal zum Menschen gehört. Schon Kain habe Abel erschlagen, die Gewalt stehe am Anfang, sie sei ursprünglich und ewig, heißt es bei Greiner. Menschen pflegten nun einmal Böses zu tun, es gebe keinen Bedingungszusammenhang zwischen gesellschaftlichen Verhältnissen, Biographie und Gewalttätigkeit, erklärt Sofsky in einem Interview mit dem *Magazin* des Wissenschaftszentrums in Düsseldorf (Nr. 2, 2002). Wer daran festhält, Täter wie Robert Steinhäuser auch als Ensemble ihrer und unserer gesellschaftlichen Verhältnisse zu begreifen, wird gerade von den gewendeten Altlinken betrachtet wie ein Gast, der den Raum, in dem die akademisch-mediale Gewalt-Debatte stattfindet, mit offenem Hosenstall betritt.

Ernster werden da schon die Vertreter des neuen hirnorganischen Paradigmas genommen, für die der Amoklauf auf einen gestörten Stoffwechselprozess im Gehirn und Serotoninmangel zurückzuführen ist. Aus neurowissenschaftlicher Perspektive setzt man auf die Entwicklung von Gehirnscannern, mit deren Hilfe sich potenzielle Terroristen und Amokläufer erkennen ließen. Auf dem Weg vom Rechts- zum Sicherheits- und Präventionsstaat muss man demokratische Skrupel über Bord werfen und darf in der Wahl der präventiven Mittel nicht zimperlich sein. Es läge durchaus im Interesse der Gesellschaft, sagt der Mainzer Neuro- und Kognitionswissenschaftler Metzinger in einem Gespräch mit der Zeitschrift GEO (1.10.2003), »ihre Mitglieder in jungen Jahren zu screenen«, um Dispositionen zu abweichendem Verhalten und späterer Gewalttätigkeit rechtzeitig diagnostizieren und erfolgreich therapieren zu können. Der italienische Arzt Cesare Lombroso, der im 19. Jahrhundert behauptete, dass man den »geborenen Verbrecher« an gewissen anatomisch-physiognomischen Stigmata identifizieren könne, feiert seine Auferstehung in Gestalt einer neurowissenschaftlich aufgeputzten Gedankenpolizei, die sich anheischig macht, Verbrechensvorhersagen direkt aus den Gehirnen auffälliger Personen ablesen zu können.

Winfried Hassemer zeigt in seinem neuen Buch »Strafe muss sein« auf, dass wir die präventiven Geister, die wir gerufen haben, nicht mehr loswerden und dass sie uns über den Kopf zu wachsen drohen. Das Sicherheitsprinzip kommt nie zur Ruhe, Risiken drohen überall, gegen die Frühwarnsysteme etabliert werden müssen. Prävention wird Grundzug staatlichen Handelns und individuelle Verpflichtung jedes Einzelnen. Der Prävention muss in einem Rechtsstaat die Verhältnismäßigkeit erst beigebracht werden, die ihr von Natur aus fremd ist. Wie der Markt über keine ihm innewohnenden Stoppregeln für die individuelle Bereicherung kennt, so ist auch die Prävention ihrem Wesen nach grenzen- und schrankenlos, Eingriffschranken gehören nicht zu ihrem Horizont. Deswegen ist sie zerstörerisch wie der losgelassene Markt. Beides muss der Kontrolle durch eine leitende Idee unterstellt und politisch-juristisch eingehegt werden. Eine kontroll- und sicherheitsversessene Gesellschaft scheint allerdings bereit, Grund- und Persönlichkeitsrechte auf dem Altar der Sicherheit zu opfern.

Rückblick 4: Der Amoklauf von Bad Reichenhall und Günter Lamprechts Kampf um Aufklärung und Gerechtigkeit

Immer wieder hat man Günter Lamprecht in Briefen aus Bad Reichenhall aufgefordert, doch nun »endlich Ruhe zu geben« und die Stadt und ihre Einwohner »in Frieden zu lassen«. Opfer hin, Opfer her, irgendwann müsse doch mal Schluss sein. Doch er kann nicht, der Schock wirkt bis heute nach und sitzt in ihm wie ein unoperierbares Geschoss im Gewebe. Die äußeren Wunden sind inzwischen leidlich verheilt, aber die seelischen Nachwirkungen fixieren ihn auf das Ereignis, das nun rund zehn Jahre zurückliegt.
Am letzten Oktobertag des Jahres 1999 hat Günter Lamprecht ein Gastspiel in Bad Reichenhall. Vierundvierzig Abende haben er und seine Kollegen das Stück »Vaterliebe« nun bereits gespielt. Nach der Vorstellung verspürt er, wie schon die ganze Tournee über, starke Schmerzen im Knie und erhält von einem bei der Vorstellung anwesenden Arzt einen Termin für den nächsten Tag um zwölf Uhr im örtlichen Krankenhaus. Am 1. November, dem Feiertag Allerheiligen, werden er und seine Lebensgefährtin Claudia Amm gegen Mittag von ihrem Fahrer zur Klinik gefahren. Der Himmel ist tiefblau, es verspricht ein wundervoller Tag zu werden. Günter Lamprecht hat gerade die Tür geöffnet und den Wagen verlassen, da geschieht es. Er wird von einem Schuss im Oberarm

getroffen und herumgeschleudert: »Die schießen auf uns, die Schweine«, schreit er, da trifft ihn ein zweiter Schuss in den Unterarm. Claudia Amm verlässt das Auto, um ihm zu Hilfe zu kommen, und gerät nun selbst ins Schussfeld eines unsichtbaren Schützen. Sie wird in der Brust getroffen und stürzt zu Boden, im Nu liegt sie in einer großen Blutlache. Weitere Schüsse fallen, sie werden immer wieder getroffen. Sie versuchen, kriechend hinter dem Auto Deckung zu finden. Verblutend liegt Claudia Amm am Rinnstein und keiner scheint bereit, ihnen beispringen und sie da rausholen zu wollen. »Warum hilft uns hier keiner? Meine Frau verblutet, stirbt hier auf der Straße! Hört auf zu schießen! Hört auf! Wir sterben! Wer hilft uns denn?!!«, schreit Lamprecht seine Verzweiflung in die Leere, die sie umgibt. Dann liegen sie bloß noch so da und warten auf ihr Ende. Da hört das Schießen auf, und endlich naht Hilfe. Nach fast einer Stunde Todesangst werden sie geborgen und ins Krankenhaus gebracht. Das Leben beider kann gerettet werden. Was war geschehen?

Der 16-jährige Martin P. schießt an Allerheiligen blindlings aus den Fenstern der elterlichen Wohnung auf Passanten und ein gegenübergelegenes Krankenhaus. Er schießt mal von der Küche, mal vom Schlafzimmer aus, tötet ein Nachbarehepaar, zielt auf Amm, Lamprecht und ihren Fahrer und trifft einen Krankenhauspatienten, der vor der Tür eine Zigarette raucht, tödlich in den Kopf. Vier weitere Menschen werden zum Teil schwer verletzt. Bevor er sich selbst erschießt, tötet er mit fünf Schüssen aus einem Revolver seine 18-jährige Schwester. Auch die hauseigene Katze entgeht nicht dem Gemetzel. Als gegen 18 Uhr – über fünf Stunden sind seit der Schießerei vergangen – endlich eine Spezialeinheit der Polizei die Wohnung stürmt, liegt die Schwester tot im Flur. Martins Körper wird in der Badewanne aufgefunden, die Schrotflinte, mit der er sich umgebracht hat, hat er noch in der Hand. Geschossen hatte er mit Waffen aus dem reichhaltigen Arsenal seines Vaters, der als »Waffennarr« gilt und Mitglied der örtlichen »Reservistenvereinigung« ist. Lähmendes Entsetzen und Ratlosigkeit legen sich über die bayerische Kleinstadt, die bis dahin nur als Luftkurort und Salzlieferant bekannt war. Was teilt uns in den darauffolgenden Tagen die seriöse Presse über die Hintergründe der Tat mit?

Niemand hatte so etwas für möglich gehalten. »Ich kann das nicht glauben«, sagt ein Schulkamerad, »er war einfach ein netter, ruhiger Typ.« So beschreiben ihn auch seine Arbeitskollegen: Nicht unsympathisch, einer, der nicht viel redete und selten lachte. Sein Ausbilder schildert den Schlosserlehrling als ruhigen, bescheidenen und zuverlässigen Jungen. In der Berufsschule soll er schon mal von Klassenkameraden gehänselt worden sein, aber das lässt sich nicht so genau festmachen, als dass sich daraus ein plausibel klingendes Motiv herleiten ließe. Auch soll er gelegentlich Hakenkreuze in seine Schulhefte gekritzelt und Gewaltvideos konsumiert haben. Die polizeiliche Ermittlungsarbeit ergibt später, dass er sein Zimmer mit Nazi- und Wehrmachtssymbolen ausstaffiert hatte und gewaltverherrlichende, aggressive Musik hörte. Hinweise auf Alkohol- oder Drogenkonsum zum Tatzeitpunkt und eine Zugehörigkeit zu rechtsradikalen oder neonazistischen Gruppierungen oder sonst irgendeiner jugendlichen Subkultur finden sich nicht. Der Junge soll sich abgekapselt und stundenlang mit seiner Playstation gespielt haben. »Resident Evil – Das Grauen kehrt zurück« heißt bezeichnenderweise ein Spiel, das in seinem Zimmer gefunden wurde. Man schießt auf Zombies, bis sie zu Boden sinken und zuckend in einer Blutlache verenden. Körper werden zerfetzt, Blut schießt fontänenartig aus den Leibern.

Alkoholprobleme des Vaters werden ruchbar, der erst Zeitsoldat, dann Hausmeister und schließlich arbeitslos war. Ansonsten erfährt man über die nach der Tat zusammengebrochenen und abgetauchten Eltern und ihre Erziehungspraxis nicht viel. Der Blick in die Presse enthüllt eine große Ratlosigkeit. Man stochert auf der Suche nach Gründen und Motiven im Nebel. Außer den dürren Hinweisen auf eine gewisse Vorliebe des Jungen für Nazi- und Wehrmachtssymbole und die Alkoholprobleme des Vaters lässt sich nichts finden, was uns einem Begreifen und Verstehen näher bringen könnte. Welche Hinweise können wir unter Inanspruchnahme interpretatorischer Freiheiten diesen vagen Andeutungen dennoch entnehmen?

Der Vater ist Mitglied der örtlichen »Reservistenkameradschaft«, ein Vereinsname, der für sich selber spricht: Männer treffen sich, weil sie ihrer Militärzeit nachtrauern, als sie unter sich waren. »Kameraden« sind Leute, die von den gleichen Ressentiments mobilisiert werden, deren zentrales das gegenüber Frauen ist. Im dumpfen Milieu ländlich-kleinstädtischen Vereinswesens werden manch trübe Traditionen bis heute mitgeschleppt und gepflegt, und vor allem wird dort getrunken, was das Zeug hält. Nach dem fünften Glas Bier wird dann schon mal ein »schnapsglas-großer Hitler« zurück- oder herbeigewünscht und auch sonst übel herumschwadroniert. Die meisten Vereine dienen Männern als Vorwand, sich aus einem tristen Familienleben davonzustehlen und nach irgendeiner sportlichen oder hobbyartigen Betätigung zum Trinken überzugehen. »Dazu muss ich ganz klar sagen«, äußert sich der Vorsitzende der »Reservistenkameradschaft«, »er hat schon mal was getrunken. Aber immer nur nach den Schießübungen.« Der örtliche Polizeisprecher reagiert auf die öffentlich laut gewordene Forderung, man solle Leuten, die Alkoholprobleme hätten, die Lizenz zum Schießen entziehen: »Wenn ein Bayer sein Bier trinkt, ist das nicht gleich ein Alkoholiker«, was man ja auch so deuten kann: Bayer und Alkoholiker sind Synonyme. Was trinkende Väter an Unglück und Gewalt über Frauen und Kinder bringen, ist sattsam bekannt und in dieser Kultur endemisch. Der von der *Süddeutschen Zeitung* zu Rate gezogenen Hannoveraner Kriminologe Pfeiffer wagt denn auch die Ferndiagnose: »Es sieht doch so aus, als wollte er vor allem die Eltern bestrafen.« Die blind gewählten Opfer als Verschiebungsersatz für die Eltern? So etwas kommt vor, aber solange wir nicht wirklich wissen, wie diese mit dem Sohn umgegangen sind, scheint diese Schlussfolgerung voreilig und gewagt. Allgemein werden große Erwartungen in eine bevorstehende Vernehmung der Eltern gesetzt, aber, so wagen wir zu prognostizieren, auch diese wird nichts Wesentliches zu Tage fördern. »Es hat dem Jungen an nichts gefehlt«, werden die Eltern sagen, »und es gab nichts, das auf das Schreckliche vorauswies.« Was sollen sie auch sagen? »Waffennarren sind Leute, die es nötig haben«, sagt Pfeiffer weiter. Eine schwache und am Boden liegende männliche Identität und

Potenz richtet sich mit Hilfe dieser mächtigen Instrumente wieder auf. Die Existenz als »Waffennarr« hat Martin vom Vater übernommen, was uns erste Hinweise auf die Brüchigkeit einer in der Entwicklung begriffenen männlichen Identität liefert, mehr aber zunächst mal nicht. Es gibt in Deutschland über zwei Millionen »Waffennarren«, die sich Sportschützen, Jäger oder Waffensammler nennen. Die Sportschützen bescheren »uns Deutschen« immer wieder reichlich olympische Medaillen, und bilden ein stattliches Wählerpotenzial, sodass man ihnen von Seiten der Politik nicht entschlossen zu Leibe rücken möchte. Wir werden noch sehen, dass die Identität als »Waffennarr« im Verein mit einer fragilen psychischen Struktur durchaus eine gewisse Disposition zum Amokläufer ergeben kann, was unsere knappen Bemerkungen zur prothetischen Funktion der Waffe ja bereits andeuteten.

Und was ist mit dem Auffinden von Nazi- und Wehrmachtssymbolen für die Motivsuche gewonnen? Nicht viel, denn diese fragwürdige Vorliebe teilt Martin P. mit tausenden Jugendlichen seiner Generation, die deswegen nicht gleich blindlings aus dem Fenster schießen. Die Abwesenheit von anderen, dichter an der Vernunft siedelnden sinnstiftenden Deutungen für die eigene Lage führt dazu, dass viele junge Leute nicht den gewünschten Weg zum braven Jungwähler gehen, sondern in ihrer schweifenden Suchbewegung nach Identität auch zu allerhand historisch diskreditierten und verheerenden Angeboten greifen, die diese Gesellschaft nach wie vor bereithält. Das Blinde und absolut Wahllose seines Vorgehens deutet eher darauf hin, dass er im rechten Milieu nicht wirklich ideologisch verankert war. Denn dort hat man sehr konkrete Feindbilder und Feinde, worüber uns ein Blick auf die rechte Gewaltrealität in diesem Land belehrt. Horribile dictu, aber im Vergleich zu dem Hass, der hier durchbrach und dem die Zukunft zu gehören scheint, ist das rassistische Pogrom Ausdruck »kleinbürgerlich-rückständiger Leidenschaften«. Psychodynamisch kann man zwei Formen von Aggression unterscheiden: die Aggression des traditionell Autoritären, der das, was er in sich an Triebwünschen per Verdrängung niederhält, aus sich heraussetzt und dort in Gestalt von verfemten Minderheiten bekämpft, und die Wut desjenigen, der von der Angst umgetrieben wird, dass seine fragile psychische Struktur sich auflösen könnte, und dem Aggression als »Ich-Erhaltungsmechanismus« dient (s.u.). Das Einzige, worüber Jugendliche wie Martin zu verfügen scheinen, ist subjekt- und richtungsloser Hass.

Was sagt uns die Tatsache, dass die Eltern die sichtbare Anwesenheit von Nazisymbolen im Zimmer des Jungen hinnahmen? Entweder sie stießen sich nicht daran, weil es verschwiegene eigene Tendenzen zum Ausdruck brachte, oder sie stießen sich an gar nichts, waren also von einer erschreckenden Gleichgültigkeit den Lebensäußerungen des Sohnes gegenüber. Die provokative Absicht, die junge Leute mitunter mit dem Vorzeigen von Hakenkreuzen verknüpfen und die darauf abzielt, die Erwachsenen zu einer eindeutigen Stellungnahme zu bewegen, wird in der Watte familiärer Indolenz stumpf und geht ins Leere. Was soll ein Junge noch für Anstrengungen unternehmen, um seine Eltern zu einer begrenzenden Reaktion zu nötigen?

Beim Durchforsten der Presseberichte hat man mitunter fast den Eindruck, dass manche Kommentatoren erleichtert auf die Funde von rechtsradikalem Material und den Nachweis des Alkoholismus des Vaters reagieren: »Aha, das ist es also!« Befriedigt darüber, dass das Unbekannte in Bekanntes verwandelt ist und sich die Ereignisse eingeschliffenen Deutungsmustern nun doch zu fügen scheinen, geht man dazu über, Vorschläge zu unterbreiten, wie den eingegrenzten, individualisierten und damit handhabbar gewordenen Problemen zuleibe zu rücken wäre. Diese Vorschläge: eine Art Drogen-Screening für Freizeitschützen einzuführen, die Aufbewahrung legal erworbener Waffen gesetzlich strenger zu regeln etc. erinnern in ihrem Palliativcharakter an das Verhalten jenes antiken Seehelden, der, nachdem er bei der Heimkehr seine Frau mit einem fremden Mann auf dem ehelichen Lager angetroffen hat, die Bettstatt aus dem Haus entfernen lässt.

*

Lamprecht und Amm wollen sich mit der offiziellen Abwicklung der Ereignisse nicht abfinden und stellen Fragen. Wieso griff die Polizei nicht früher ein? Warum ließ man sie schwer verletzt eine Stunde auf der Straße liegen? Martin P. hat Eltern, er ist erzogen worden, wie auch immer. Die Eltern, was sind das für Leute? Könnten sie gewusst haben, was in ihrem Sohn vor sich ging? Hätten sie es wissen müssen? Tragen sie eine Mitschuld? Sie reden nicht darüber, nicht öffentlich jedenfalls. Amm und Lamprecht wollen das klären lassen und erstatteten Anzeige gegen Rudolf und Theresia P. wegen Beihilfe zum versuchten Totschlag. Der Rechtsanwalt Bossi wird engagiert. Dieser formuliert in seiner Klage, es sei das Anliegen von Amm und Lamprecht, »mit diesem Verfahren die erzieherische Aufgabenstellung des Elternhauses als Garant für eine positive Lebensentfaltung der in die Welt gesetzten Kinder festzuschreiben«. Ziel sei, »zu verhindern, dass sich bestialische Massaker als Generationsproblem verfestigen können«. Die Ermittlungen werden von der Staatsanwaltschaft in Bad Reichenhall relativ bald eingestellt, mögliche Erziehungsfehler der Eltern seien nicht justiziabel. Ein langer Weg durch verschiedene juristische Instanzen beginnt. Der Medienforscher Werner Glogauer erstattet auf ihre Kosten ein Gutachten, aus dem hervorgeht, dass exzessives Spielen am Computer die Grenzen zwischen erster und zweiter Realität, zwischen Wirklichkeit und Wahn verschwimmen lässt und auf eine systematische Desensibilisierung und Brutalisierung hinausläuft. Alles umsonst, die juristische Auseinandersetzung über das Bad Reichenhaller Massaker endet wie das berühmte Hornberger Schießen. Im zweiten Teil seiner Autobiographie resümiert Günter Lamprecht: »Da gab es keinen Richter, der meine zerschossenen Arme, die verletzte Seele sühnte. Da liegt der Bescheid vom Bundesverfassungsgericht, in dem der letzte Satz lautet: ›Diese Entscheidung ist unanfechtbar.‹ Das Ende eines Klageerzwingungsantrages. Unendliche Instanzenwege sind gegangen worden, haben viel Nerven und auch Geld gekostet. Da muss man doch zum Kohlhaas werden.«

Für Claudia Amm und Günter Lamprecht ist es nicht vorbei. Ein Mörder, der sich am Ende seines Wütens selbst tötet, hinterlässt in uns eine Leere. Er maßt sich an, Herr über Leben und Tod von willkürlich gewählten Opfern zu sein, und entzieht sich dann dem Urteil und unserem Wunsch nach Aufklärung und Feststellung der Schuld. Die Zeugen, vor allem aber die überlebenden Opfer, bleiben unerlöst mit all ihren Fragen zurück. Auch der Impuls, dass der Täter für das von ihm angerichtete Unheil sühnen müsse, geht ins Leere und hinterlässt Groll und Ressentiment. »Gerechtigkeit gibt's im Jenseits, hier auf Erden gibt's das Recht«, heißt es am Anfang von William Gaddis' Roman »Letzte Instanz«. Das, was wir Recht nennen, ist eine fragile Hilfskonstruktion zur Erhaltung eines »verworrenen Gefüges, das wir pathetisch Rechtsordnung nennen, als sei es mehr als der Versuch, ein leidliches Zusammenleben zu ermöglichen«. (Gerhard Mauz). Strafe ist ursprünglich das Wiederherstellen eines Gleichgewichts: Der Frevel ist begangen, das Gleichgewicht der Gesellschaft oder Gemeinschaft ist gestört, und die Strafe soll es wiederherstellen. Es ist ursprünglich etwas Kultisches damit verbunden, etwas Religiöses, eine Reinigung. Es muss und soll wieder »Gottes Welt« hergestellt werden, ohne das Verbrechen. Ein Täter, der sich dem irdischen Versuch der Rechtsprechung entzieht, lässt den Riss, den seine Tat der Gesellschaft zugefügt hat, ungekittet, offen, klaffend. Der Riss geht auch durch die überlebenden Opfer. Es gehört eine große Souveränität dazu, aufkeimende Rachegelüste im Zaum zu halten und dem Impuls, Selbstjustiz zu üben, nicht nachzugeben.

Für Claudia Amm und Günter Lamprecht zerfällt das Leben in die Zeit vor und die Zeit nach den Schüssen von Bad Reichenhall. Wenn im Theater ein Scheinwerfer platzt, suchen sie Deckung wie bei einem Schuss. Wenn er bei der Fahrt durch seinen Heimatort an Jugendlichen vorüberfährt, denkt er: »Da vorne, ist das wieder so einer? So einer wie Martin P.?« Das Leben sei völlig unberechenbar geworden, und er empfinde Dankbarkeit und Demut, wenn die Sonne aufgehe und ein neuer Tag beginne, ein Tag ohne Schüsse und neue Verletzungen.

Amok oder Blutrache?
Das Massaker von Bilgeköy

Kaum sind die Nachrichten vom holländischen Blutbad verklungen, da scheuchen uns schon die vom nächsten auf. Im Südosten der Türkei haben am Abend des 4. Mai 2009 maskierte Männer eine Hochzeitsgesellschaft in dem nahe der syrischen Grenze gelegenen Dorf Bilgeköy überfallen und 44 Menschen getötet. Jeder fünfte Bewohner des Ortes wurde abgeschlachtet. Unter den Opfern sind auch viele Frauen und Kinder, das Brautpaar und der Imam, der die Trauung vorgenommen hatte. Die Männer wüteten rund eine Viertelstunde und schossen dabei wahllos in die Menge der etwa 200 Hochzeitsgäste. Als Hintergrund der Tat vermutet man familiäre Streitigkeiten um die Braut und den gekränkten Stolz eines zurückgewiesenen Bewerbers. Und dennoch scheint dieses Massaker die Ausmaße einer Fehde zwischen verfeindeten Familien zu übersteigen, wie sie im Südosten der Türkei immer noch üblich und in der Kultur im Sinne eines »Modells des Fehlverhaltens« verankert sind. Darunter versteht der französische Ethnopsychoanalytiker Georges Devereux Modi der Spannungsabfuhr, die eine Kultur ihren Mitgliedern für bestimmte Fälle zur Verfügung stellt. Auch in Anatolien gibt es Fernsehen, DVD-Player und Spielkonsolen, und so scheinen die kulturell tradierten Formen der Rache für einen zugefügten Ehr- und Gesichtsverlust sich mit anderen, medial vermittelten Weisen des Mordens grausig zu amalgamieren. Der türkische Ministerpräsident Erdogan sagte nach dem Massaker, keine Tradition könne ein solches Verbrechen entschuldigen, und forderte eine Änderung jener Mentalität, die zu solchen Gewaltorgien führe. Möglicherweise haben die Killer diesen Mentalitätswandel längst vollzogen und sind viel moderner, als der Ministerpräsident wahrhaben will.

III. »Die wilden Kerle«:
Sie stellen eine Menge an,
aber Amok laufen sie nicht

»MAN WIRFT DEN JUNGEN LEUTEN DEN GEBRAUCH
VON GEWALT VOR. SIND WIR DENN ABER NICHT
IN EINEM EWIGEN GEWALTZUSTAND?«
Georg Büchner

Kinder im Niemandsland: Gangs in Liverpool

Gestern Abend sah ich eine Dokumentation über *Die Kindergangs von Liverpool*, auf die eine breitere Öffentlichkeit aufmerksam geworden ist, seit im August 2007 der elfjährige Rhys Jones auf dem Heimweg vom Fußballspielen zufällig in einen Schusswechsel zwischen rivalisierenden Gangs geriet und starb. Der Film zeigt Kinder und Jugendliche inmitten einer trostlosen städtischen Brachlandschaft. Überall vernagelte Fensterhöhlen, verlassene und zerfallende Häuser, verkohlte Fassaden, Rost, Müll und Drogen. Die Hafenstadt gleicht einem Drittweltslum. Die Umstellung auf Container-Fracht hat die Hafenarbeiter weitgehend überflüssig werden lassen. Früher wurde der Sohn eines Hafenarbeiters auch Hafenarbeiter, die heutigen Jugendlichen liegen wie Fische auf dem Trockenen, haben hier keinerlei Perspektive mehr. Also bewaffnen sie sich und bestreiten ihren Lebensunterhalt mit Drogenhandel, Raub und Erpressung. Ihren Stolz beziehen sie aus der Zugehörigkeit zu einem bestimmten Kiez und verteidigen ihr Territorium umso verbissener gegen Eindringlinge aus anderen Vierteln, je weniger es eigentlich zu verteidigen gibt. Der Staat und seine Organe haben sich aus diesen Arealen zurückgezogen und sie der Gewalt der marodierenden Banden überlassen. Die hier noch ansässigen Bürger leben in ständiger Angst und verlassen ihre Häuser nur zu gewissen Zeiten und im Notfall. Einige Dutzend Halbstarke zwischen zwölf und zwanzig sind imstande, einem ganzen Viertel ihren Willen aufzunötigen. Als vor einem Jahr der erschossene Anführer der Norris-Green-Bande beerdigt wurde, zwang seine Gang die wenigen noch vorhandenen Läden, aus »Respekt« an jenem Tag das Geschäft geschlossen zu halten. Die Gangmitglieder genießen offensichtlich den von ihnen verbreiteten Schrecken und die Ohnmacht der Erwachsenen, die aus ihrer Vereinzelung rührt. Sie inszenieren sich vor den Kameras als schwarz gekleidete, vermummte Gestalten in Cargohosen und Kapuzen-Shirts. Die Kapuzen werden tief ins Gesicht gezogen, die Augen zusätzlich hinter verspiegelten Sonnenbrillen verborgen.

Die Gangs stellen einen Ersatz für jenen familiären Rückhalt dar, der den meisten Kindern und Jugendlichen fehlt. Ein Gangmitglied sagt: »Am einfachsten sind jene in die Gang zu locken, deren Mutter abends lange weg ist und arbeitet, die keinen Vater in der Familie haben. Also Kids, die noch spät auf der Straße sind und nach einer Gelegenheit suchen, an Geld zu kommen.« Die werden zunächst als Klein-Dealer eingesetzt und peu à peu in die Hierarchie der Gang hineingezogen.

Wir kommen also nicht umhin zu erkennen, dass die Gangs auch der Versuch der Selbstbehauptung in einer als feindlich erlebten Um- und Mitwelt sind. Die Gang eröffnet einen Ausweg, bietet Halt, Struktur und Identität in einer Gesellschaft, die den Jugendlichen die kalte Schulter gezeigt hat. Die Jugendlichen stammen meist aus ärmsten Verhältnissen, sind von ihren Familien zeitig im Stich gelassen worden, die Schulen werden mit ihnen nicht fertig und werfen sie raus, der Arbeitsmarkt hat ihnen nichts zu bieten. Sie haben keine beliebige Wahl, sie können nicht wie ihre Eltern brav einen bürgerlichen Lebensweg gehen, es geht einfach nicht. So bleibt ihnen gar nichts anderes übrig, als Werte, Normen und Vergesellschaftungsformen selbst zu erzeugen und sich eigene Verwirklichungsbedingungen für ihre Bedürfnisse zu suchen. Sie sind stigmatisiert, und irgendwann machen sie sich diese Stigmatisierung zu eigen, schlagen einen narzisstischen Gewinn aus ihr und verwandeln sie in ihre Negatividentität. Aus Ohnmacht wird

Macht, Angst schlägt um in ein Gefühl gemeinsamer Stärke. Randständigkeit wird zur Rebellion, Ausgrenzung und Erniedrigung zu Solidarität und Zusammenhalt, Stigma und Scham zur kollektiven Selbstbehauptung des Stadtviertels. Akte der Gewalt befreien für einen Augenblick von der Erniedrigung und verleihen das Gefühl, Herr der Lage zu sein und zu existieren. Die Art und Weise, wie sie routiniert ihre Interviews geben, zeugt davon, dass sie sich der Medien zu bedienen gelernt haben und die Aufmerksamkeit der auf sie gerichteten Kameras genießen. Negative Aufmerksamkeit ist besser als gar keine.

Ob männliche Jugendliche moralisch verwildern und zu Gangmitgliedern und Gangstern werden, ist in erster Linie eine Verteilungsfrage: der Schulbildung, der Berufschancen, der Lehr- und Ausbildungsstellen. Das hat der gerade im Alter von 80 Jahren gestorbene Ralf Dahrendorf schon vor Jahren gesehen: »Wenn die 14- bis 24-Jährigen keine Perspektive haben, dann gewöhnen sie sich daran, einer Frau die Handtasche wegzunehmen, den Studenten den Computer zu klauen und so in den Tag zu leben.« Die entwurzelten und desintegrierten jungen Männer zwischen Pubertät und Eheschließungsalter, für die keine verbindlichen oder wirksamen Regeln und Schranken des Verhaltens mehr bestehen, nicht einmal verbindliche Regeln der Gewalt, drohen, sich zu einer zeitgenössischen Form dessen zu entwickeln, was man traditionell »gefährliche Klassen« nannte. Nichts scheint den Trieben dieser jungen Männer Dauer und Form zu geben, weder mittels Arbeit noch mittels Eigentum und dauerhafter Liebe werden ihre Antriebspotentiale domestiziert und ins Bestehende eingebunden. Die ganze Integrationsdebatte hat so lange etwas Heuchlerisches, wie diese jungen Männer überhaupt keine Chance haben, eine Arbeit zu finden. Integration unter den gegenwärtigen Bedingungen findet auf dem Arbeitsmarkt statt oder gar nicht. Da der Kapitalismus die Fähigkeit einbüßt, Massen von Menschen innerhalb seiner Logik, das heißt über Markt und bezahlte Erwerbsarbeit, zu integrieren, hat er seine historische Rechtfertigung verspielt. Er hat sich überlebt und muss durch eine andere Form der Vergesellschaftung jenseits von Ware, Geld und Markt ersetzt werden.

Man kann viel über die »wilden Jungs« aus den Gangs sagen, aber eins tun sie nicht: Amoklaufen. Das tun die anderen: die Stillen im Lande, die angepassten, netten und unauffälligen Jungs von nebenan. Die jugendlichen Amokläufer stammen nicht aus sogenannten Problemvierteln oder Ghettos, sondern aus kleinstädtischen und kleinbürgerlichen Milieus, denen oft etwas Trostloses anhaftet. Schon nach dem Amoklauf von Littleton, einer Kleinstadt in Colorado, stand im April 1999 in der *Süddeutschen Zeitung*: »Die künstlichen Dörfer der Subdivisions sind nicht mehr als aseptische Matrizen, die das bürgerliche Leben bestimmen. Da findet man keine Nische, die einer Subkultur als Nährboden dienen könnte. Für die Teenager gibt es kein Entkommen aus der Suburbia. Sie treffen sich in Fastfood-Lokalen mit Fliesenböden, Neonbeleuchtung und Resopalmöbeln, auf den sogenannten Begegnungsflächen der Shopping Malls, die mit Wasserspielen und Hydrokultur in Dorfatmosphäre machen, im digitalen Lärm der Videospiel-Arkaden und in der hysterischen Wetteiferstimmung der Sportplätze. Unmöglich, hier als Teenager ein Gefühl für Identität zu entwickeln.« In diesen Kleinstädten gibt es keine Probebühnen, auf denen die Jugendlichen ihre Suchbewegungen und Verrücktheiten aufführen und durchspielen können. Rebellisch fühlende Jungen finden hier schwerlich eine Clique, die ihrem Drang zu motorischen Formen des Ausdrucks Raum gibt und ihre rebellischen Unruhe gleichzeitig auch sublimiert. Chaos, Gefahr, Aggression und Dreck sind anderswo, in bestimmten Arealen ferner Großstädte. Dort haben die »wilden Jungs« ihre beinahe täglichen körperlichen Handgemenge und Scharmützel, und gerade das bewahrt sie möglicherweise vor dem Gewalt-Super-GAU. Den richten Menschen an, die eher aggressionsgehemmt sind und vor der Tat wenig von ihren zerstörerischen Gefühlen wussten. »Amok und Harmonie« hat Werner Kofler eine 1985 erschienene Sammlung von Prosastücken genannt und damit bereits eine Ahnung vom dunklen Zusammenhang zwischen Amok und Idyll vorweggenommen. Amok bricht aus dem »erzogenen Kern unserer Mittelwegsvernunft hervor«, wie Don de Lillo es ausgedrückt hat.

ICH LASSE MIR MEINEN HASS NICHT
ANMERKEN UND AUF WAS, WIRD
NICHT VERRATEN.

RATTELSCHNECK

Punks und Polizei

An einem der zurückliegenden Samstage habe ich einen Freund
zum Bahnhof gebracht. Während wir auf seinen Zug warteten,
fuhr auf dem Nachbargleis ein Zug aus Frankfurt ein. Unter den
zahlreichen Reisenden, die ausstiegen, befand sich auch eine Gruppe bunter Punks, die stark alkoholisiert offensichtlich von einem
Fußballspiel zurückkamen. Statt die Überführung zu benutzen,
sprangen sie vom Bahnsteig auf die Gleise und überquerten sie in
Richtung Ausgang. Zwei Bahnpolizisten näherten sich und forder-
ten die jungen Leute auf, die Gleise zu verlassen und die Überführung zu benutzen. »Fickt euch, ihr Bullenschweine« bekamen sie
aus der Gruppe zu hören, die ihren Weg über die Gleise unbeirrt
fortsetzte. Die Polizisten wichen der Übermacht ihrer Widersacher
und zogen sich resigniert zurück. Die Punks sprangen auf den
Bahnsteig und zogen unbehelligt davon. Sie hatten gewonnen und
genossen sichtlich ihren Triumph.
Diese Szene ging mir lange nach, weil in ihr etwas für unsere Gegenwart Symptomatisches zutage tritt. Es gehört zum Jungsein,

herrschende Normen und Werte in Frage zu stellen und gegen einengende Begrenzungen zu rebellieren. Aber es ist Aufgabe der Erwachsenen und besonders der Polizei, auf die Einhaltung von Regeln zu achten und notfalls mit Nachdruck darauf zu bestehen, dass gewisse Grenzen nicht überschritten werden. Zumal dann, wenn sie, wie in diesem Fall, ihren guten Sinn haben und lebensrettend sind. Die Jugendlichen testen ihre Spielräume aus, sind dabei aber letztlich auf der Suche nach Begrenzungen, etwas Stabilem, das ihren Attacken standhält. Polizisten, die sich derart leicht ins Bockshorn jagen lassen, tragen dazu bei, dass die Jugendlichen auf ihrer Suche nach Begrenzungen immer weiter gehen, bis sie schließlich die Körpergrenzen anderer Menschen verletzen. Innerhalb einer stark integrierten und halbwegs intakten Gesellschaft sind die Hauptzwecke allen gemeinsam, und das Ziel, das die Gemeinschaft sich setzt, wird für jeden zur Forderung. Die Erziehung der nachwachsenden Generationen wäre in einer solchen Gesellschaft eine gemeinschaftliche Aufgabe, der sich niemand entziehen könnte. Kein verantwortungsvoller Erwachsener würde an Schnaps trinkenden und Zigaretten rauchenden Elfjährigen achselzuckend vorübergehen und wüsste sich in seiner Intervention im Einklang mit der Allgemeinheit und von allen gedeckt und unterstützt. Die Jugendlichen würden in ihren Suchbewegungen auf massive Begrenzungen stoßen und merken, dass die Erwachsenen für ihre Vorstellung vom richtigen Leben und dessen Regeln leibhaftig einstehen. In einem »Autorität heute« betitelten Ratgeber aus dem Jahre 1962 berichtet der Verfasser Otto Schlisske gleich eingangs von einem Anruf der Polizei, die seinen ältesten Sohn und zwei seiner Freunde in einer Tanzstundenpause in einer städtischen Grünanlage beim Rauchen erwischt und mit aufs Revier genommen hatten. Er könne seinen Sohn dort abholen. Diese Zeiten, als sich den Jugendlichen gegenüber ein homogener Block aus Eltern, Verwandten, Nachbarn, Lehrern, Pfarrern und Polizisten formiert hatte, der ihr Verhalten lückenlos kontrollierte und auf kleinste Zeichen von Abweichung mit purer Härte reagierte, wünscht sich kein vernünftiger Mensch zurück. Nochmal 50 Jahre früher empfand Diederich Heßling, die Hauptfigur aus Heinrich Manns Roman »Der Untertan«, wie alle leidlich erzogenen »deutschen Jungen« Herzklopfen, wenn am Horizont ein Polizist auftauchte. Am Geburtstag des strengen Ordinarius wand Diederich Girlanden um den Rohrstock, mit dem die Schüler das ganze Jahr über systematisch durchgeprügelt wurden. Diese pädagogische Paranoia, die man in Deutschland Erziehung nannte und die manch einer sich heute wieder herbeisehnt, wünsche ich mir nicht zurück, aber die gegenwärtig herrschende vollkommene Indifferenz den Lebensäußerungen von Kindern und Jugendlichen gegenüber ist keine wirkliche Alternative. Das Drama der gegenwärtigen Erziehung, die ohne Verbote und Einschränkungen auszukommen glaubt, besteht darin, dass sie keine Erziehung ist. Heute bestrafen Eltern ihre Kinder im Falle eines Regelverstoßes oder Vergehens nicht, sondern erkundigen sich besorgt nach den ihr delinquentes Handeln begleitenden Gefühlen. Eine Gesellschaft wie die unsrige, die ihre eigenen Normen nicht ernst nimmt und nicht die Kraft besitzt, sie gegenüber der nachwachsenden Generation mit Klarheit und Nachdruck zu vertreten, gibt sich auf, wird ihren sozialen Zusammenhalt verlieren und sich am Ende auflösen. Und das ist nicht die Schuld der Jugendlichen, die uns diese Schwäche lediglich vor Augen führen und die letztlich selbst unter diesem Zustand leiden und seine Folgen in der Zukunft auszubaden haben werden.

Vom Ghetto in L. A. in die Wetterau: zum Beispiel Carlos

Er möchte Carlos genannt werden. Wir haben uns verabredet, damit er mir seine Geschichte erzählen kann, auf die ich neugierig bin. Ich treffe ihn in seiner Zelle beim Spielen eines Computerspiels an. Seit Fernsehapparate, DVD-Player und Spielkonsolen in die Gefängnisse Einzug gehalten haben, vertreiben sich viele Gefangene das Übermaß an toter Zeit, das die Haft mit sich bringt, an und mit diesen Geräten. Gespielt wird, was der Markt hergibt, also auch durchaus blutrünstige Spiele. Ist es nicht absurd, dass wir Gefangene für drei Stunden ins »Anti-Aggressions-Training« schicken und sie danach in ihren Haftraum zurückkehren und dort 30 Stunden pro Woche irgendwelche Killerspiele spielen und das Töten trainieren? Was wir da veranstalten, könnte man mit einer drogentherapeutischen Einrichtung vergleichen, die ihren Klienten außerhalb der im engeren Sinn therapeutischen Veranstaltungen den Drogenkonsum gestattet. Kann man sich wirklich damit trösten, dass hier nur »Pixelblut«, Computerblut fließt? Nach allem, was wir inzwischen aus der Wirkungsforschung wissen, kommen wir nicht umhin, uns zu fragen, ob das, was da in den Gefängnissen geschieht, nicht dem Einbau eines Zünders in eine Bombe gleichkommt? Sie muss nicht explodieren, aber sie kann explodieren – und je mehr solcher Zünder es gibt, desto gefährlicher wird unsere Welt. Muss gerade das Gefängnis, das so viele tickende Zeitbomben beherbergt, so etwas zulassen?[2]

Carlos kommt 1986 in einer hessischen Kleinstadt als Sohn eines Hispanoamerikaners, der als Mitglied der US-Army hier stationiert ist, und einer deutschen Mutter zur Welt. Die beiden haben sich ein Jahr zuvor in einer Bar kennengelernt und sind bald darauf zusammengezogen. Als Carlos acht Monate alt ist, endet die Dienstzeit des Vaters in der Bundesrepublik, und die Familie übersiedelt in die USA. Schnell kommen dort zwei Brüder von Carlos zur Welt. Anfang der 90er Jahre lernt der Vater eine andere Frau kennen und verlässt die Familie. Die Mutter kehrt mit den zwei jüngeren Brüdern nach Deutschland zurück. Carlos bleibt bei seinem Vater, der wenig später nach Los Angeles zieht. Carlos hat eine engere Bindung an seinen Vater, deswegen beließ man ihn bei ihm. Der Vater hat vier Jobs und deswegen wenig Zeit für den Sohn, der sein Leben mehr und mehr auf die Straße verlagert. Diese ist das Lebensgelände der Gangs, die sich die Stadt aufgeteilt haben und untereinander blutig bekriegen. Die berühmtesten und größten Gangs

---

2 Vgl. Götz Eisenberg: Der Einbau des Zünders in eine Bombe, in: »psychosozial« Nr. 113, Gießen 2008

in L. A. sind die *Bloods* und die *Crips*, aber es gibt Dutzende, wenn nicht Hunderte von ihnen, die meist entlang ethnischer und territorialer Grenzen organisiert sind. Im County Los Angeles sollen mehr als 100 000 Jugendliche verschiedenen Gangs angehören. Carlos schließt sich im Alter von neun Jahren einer mexikanischen Gang an, deren Territorium das Ghetto von East Los Angeles ist, in dem sein Vater wohnt. Die Schule besucht er nur noch sporadisch. Wenn er mal hingeht, dann nur, um Freunde zu treffen und »irgendwas zu checken«. Keiner schert sich darum. Ein älterer Cousin hat für ihn gebürgt und ihn in die Gang eingeführt, die aus ungefähr 20 Leuten besteht. Er ist der Jüngste und muss sich zunächst als kleiner Drogenmischer und -dealer betätigen, klauen und Schmiere stehen, wenn die Älteren ihre »richtigen Dinger drehen«. Sie begehen Einbrüche und Überfälle, verkaufen Drogen, leben von Straßenraub und Erpressung. Alle Gangmitglieder tragen Knarren im Hosenbund und machen im Notfall auch Gebrauch davon. Was er selbst mit der Knarre angerichtet hat, darüber möchte Carlos nicht mit mir reden. Es gebe Dinge, die seien einfach zu heftig, die habe er sich bemüht zu verdrängen und zu vergessen. Irgendwann wird er mit Kokain in der Jackentasche geschnappt. Man überführt ihn diverser Straftaten, und er soll als Zwölfjähriger für sieben Jahre ins Gefängnis. Der Anwalt seines Vaters setzt durch, dass seine Strafe nach drei Monaten Knast in einen sechsmonatigen Aufenthalt in einem Boot Camp umgewandelt wird. Eigentlich sind Boot Camps Ausbildungslager für Marines, die Elitesoldaten der US-Navy. Weil jugendlichen Straftätern nicht schaden kann, was den Boys an der Front gut tut, wurden nach diesem Vorbild seit 1983 Camps für jugendliche Straftäter eingerichtet. In Boot Camps wird mit militärischem Drill und purer Härte gegen die delinquenten Neigungen der Kinder und Jugendlichen vorgegangen. Es sind Gefangenenlager für aufsässige Teenager, die dort einer rabiaten Umerziehung unterzogen werden sollen. Isolierstation, Prügel, körperliche Strapazen, unablässige Demütigungen und lautes Anbrüllen dienen dem Zweck, die Zöglinge ihrer bisherigen Identität zu berauben, ihre schädlichen Neigungen auszumerzen, sie in Angst und Schrecken zu versetzen.

Die aufflackernde Panik wird in Unterwerfung unter das Regime des Lagers umgemünzt. In hartnäckigen Fällen dauert das Umpolen zwei Jahre, mindestens bleibt man aber sechs bis acht Monate im Camp. Rund 40 Todesfälle sind seither dokumentiert. Die Jugendlichen starben an den Folgen von körperlichen Misshandlungen, schlechter Ernährung und Vernachlässigung.

Carlos lässt das Camp, in das man ihn steckt, über sich ergehen wie ein Indianer den Marterpfahl. Da die rund 60 Zöglinge hier beinahe noch Kinder sind, ist das Personal etwas behutsamer und weniger brutal. Carlos hat bereits viel hinter sich und weiß, dass er diese sechs Monate überstehen wird. Mit Härte ist ihm nicht beizukommen. Er ist sich absolut sicher, dass niemand härter ist als er selbst, dass er jede Strafe aushalten kann. Den Wettlauf um Härte können die anderen nicht gewinnen. Natürlich ist es kein Vergnügen, morgens um 5 Uhr aus dem Bett gescheucht zu werden, 20 Runden joggen und dann zum Flaggenappell antreten zu müssen, bevor es endlich Frühstück gibt. Den Rest des Tages wird man verspottet, angeschrien und gedemütigt: »Du bist ein elendes Stück Scheiße!« Er habe gelegentlich in der Ecke stehen und im Stehen essen müssen. Er ist nicht so dumm, offen zu rebellieren und mit dem Kopf gegen die Wand zu rennen. Er unterwirft sich äußerlich, errichtet eine angepasste Fassade, hinter der er sich verbirgt und denkt: »Ich werde hier nicht gebrochen werden, ich werde es hinter mich bringen und weitermachen wie bisher. Den Triumph, mich umzupolen, werde ich euch Schweinen nicht gönnen. Ich nicht!«

Nach sechs Monaten wird er entlassen und kehrt zum Vater zurück. Während Carlos im Knast und im Boot Camp war, sind vier seiner Freunde aus der Gang bei Auseinandersetzungen mit rivalisierenden Gangs erschossen worden. Der Vater, der nicht möchte, dass seinem Sohn eines Tages dasselbe widerfährt, schickt ihn zur Mutter nach Deutschland. Er lässt Carlos zunächst in dem Glauben, es sei nur für die Ferien und vorübergehend. Er gibt ihm einen Brief für die Mutter mit. Carlos wundert sich zunächst, weil der Vater auf seine gelegentlichen Nachfragen, was denn aus seiner Mutter geworden sei, diese für tot erklärt hatte. Und nun ist sie plötzlich wieder auferstanden, und er soll sie besuchen. Im Flugzeug öffnet er den Brief und fällt nun vollends aus allen Wolken. »Nimm den Jungen zu Dir«, liest er, »hier endet er im Knast oder wird über kurz oder lang erschossen. Behalt ihn bei Dir und lass ihn in Deutschland zur Schule gehen und einen Beruf erlernen.« Er fühlt sich vom Vater verraten und verkauft, zutiefst enttäuscht und ist wütend. Aber es gibt kein Zurück mehr. Heute weiß er, dass der Vater ihm durch diesen »Verrat« wahrscheinlich das Leben gerettet hat. Die Mutter holt ihn am Flughafen ab und ist selbst erstaunt über den Inhalt des Briefes. Auch sie war von einem Ferienaufenthalt ausgegangen und hat nun ihren ältesten Sohn zurück, der ihr fremd geworden ist. Die Mutter ist nach der Trennung von Carlos' Vater und der Rückkehr aus den USA zu ihren Eltern zurückgekehrt und arbeitet als Sekretärin in der Firma ihres Vaters. Nach ein paar Wochen Ferien wird er in die Schule geschickt. Er sitzt da, versteht kein Wort und sinnt auf Flucht. Er schwänzt die Schule und treibt sich rum. Das Jugendamt schreitet ein und verpflichtet ihn zur Teilnahme an einem Deutschkurs.

Unterdessen sind sein Cousin und zwei Jungs aus der Gang aus Los Angeles ebenfalls nach Deutschland gekommen und haben sich in Frankfurt niedergelassen. Carlos verlagert sein Leben nach Frankfurt, und sie setzen das Straßen- und Gang-Leben dort gemeinsam fort. Die Mutter wohnt der Verwahrlosung ihres ältesten Sohnes ohnmächtig bei. Ab und zu taucht er im Haus der Großeltern auf, isst sich satt, holt frische Wäsche und besucht für ein paar Tage die Schule. Dann verschwindet er wieder und lässt die Mutter im Unklaren, wohin er geht und was er treibt. Ihre Ermahnungen verhallen ungehört. So ganz genau will sie es aber wohl auch nicht wissen, denn wüsste sie es, müsste sie handeln und energischer einschreiten. Sie kennt diesen Jungen, der doch ihr Sohn ist, noch immer kaum. Er bleibt ihr fremd. Und auch er sagt, er habe »eine unsichtbare Mauer« gegen die Mutter aufgebaut und habe sie nie wirklich näher an sich herangelassen.

Der Name der neu gegründeten Gang wird aus den Anfangsbuchstaben der in L. A. »erschossenen Brüder« gebildet. Im Vergleich zu den dortigen Verhältnissen empfinden sie Deutschland als »kriminelles Paradies«, und einstweilen kommt ihnen niemand wirklich in die Quere. Sie sind »Gangster« und finden das »cool«. Sie begehen Überfälle, rauben Leute aus, verticken Drogen und konsumieren selbst. Carlos' Droge ist und bleibt Marihuana, alles andere hat er höchstens mal probiert und dann wieder gelassen. Dann übertreiben sie es und klauen von einem Lagergelände Tausende von Getränkekisten, die sie an Geschäftsleute weiterverkaufen. Die Polizei ermittelt Carlos als Täter, und er wandert für ein Jahr ins Jugendgefängnis. Von dort aus geht er in eine Wohngemeinschaft für junge aus der Haft entlassene Straftäter. Die Unterbringung scheitert an Unklarheiten über die Finanzierung, und so kehrt er schnell auf die Straße zurück. Ganze vier Wochen ist er draußen, da kommt es nachts unter Alkoholeinfluss zu einer Schlägerei mit anderen Jugendlichen. Carlos setzt sich gegen die Übermacht der anderen schließlich mit einem Messer zur Wehr. Die Polizei wird gerufen, kommt und nimmt ihn fest. Diesmal kommt er nicht mehr so gnädig davon und erhält wegen gefährlicher Körperverletzung, Verstoß gegen das Betäubungsmittelgesetz und diverser anderer Straftaten eine Gesamtfreiheitsstrafe von über vier Jahren.

Im Gefängnis beginnt er eine Ausbildung zum Maler und Lackierer. Aber die Auseinandersetzungen unter den jungen Männern gehen weiter, und die Regeln der Straße behalten auch in den Gefängnissen und der Subkultur der Gefangenen ihre Gültigkeit. Es gibt einen Code, der festlegt, dass man bestimmte Beleidigungen nicht auf sich sitzen lassen kann und darf, weil man sonst zum »Opfer« erklärt wird, den »Respekt« einbüßt und »sein Gesicht verliert«. Man hat ihn beleidigt, also »muss« Carlos zurückschlagen, »such is life«. Es kommt eine Kette von hin und her gehenden aggressiven Akten in Gang, in deren Folge er eine neuerliche Anzeige wegen Körperverletzung erhält. Man nimmt ihn aus dem Jugendgefängnis heraus und verlegt ihn in den Erwachsenenstrafvollzug. Dort ist er mit seinen inzwischen 22 Jahren einer der Jüngsten. Das riesige, alte Gefängnis beeindruckt ihn, und die feste Struktur und ruhige Abgeklärtheit der durchweg älteren Mithäftlinge bremst seine hektische und nervöse Umtriebigkeit aus. Das Verfahren aus dem Jugendgefängnis ist noch offen, und so weiß Carlos nicht genau, wann seine Haftzeit zu Ende geht und er mit seiner Entlassung rechnen kann. Er sei reifer und ruhiger geworden, stellt Carlos resümierend fest. Und er habe gelernt nachzudenken. Im Anschluss sagt er etwas, das Susan Sontag ganz ähnlich ausgedrückt hat: »Niemand kann gleichzeitig nachdenken und zuschlagen.« Es genügt, bevor man dem Impuls zum Zuschlagen nachgibt, eine kleine Pause der Besinnung einzulegen und schon findet man andere und bessere Lösungen. Er habe eine tolle Sozialarbeiterin, zu der er Vertrauen gefasst habe und mit der er über beinahe alles reden könne. Die Mutter besucht ihn im Gefängnis, und es besteht ein ganz guter Kontakt, aber zu ihr ziehen möchte er nicht. Das würde nicht lange gut gehen. Dem Vater schreibt er hin und wieder einen Brief, gesehen hat er ihn seit dem Abschied von L. A. nie mehr.

»Ich will es wirklich versuchen, aber garantieren kann ich für nichts«, sagt er mit Blick auf die Zeit nach der Entlassung, und fügt in seinem immer noch ein bisschen unsicheren Deutsch und einem leichten amerikanischen Akzent hinzu: »Es schaukelt noch.« Wenn, wie beim letzten Mal, beim Start ins Leben jenseits der Gefängnismauern alles mögliche schiefgeht, landet er schnell wieder da, wo er hergekommen ist und sich auskennt. Die Kumpels aus der Gang-Zeit sind noch da, haben weitergemacht und nehmen ihn jederzeit wieder auf. Aber eigentlich träumt er – wie viele dieser Jungs – von einem ganz normalen Leben. »Die Kinder spielen im Sandkasten, und die Frau schneidet die Rosen, wenn ich abends von der Arbeit nach Hause komme«, beschreibt er mit einem kleinen ironischen Augenzwinkern seinen Lebensentwurf. Eine Weile hatte er vor, zur Fremdenlegion zu gehen: »Die schauen nicht drauf, wo einer herkommt.« Die Disziplin und feste Struktur des Lebens in der Legion und die Vorstellung einer Existenz als Kämpfer und Soldat haben ihn angezogen. Inzwischen hat er, nachdem Mitgefangene ihm von ihren Erfahrungen mit der Legion berichtet haben, von diesem Vorhaben Abstand genommen und möchte die im Knast begonnene Ausbildung zu Ende bringen. Seine Sozialarbeiterin will ihm helfen, eine Wohnung und einen Ausbildungsplatz zu finden.

Was Alfred Döblin in »Berlin Alexanderplatz« über Franz Biberkopf geschrieben hat, gilt mutatis mutandis auch noch für viele heutige Haftentlassene, auch für Carlos: »Franz Biberkopf ist aus dem Gefängnis, wo er wegen älterer Vorfälle saß, entlassen und steht nun wieder in Berlin und will anständig sein. Das gelingt ihm auch anfangs. Dann aber wird er, obwohl es ihm wirtschaftlich leidlich geht, in einen regelrechten Kampf verwickelt mit etwas, das von außen kommt, das unberechenbar ist und wie ein Schicksal aussieht.«

Rabiate Nacherziehung: über Boot Camps

Warum habe ich die Geschichte von Carlos hier so ausführlich erzählt? Auch hierzulande wird der Ruf nach mehr Härte, nach der Anwendung des Erwachsenenstrafrechts auf Heranwachsende, nach Boot Camps und Box-Camps – gut, dass es dieses englische Wort für »Lager« gibt! –, wie sie Lothar Kannenberg in der Nähe von Kassel betreibt, nach einer Art »Einstiegsarrest« oder »Warnschussarrest«, einem »Schnupperstrafvollzug« immer dann laut, wenn irgendeine spektakuläre jugendliche Gewalttat das Land in einen medial erzeugten Erregungszustand versetzt. Zuletzt haben wir das nach der Münchner U-Bahn-Attacke zweier Jugendlicher mit »Migrationshintergrund«, wie man neuerdings sagt, auf einen Pensionär erlebt, die Roland Koch für seinen Wahlkampf in Hessen zu instrumentalisieren versuchte.

Eine Mentalität des Strafens macht sich breit, die unverblümt Straf- und Rachebedürfnisse artikuliert. Die Arbeitsimmigration seit den 70er Jahren des vorigen Jahrhunderts und die Wanderungsbewegungen seit dem Zusammenbruch des Ostblocks haben in der Tat neue Probleme mit sich gebracht, die aber im wesentlichen Ausdruck misslungener Integrationsbemühungen sind. Das Jugendstrafrecht, darauf weist der Kriminologe Arthur Kreuzer immer wieder hin, ist nicht milder, wie immer unterstellt wird, sondern flexibler, andersartig, stärker auf soziale Stabilisierung und Präven-

114

tion ausgerichtet als das Erwachsenenstrafrecht. Mit Verschärfungen, der Verhängung von mehr und vor allem längeren Gefängnisstrafen und der Einrichtung von Boot Camps ist nichts gewonnen. Selbst nach eigenen US-Forschungen ist das System der Boot Camps gescheitert. Die Rückfallquote liegt ebenso hoch wie bei Gefängnisinsassen. Es erfreut sich aber weiterhin großer Beliebtheit, eben weil es die Rachebedürfnisse der sogenannten anständigen Leute befriedigt und deren Nachtschlaf sichert.

Inzwischen haben sich die Boot Camps in den USA einen neuen Markt erschlossen. Mittel- und Oberschichteltern wird in Hochglanzbroschüren versprochen: »Sie liefern einen aufsässigen, schwer erziehbaren Teenager bei uns ab und erhalten ein respektvolles, höfliches und gehorsames Kind zurück.« Das Ziel ist eine umfassende und tiefgehende Umprogrammierung, die Camps selbst bezeichnen sich als »Institute für Verhaltensänderung« oder »Spezialschulen«. Schwer erziehbare Jugendliche bilden die Hauptadressaten, aber es werden auch Jugendliche aufgenommen, die als depressiv, leistungsschwach in der Schule, hyperaktiv, unaufmerksam, unmotiviert, emotional unausgeglichen oder Schulschwänzer eingestuft wurden. Viele Eltern wundern sich, dass ihr Nachwuchs nach einer aus Bequemlichkeit oder Indifferenz praktizierten Nicht-Erziehung aus dem Ruder läuft und verhaltensauffällig wird. Andere leiden unter den Launen und der »Tyrannei« ihres verwöhnten und überbehüteten Nachwuchses, dem sie aus lauter Angst, ihre Kinder nicht genug zu lieben und von ihnen nicht zurückgeliebt zu werden, nichts abgeschlagen und jeden Wunsch erfüllt haben. Dass aus dem verbreiteten Erziehungsverzicht und -versagen ein gesellschaftliches Echo wie das der Boot Camps erwächst, ist innerhalb der in dieser Gesellschaft obwaltenden Logik eigentlich nicht überraschend. Aus der Nicht-Erziehung erwächst ein Markt für Nacherziehung. In Crash-Kursen verspricht man nachzuholen, was zuvor jahrelang versäumt wurde. Rund 400 solche Lager soll es in den USA mittlerweile geben. Für einen zweijährigen Aufenthalt zahlen Eltern bis zu 60 000 Dollar, manche »Deluxe«-Besserungslager verlangen sogar das Doppelte. Dabei hat das Personal meist weder eine pädagogische noch eine psychologische Ausbildung. Fast alle Eltern geben vor, aus Liebe zu handeln. Was sollen sie auch sagen? Jede noch so durchschaubare Lüge ist besser als die deprimierende Wahrheit.

Vom Kindersoldat in Sierra Leone zum Straftäter in Oberhessen: zum Beispiel Joe

Joe* kommt 1980 in Sierra Leone, in der Hauptstadt Freetown zur Welt. Noch vor seinem ersten Geburtstag gibt seine Mutter ihn an seine Oma väterlicherseits ab. Als er sechs Jahre alt ist, entschließt sich die Großmutter, nach London zu Verwandten zu ziehen. Joe muss zurück zu seiner Mutter, zu der er keinen guten Kontakt hat. Er fürchtet sich vor ihrer gewalttätigen Abneigung, immer wieder sagt die Mutter: »Es tut mir leid, dass du aus meinem Leib herausgekommen bist.«

Die Beziehung zwischen Mutter und Vater ist nicht gut. Der Vater ist Seemann und selten zu Hause. Er hat in jedem Hafen eine Geliebte und ist ein Hallodri. Wenn er da ist, gibt es ständig Streit, der gelegentlich in offene Gewalt mündet. 1986 geht der Vater nach Deutschland, weil er dort eine Frau kennengelernt hat, die er heiratet. Der Vater schickt Geschenke, die Joe nie bekommt. Die Mutter reicht das ihm zugedachte Spielzeug an Verwandte weiter, sie sagt, Joe sei zu jung dafür, er mache es nur kaputt. Die deutsche Frau des Vaters wird später der Wärmepol in Joes Leben, er nennt sie »Mama« oder »meine Mudder«.

Joe lebt auf der Straße. Er begibt sich oft auf den großen Fischmarkt beim Hafen aus Sehnsucht nach dem Vater, dem Seemann. Auf dem Markt trifft er Leute, die ihm ab und zu Arbeit verschaffen, so verdient Joe ein wenig Geld.

Eines Tages begegnet er auf dem Fischmarkt einem unbekannten Mann, der ihm Arbeit verspricht. Der Mann führt Joe in ein Ge-

---

* Der Name wurde geändert.

büsch, dort zwingt er das Kind, die Hosen auszuziehen und sich mit dem Bauch auf den Boden zu legen. Der Mann vergewaltigt Joe. Der Junge fühlt enorme Schmerzen, später merkt er, dass er blutet. Darüber kann Joe mit niemandem reden, die Polizei zu alarmieren und Anzeige zu erstatten, erscheint ihm sinnlos.

Im Alter von zwölf Jahren gerät Joe in die Wirren des Bürgerkriegs, in den Sierra Leone ab 1992 für zehn Jahre versinkt. Auf der Straße sieht Joe Gleichaltrige, die ihre Namen auf Listen schreiben. Es sind Wartelisten für Arbeit in der Region Kono, einem Diamantengebiet nahe der liberianischen Grenze. Joe findet das verlockend und unterschreibt ebenfalls. Der Lastwagen, auf dessen Ladefläche die Kinder und Jugendlichen zusammengepfercht werden, ist überfüllt.

Die Fahrt nach Kono dauert zweieinhalb Tage. Die älteren Jugendlichen, die die Kinder in Kono in Empfang nehmen, entpuppen sich als Rebellen der RUF, der Revolutionary United Front, einer von Charles Taylor unterstützten Rebellenorganisation, die gegen die wechselnden Regierungen des immer instabiler werdenden Landes kämpfen.

Davon hat Joe keine Ahnung. Die Kämpfer sind mit Kalaschnikows bewaffnet, haben Frauen, mit denen sie sich alles erlauben. Die Kinder bekommen etwas zu essen, werden mit Maschinengewehren ausgerüstet und sollen lernen, Befehle ohne Widerstand auszuführen. Am Tag nach der Ankunft werden die Kinder in Begleitung einiger erwachsener Rebellen in ein nahe gelegenes Dorf gefahren, um Nachschub an Nahrungsmitteln zu organisieren.

In dem Dorf leben nur Kinder und Frauen, die ihre Vorräte versteckt oder in der Erde vergraben haben und nicht verraten wollen, wo die Lebensmittel verborgen sind. Joe erhält den Befehl, einer der Frauen die Füße unterhalb der Knie mit einer Machete abzuhacken. Es bleibt ihm nichts anderes übrig, als den Befehl auszuführen. Ins Lager zurückgekehrt, will Joe allein sein. Die Rebellen geben ihm Valium, um ihn zu beruhigen und am Weglaufen zu hindern.

Die Jungen haben die Aufgabe, Autos an sogenannten Checkpoints zu kontrollieren. Die Kinder stellen sich mitten auf die Straße und halten die Autos an. Die Wagen werden von den Rebellen ausgeraubt, die Insassen misshandelt und häufig getötet. Wer nicht den richtigen Dialekt spricht, wer zu wohlhabend oder wohlgenährt aussieht, wird erschossen, geköpft oder mit Benzin übergossen und angezündet.

Joe gehört einer Gruppe an, die ein Krankenhaus überfällt, um Valium und andere Medikamente zu erbeuten. Als sich ihm Krankenschwestern in den Weg stellen, erhält Joe den Befehl, auf sie zu schießen. Joe erinnert sich nicht, wie viele Krankenschwestern er getötet hat. Die Gruppe findet die gesuchten Medikamente in einem Container hinter dem Krankenhaus und verschwindet.

Insgesamt verbringt Joe zwei Jahre als Kindersoldat im Bürgerkrieg in Kono. Eines Tages hält er mit einer Rebellengruppe an einem der Checkpoints einen dunkelgrünen Jeep an, in dem zwei weiße Männer und eine schwarze Frau sitzen. Die Männer sind Diamantenhändler, die in einem dicken Kugelschreiber Diamanten versteckt haben. Die Frau, die ihnen als Dolmetscherin dient, wird festgenommen und abgeführt; die anderen aus der Gruppe verschwinden mit ihr.

Joe bleibt allein mit den zwei Männern zurück. Er hat den Auftrag, sie zu erschießen. Die gefesselt am Boden liegenden Männer reden auf ihn ein, und Joe erfährt, dass sie Deutsche sind. Er beschließt, die Männer am Leben zu lassen und sich ihrer als Boten zu bedienen. Er steckt ihnen ein Foto des Vaters zu, das er stets mit sich führt. Auf der Rückseite steht die Adresse des Vaters in Deutschland. Joe bittet die Männer, nach ihrer Rückkehr Kontakt zu ihm aufzunehmen und ihm von seinem Schicksal zu berichten. Joe schießt ein paar Mal in die Luft und lässt die Männer laufen.

In einer Kampfpause geht Joe, inzwischen 14 Jahre alt, zurück zu seiner Oma. Nachdem die Verwandten erfahren, dass er Kindersoldat gewesen ist, wollen sie nichts mehr mit ihm zu tun haben, er wird bei Bekannten untergebracht. Inzwischen hat der Vater von Joes Schicksal erfahren; die beiden nach Deutschland zurückgekehrten Männer haben sich tatsächlich bei ihm gemeldet. Der Vater wendet sich an die Kirche in seinem Wohnort, mit deren Unterstützung es gelingt, ein Visum für Joe und Geld für das Flugticket zu besorgen. Ein Jahr später darf der inzwischen 16-Jährige zum

Vater nach Deutschland einreisen. Er erhält eine Aufenthaltsgenehmigung, die jedes zweite Jahr verlängert werden muss. Seine jüngere Schwester ist schon vorher vom Vater nach Deutschland geholt worden und besitzt bereits die deutsche Staatsangehörigkeit. Sie absolviert die Schule und wird später Arzthelferin.

Joes Stiefmutter stammt aus der DDR. Nach einem Fluchtversuch verurteilt man sie zu einer Haftstrafe und nimmt ihr die beiden Kinder weg. Sie sieht sie nie wieder. In den 80-er Jahren erhält sie eine Ausreisegenehmigung und landet in einem Aufnahmelager in Mittelhessen. Von dort zieht sie wenig später in eine Wohnung um, die in einem sogenannten sozialen Brennpunkt liegt. Den Vater von Joe lernt sie über gemeinsame Bekannte kennen.

Beim Vater angekommen, besucht Joe zuerst einen Deutschkurs und absolviert danach zwei Berufsvorbereitungsjahre in einer Berufsschule. Er hat das Ziel, Maurer zu werden. Dazu kommt es nicht, denn Joe lebt in einer Umgebung, in der man mehr Normen lernt, die Gesetzesübertretungen begünstigen, als solche, die sie missbilligen. Er balanciert auf dem schmalen Grat zwischen Abenteuer und Delikt. In einem Jugendclub findet eine Schlägerei statt, in die Joe verwickelt ist. Einer der beteiligten Jugendlichen geht zu Boden und erleidet eine Gehirnerschütterung. Joe ist, als die Polizei kommt, in der Nähe und wird festgenommen. Wegen Körperverletzung wird er zur Ableistung von 45 Arbeitsstunden verurteilt.

Joe beginnt ein Praktikum in einem Baumarkt. Er arbeitet gern, und seine Kollegen mögen ihn, weil er ein netter und lustiger Kerl ist, beinahe noch ein Kind. Wieder kommt etwas dazwischen. Ein Freund schuldet einem Dritten Geld. Die beiden geraten aneinander, Joe will vermitteln. Er schlägt vor, dass der Freund die Schulden in monatlichen Raten zurückzahlen soll, die er, Joe, dem Gläubiger übergeben werde. Nachdem die Schulden beglichen sind, hört der Gläubiger nicht auf, Geld zu fordern. Joes Freund plündert sein Sparbuch, die Eltern bekommen Wind davon und erstatten Anzeige. Joe kommt mit seiner Version der Geschichte nicht durch und wird wegen räuberischer Erpressung verurteilt: sechs Monate Jugendhaft zur Bewährung. Das ist das zweite Mal.

Das dritte Mal steht er wegen Einbruch und Diebstahl vor Gericht.

Er lernt über seine Kumpels das Kiffen kennen und findet Gefallen daran. Da regelmäßiger Haschischkonsum für einen Baumarkt-Praktikanten nicht finanzierbar ist, verfallen Joe und ein Freund auf die Idee, eine größere Menge Marihuana aus der Wohnung eines Bekannten zu klauen, der damit dealt. Das Verbrechen scheint perfekt: Der Beklaute kann ja schwerlich zur Polizei gehen und den Diebstahl anzeigen. Der Beklaute geht trotzdem zur Polizei. Er verschweigt, dass Drogen geklaut wurden, sondern gibt an, 500 Euro zu vermissen. Als Joes Mittäterschaft ans Licht kommt, denkt er, dass er besser davonkommt, wenn er gesteht, Geld geklaut zu haben statt Marihuana. Das erweist sich als falsch, Joe wird zu einem Jahr und drei Monaten Jugendhaft verurteilt. Der Richter will dem jungen Mann nicht alles verbauen und setzt die Strafe noch einmal zur Bewährung aus.

Zwei Wochen vor Ablauf der Bewährungszeit bittet ein Freund Joe, einen Scheck über 42.000 Euro für ihn einzulösen. Es handelt sich um Schwarzgeld, das Joe sich auf sein Konto gutschreiben lassen soll, um es auf diese Weise zu »waschen«. Da ihm die Sache nicht geheuer ist, gibt er den Scheck an einen Bekannten weiter, der ihn einlösen und das Geld an ihn, Joe, weiterleiten soll. Die Freundin dieses Mannes lässt sich den Betrag gutschreiben und hebt das Geld von ihrem Konto ab. Sie erhält einen Teil als Belohnung, mit dem Rest des Geldes setzt sich ihr Freund ins Ausland ab. Er meldet sich nicht bei Joe. Der fürchtet die unangenehmen Fragen und die Rache des Mannes, dem das Geld gehört. Joe hält sich an die Frau, die leugnet, etwas mit der Sache zu tun zu haben. Von einem Bekannten erfährt Joe, dass ihr Freund beim Einkaufen in der Stadt gesehen worden sein soll. Die Zeit drängt, und Joe gerät in Panik. Zusammen mit einem Kumpel sucht er den Zeugen auf, der den Mann gesehen haben will. Sie setzen ihn unter Druck, halten ihn gegen seinen Willen fest, bedrohen und schlagen ihn, um zu erfahren, wo der Mann mit dem Geld sich aufhält. Schließlich lassen sie von ihm ab, ohne etwas erfahren zu haben. Der Überfallene erstattet Anzeige, und vor Gericht trifft das von Joe und seinem Freund praktizierte Recht der Straße auf die hegemoniale bürgerliche Rechtsordnung und wird ihr unterworfen. Jetzt ist der Richter mit seiner Geduld am Ende, und Joe wird wegen »Geiselnahme, räuberischer Erpressung und gefährlicher Körperverletzung« zu einer sechsjährigen Freiheitsstrafe verurteilt. Dazu wird die zur Bewährung ausgesetzte Jugendstrafe widerrufen.

Inzwischen ist Joe auf Bewährung aus der Haft entlassen worden. Die Strafvollstreckungskammer hatte einem Gutachter die Frage gestellt: Besteht die in den Taten von Joe zutage getretene Gefährlichkeit fort? Der Gutachter verneinte. Joe hat einen Asylantrag gestellt, der geprüft wird und einstweilen die angedrohte Abschiebung nach Sierra Leone verhindert. Er wird zunächst bei seiner Stiefmutter wohnen. Der Vater hat sich wieder aus dem Staub gemacht, Joe hat keinen Kontakt zu ihm, weiß nicht einmal, wo und ob er überhaupt noch lebt. Joe möchte auf der Abendschule einen Hauptschulabschluss nachholen und einen Beruf erlernen. Er ist inzwischen ein muskelbepackter Mann von fast 30 Jahren; in vielerlei Hinsicht aber noch immer ein kleiner, liebenswerter, gefährdet-gefährlicher Junge.

»Warum sollte ich nicht schlafen können?« Der »Schrebergarten-Nazi« von Gifhorn

Am 7. Mai wurde vom Landgericht Hildesheim das Urteil in einem Mordprozess verkündet. Der 65-jährige Wilfried R. hatte am 22. September 2008 in einer Schrebergartenkolonie drei seiner Nachbarn mit einem Holzknüppel erschlagen. Der Tat war ein jahrelanger Streit um Abfälle, Grundstücksgrenzen, Ruhestörung, parkende Autos und Rasenmähen vorausgegangen. Nach der Tat warf er den eichenen Knüppel weg, ging nach Hause, erstattete seiner Frau einen knappen Bericht und setzte sich vor den Fernseher. Wie üblich legte er sich gegen 21 Uhr schlafen. Auf die Frage, wie er denn geschlafen habe, antwortete er: »Warum sollte ich nicht schlafen können?«

Der Mann, der 40 Jahre lang als Autobauer gearbeitet hat und nie zuvor straffällig geworden war, präsentierte sich vor Gericht als Kämpfer für Ruhe, Sauberkeit und Ordnung. Er fühlte sich persönlich zuständig für die Einhaltung von gesetzlichen Vorschriften, die Bund und Länder für Schrebergarten-Siedlungen erlassen haben und ohne deren strikte Befolgung es nun mal nicht gehe. Vor Gericht präsentierte er sich als ein Mann, der sich in allem, was er getan hat, im Einklang mit seinen Überzeugungen und Grundsätzen befindet. »Ich würde wieder so handeln«, sagte er in seinem Schlusswort. Dem Schuldspruch des Gerichtes: lebenslang mit besonderer Schwere der Schuld, korrespondiert auf Seiten des Verurteilten kein Schuldempfinden. Verstockt leugnet er seine Schuld: »Ich bin kein Mörder und Totschläger. Eines Tages stehe ich vor dem Richterstuhl des Ewigen, und ich weiß, er spricht mich frei.« Nun könnte man sagen: ein typischer »Schrebergarten-Nazi«, wie ihn Georg Ringsgwandl in einem Lied trefflich charakterisiert hat. Jeder kennt und fürchtet diesen Typus, der manchmal auch als Hausmeister in Erscheinung tritt, diese Ordnungsfanatiker, deren Hauptvergnügen und Lebensinhalt darin zu bestehen scheint, Nachbarn und Mitmenschen bei irgendeiner Unbotmäßigkeit zu ertappen, die förmlich auf der Lauer liegen und darauf warten, dass unter ihren Augen irgendein Verstoß gegen die Haus-, Straßenverkehrs- oder Gartenordnung geschieht.

Wie kommt es aber, dass ein tausendfach anzutreffendes Verhalten derart militant wird und vor einem dreifachen Mord nicht zurückschreckt? Das Gericht und der zu Rate gezogene Sachverständige fanden auf diese Frage keine Antwort, und vielleicht müssen wir uns damit abfinden, dass diese Frage offen bleibt. Ich kenne den Fall nur aus Zeitungsberichten und kann mir aus der Distanz nicht anmaßen, es besser zu wissen. Aber ich möchte dennoch ein paar Vermutungen über die Fortdauer des »psychischen Faschismus« anstellen, der ja weit unterhalb der politischen Strukturen und der oberflächlich entnazifizierten Köpfe in den Körpern und psychischen Strukturen weiterexistierte und durch bestimmte Erziehungspraktiken auch an die nächste und übernächste Generation weitergegeben wurde. Der Vater des Herrn R. hat den Russlandfeldzug in Hitlers Wehrmacht mitgemacht und war Stalingrad-

Veteran. Er wurde in der Verhandlung als »unberechenbar und gewalttätig« beschrieben. Seine Frau habe das irgendwann nicht mehr ertragen und sich umgebracht. Allein diese dürren Mitteilungen lassen einen schaudern und vermitteln uns eine Ahnung von der Atmosphäre in diesem Elternhaus. Man wird sich den Vater als eine Ernst Jünger'sche »Stahlgestalt« vorstellen können, der aus seiner Not eine Tugend gemacht hat und seinen Jungen gemäß seiner Maximen abrichtete. Der Sohn überlebt, wird aber unter dem Einfluss dieses Mannes die üblichen Beschädigungen davongetragen haben, zu deren Wächter und Verteidiger er sich nun in einer Form der »Identifikation mit dem Aggressor« aufschwingt.

Als autoritär erzogener und »zur Sau gemachter« Mensch wird er eine Neigung davontragen, das, was er selbst unter Schmerzen in sich abtöten und begraben musste, aus sich herauszusetzen und dort am anderen zu bekämpfen und zu vernichten. Das niedergedrückte und beschädigte Leben brütet über seinen Kompensationen und sinnt auf Rache. Auf der Basis eines an seiner Entfaltung gehinderten, durch pädagogische Dressur partiell getöteten Lebens entwickelt sich eine Tendenz, sich am anderen schadlos zu halten und zu verfolgen, was einem lebendiger vorkommt: »Der da, der reißt sich nicht so zusammen wie ich!« Ressentiments und Feindseligkeit schlagen dem um sein Glück Betrogenen aus allen Poren. Auf Anzeichen von einem Mehr an Glück und Lebendigkeit wird er mit Härte und Grausamkeit reagieren. »Gleiches Unrecht für alle«, avanciert zur unausgesprochenen Maxime seines ungelebten Lebens. Der Faschismus setzte dieses Ressentiment politisch in Gang, er war und ist psychodynamisch die Wiederkehr des Verdrängten: »Wenn die toten Wünsche auferstehen, werden sie verwandelt in die Masse der Umzubringenden«, schreibt Theweleit in seinem leider beinahe vergessenen Buch »Männerphantasien«. (Zwei Bände, Frankfurt am Main 1977/78)

In dem Maße, wie wir Objekt und Opfer solcher Erziehungsprozesse geworden sind, sind wir alle partiell Getötete und tragen in uns den Widerstreit des Toten mit dem Lebendigen aus. Ein Teil von uns ist durch haltende, schützende und wärmende Körper und frühe Liebesobjekte belebt und bewohnt, der andere durch Abwesenheiten, Strafen, Kälte und Verlassenheit unbewohnt, entlebendigt, anästhesiert, im Extremfall totgestellt. Zwischen diesen beiden in uns miteinander ringenden Prinzipien herrscht kein ruhiges, homöostatisches Gleichgewicht und jeder Mensch muss sich entscheiden, welches von beiden die Oberhand über sein und in seinem Leben gewinnen soll. Entscheidet man sich nicht, hat man sich auch entschieden: Der Überhang der gesellschaftlichen Objektivität, der aufgehäuften und zu Kapital gewordenen toten Arbeit der vergangenen Generationen wird dafür sorgen, dass im Zustand scheinbarer Balance das tödliche Prinzip den Sieg davonträgt. Affirmation ans Tote oder Emanzipation, auf diese existenzielle Frage antwortet jeder mit seinem Lebenslauf. Die Erzeugung des Menschlichen ist das Kriterium von Emanzipation, weniger die abstrakte politische Entscheidung zwischen links und rechts. Geschichtliche Erfahrungen haben uns schmerzhaft darüber belehrt, dass auch vermeintlich linke Entwürfe in den Sog einer tödlichen und todbringenden Produktionsweise geraten können, wenn sie sich von der regulativen Idee der Emanzipation als der Erzeugung des Menschlichen allzu weit entfernen. Es gibt in Gestalt des Toten in uns einen fortdauernden Faschismus weit unterhalb des Kopfes, einen Faschismus der Gefühle oder der Gefühllosigkeit, der uns zu einem lebenslangen Austrag des Kampfes nötigt. Wer resigniert und sich der Schwerkraft des Realen überlässt, gibt dem Toten in sich Raum zur Entfaltung, das sich mit dem Überhang des Toten draußen mannigfach verflicht und durch dieses gestützt wird. »Der Tod tritt ein, wenn das Leben nichts mehr hat, das es zu verteidigen gilt«, schreibt John Berger in seinem Buch »Mit Hoffnung zwischen den Zähnen«.

Aber nun zurück zum Fall des Herrn R., von dem mich der mäandernde Fluss der Gedanken ein wenig fortgetragen hat. Es birgt eine makabre Ironie, dass Herr R. seine Morde ausgerechnet in einer Schrebergartenkolonie begangen hat. Der Leipziger Arzt Daniel Gottlob Moritz Schreber war nämlich nicht nur einer der Urahnen jener pädagogischen Praktiken, die Katharina Rutschky unter dem Begriff »schwarze Pädagogik« gefasst hat, und Konstrukteur grauenhafter Apparate zur Dressur der kindlichen Körperhaltung und zur Verhinderung der Masturbation, sondern auch der Erfinder der nach ihm benannten »Armen- und Specialgärten« für Städter. Zur Gründung des ersten »Schreberverein« kam es in Leipzig allerdings erst 1864, drei Jahre nach seinem Tod. Die sich entwickelnden Großstädte waren in den Augen des Herrn Schreber pathogene Orte, Orte der Ausschweifung und Verführung. Ihre Anonymität begünstige die Ausbreitung des Verbrechens und von Lastern aller Art. Dem konnte nur dadurch begegnet werden, dass man ein »gesundes«, ländlich-bäuerliches Element in die Städte hineinholte und den abstrakten Städter gewissermaßen »erdete«. Die Schreber'schen Apparate normieren und kolonialisieren unter dem Deckmantel orthopädischer Absichten die kindlichen Körper, die Schrebergärten sind der Prototyp einer Form sozialer Orthopädie und einer Form sozialer Kontrolle, die, wie Peter Brückner angemerkt hat, »die Idylle auf einer Folie des Grauens produziert«. So gesehen, hat es eine gewisse Logik, dass ein Opfer der von Moritz Schreber mitgeprägten Pädagogik seine Morde in einer nach diesem benannten Kleingartenkolonie begeht. Ein anderes Opfer dieser Pädagogik ist Daniel Paul Schreber, der Sohn von Moritz Schreber, der psychisch schwer erkrankte und dem wir in Gestalt seiner Autobiographie »Denkwürdigkeiten eines Nervenkranken« (1903) eine beeindruckende Schilderung der Welt des Wahns verdanken.

*

Auch Herr R. hat die lebensgeschichtliche Balance zwischen dem Toten und dem Lebendigen über längere Strecken seines Lebens leidlich wahren können, wahrscheinlich immer schon mit einem leichten Überhang zur Seite des Toten, Autoritären. Er arbeitet über 40 Jahre bei VW, ist verheiratet und hat eine Familie, so weit so gut. Dann wird er Rentner und verliert mit der Arbeit seine gesellschaftliche Einbindung und Teilhabe. Arbeit bindet darüber hinaus auch Energien, sublimiert, domestiziert und korrigiert aggressive Regungen, auf denen er nun sitzenbleibt. Schließlich, so berichtet der aufmerksame Prozessbeobachter der *Süddeutschen Zeitung* Hans Holzhaider, verliert er im Jahre 2004 im Zuge einer Prostataoperation seine Potenz. Darüber sei er sehr erschüttert und verbittert gewesen.

Jetzt, so vermute ich, kommt es zu einer radikalen Triebentmischung. Aggressive Regungen lösen sich aus der Verschränkung mit libidinösen, und durch den zusätzlichen Verlust libidinöser Besetzungen kippt das innerpsychische Gleichgewicht zu Gunsten einer Hegemonie des Toten um. Die immer schon in Herrn R. angelegte und bisher in der Latenz gehaltene Feindseligkeit verwandelt sich in Hass, die Normalität seines nun zusätzlich reduzierten kleinbürgerlichen Lebens wird militant, sein Konformismus reichert sich mit Bösartigkeit an. An der Grenze zum anderen, und das sind in seinem Fall die Nachbarn in der Kleingartenkolonie, wird die Differenzwahrnehmung verstärkt. Er beschließt, die Erosion der Normalität, die er seit Längerem schon bemerkt, nicht mehr hinzunehmen und sich dem Zerfall der Ordnung energisch entgegenzustellen. Ordnung bildet das Scharnier zwischen Idyll und Grauen. In einer berserkerhaften Wut geht er schließlich gegen das vor, was ihm unbotmäßig, lebendiger oder einfach nur anders vorkommt. Wenn es viele organisiert und auf Befehl von oben machen, ist es Faschismus, wenn es einer macht, nennt man es Mord.

Der Tanz ums »goldene Kind« (I)

Auf dem Wochenmarkt sitzt mitten im Strom der Passanten ein kleines Mädchen auf dem Boden. Es ist vielleicht zweieinhalb Jahre alt und hat offensichtlich beschlossen, keinen Schritt mehr zu tun. Der Vater des Mädchens steht ein paar Meter weiter und wartet geduldig auf das Ende des kindlichen Sitzstreiks. Eine ältere Frau nähert sich, bleibt stehen und betrachtet amüsiert die Szene. »Das kenne ich von meinem Sohn«, sagt sie in Richtung des Vaters, der prompt fragt: »Mich interessiert nur eins: Hat es irgendwann aufgehört?« Die Frau beruhigt den Vater: »Mein Sohn ist inzwischen 30 Jahre alt, ist ganz normal und lässt sich nicht mehr einfach zu Boden fallen, wenn ihm irgendetwas nicht passt.«
Als ich mich fünf Minuten später der Stelle wieder nähere, hat der

Vater offensichtlich die Geduld verloren. Er hat seine Tochter hochgezogen und bei der Hand genommen. Sie schreit wie am Spieß, kreischt und brüllt, als ginge es um Leben und Tod. Passanten bleiben stehen, der Vater fühlt sich argwöhnisch beobachtet und lässt die Hand der Tochter wieder los, die sich prompt erneut zu Boden fallen lässt. Der Vater bittet seine Tochter, ihre Forderungen vorzutragen, für die sie in Streik getreten ist. Aber das Kind hat keine, es will sich einfach nicht mehr fortbewegen, basta.

Der Mann ist den Launen seines Kindes hilflos ausgeliefert und sichtlich am Ende mit seinem erzieherischen Latein. Früher hätte man den »trotzigen Eigensinn« des Kindes rabiat gebrochen und es dem Willen des Erwachsenen unterworfen. Das tun heutige Mittelschichteltern aus guten Gründen so nicht mehr, aber an die Stelle der alten Regeln und Rezepte scheinen keine praktikablen neuen getreten zu sein. Es gibt gerade in den Mittelschichten eine Haltung, die man als »Feigheit vor dem Kind« bezeichnen kann. Eltern wollen mit dem Kind befreundet sein und von ihm geliebt werden. Sie scheuen jeden Konflikt, aus Angst, das Kind könnte ihnen etwas verübeln und sich zurückziehen. Eltern, die Freunde und Kumpel ihrer Kinder sein wollen, machen sie zu Waisen und verweigern ihnen damit sowohl das Kindsein als auch die Chance zum Erwachsenwerden. Nur, wer in bestimmten Phasen seiner Entwicklung sinnvolle Begrenzungen erfahren hat, kann diese später relativieren und sich sein eigenes, der Vernunft gehorchendes Regelwerk schaffen. Hartmut von Hentig hat das am Sinnbild des Laufställchens erläutert: Das Kind, das sich anschickt, krabbelnd die Welt zu erkunden, wird alles herunterreißen und sich dabei verletzen. Man muss seinen Bewegungsradius eingrenzen und ihm eine Einfriedung geben. Aber nur vorübergehend, denn versäumt man seine Aufhebung, wird es später in vielen Fällen gar kein Risiko mehr eingehen: Es bleibt dann still sitzen, statt die Welt zu erkunden. Es ist eine Frage der allmählichen Öffnung des Geheges zur Welt. Kinder benötigen zunächst Begrenzungen und Rituale, worunter von Hentig sinnvolle und streng eingehaltene Gewohnheiten versteht.

Wer seinen Kindern keine angemessenen und zumutbaren Versagungen auferlegt und ihnen die leibhaftige Auseinandersetzung verweigert, darf sich nicht wundern, wenn sie in narzisstischer Ansprüchlichkeit und infantilen Größenphantasien verharren und auf ihrer verzweifelten Suche nach Begrenzungen und voller narzisstischer Wut auch zur Gewalt greifen. »Kinder, denen nichts zugemutet wurde und nichts zugemutet werden kann, sind eine Zumutung«, schrieb Dorothea Dieckmann.

Apropos Winnenden 3:
Von der vergeblichen Suche nach Motiven

Aus den Tiefen des Text-Ozeans des World Wide Web ist nun doch noch eine elektronische Flaschenpost des Amokschützen von Winnenden an mediale Strände gespült worden. Am Tag nach der Tat war man einer Fälschung aufgesessen, und der baden-württembergische Innenminister hatte mit großem Aplomb einen apokryphen Text verbreitet, den Tim K. wenige Stunden vor der Tat angeblich in irgendeinem Chat verbreitet haben sollte. »Ich werde morgen an meine frühere Schule gehen und mal so richtig gepflegt grillen«, soll er dort geschrieben haben. Man misst solchen, in diesem Fall allerdings vermeintlichen, Ankündigungen so große Bedeutung bei, weil man sich von ihrer zeitigen Entdeckung die Eröffnung präventiver Möglichkeiten erhofft. Wir leben ja in einer Präventionsgesellschaft, die flächendeckend auf Früherkennung setzt. Es wird eine Art von Daueralarm ausgerufen, der alle Gesellschaftsmitglieder unter Generalverdacht und dauernde Beobachtung stellt.

Nun stoße ich bei der morgendlichen Zeitungslektüre auf eine kleine Meldung, aus der hervorgeht, dass Tim K. sich unter dem Pseudonym »Jaws Pretador1« auf der Internetplattform *kwick.de* zu dem Thema geäußert hat, was er mit seiner verbleibenden Zeit tun würde, wenn er von seinem bevorstehenden Tod erführe. »Ich würde da garantiert an Scheißebauen denken. Alle umbringen, die hass und so, das würden bestimmt voll viele machen«, schrieb er dort in dem unsäglichen, vom SMS-Schreiben geprägten heutigen Teeny-Jargon. Des Weiteren gibt er sich als Fan des amerikanischen Serienmörders Ted Bundy zu erkennen, der unter dem Namen »Der Highway-Mörder« bekannt wurde und 1989 in Florida für drei Morde hingerichtet wurde. Man verdächtigte ihn, ungefähr 20 weitere Morde quer durch die USA und Kanada begangen zu haben. In der Nacht vor seiner Hinrichtung gestand Ted Bundy in einem Fernseh-Interview zahlreiche weitere Morde in der Hoffnung, dadurch einen Aufschub der Hinrichtung zu erreichen.

Hilft uns dieser Fund bei der Suche nach den Motiven des Tim K. weiter? Es wimmelt im Netz von solchen pubertären Gewaltdelirien und wirren Bekundungen, und wer weiß, wie viele männliche Jugendliche heutzutage Serienmörder zu ihren Heroen zählen?

Viele Straftäter, Mörder etwa, können ihre Tat noch nicht einmal im Nachhinein erklären. Um wie viel weniger dann im Vorfeld der Tat? Wenn sie die Gründe wüssten und sie gar aussprechen könnten, hätten sie die Tat möglicherweise nicht begehen müssen. Wenn sie von Richtern, Polizisten, forensischen Psychiatern und Psychologen befragt werden, sagen sie oft erst mal, dass sie es nicht wüssten. Die Psychoanalytiker Alexander und Staub haben in ihrem Buch »Der Verbrecher und seine Richter« die Antwort des Angeklagten auf die Frage des Richters nach seinen Motiven: »Ich weiß es nicht« mit dem Kommentar versehen: »Dieses einzige wahre Wort, das bei der Gerichtsverhandlung gefallen ist, glaubt kein Mensch.« Diese Ehrlichkeit halten viele aber nur kurze Zeit durch, da sie immer wieder mit dieser Frage konfrontiert werden. Um irgendwann ihre Ruhe zu bekommen, greifen sie schließlich zu irgendeiner Erklärung, die gerade gesellschaftlich im Schwange ist oder die man ihnen suggeriert: »Wenn wir sagen, was ihr hören wollt, lasst ihr uns vielleicht endlich in Ruhe!«

Es fehlen bei vielen heutigen Taten die greifbaren Motive. Alles was man findet, steht in keinem Verhältnis zur Schwere der Tat und vermag die entgrenzte Gewalt nicht wirklich zu erklären.

Noch das Wort »Hass«, das dann gelegentlich fällt und auf das auch ich verschiedentlich zurückgreife, mutet wie eine Chiffre an, wie eine Zuflucht, damit ihre sinnlose Tat einen Namen, eine Plausibilität, einen Grund erhält. Diese Unklarheit gehört zum Täterprofil, das Signifikante ist, dass sich signifikante Tatmotive nicht erkennen lassen. Der in Leipzig lehrende Philosoph Christoph Türcke hat die interessante Frage aufgeworfen: »Wie aber, wenn genau dies Fehlen greifbarer Motive – das Motiv wäre? Wenn man den Satz einfach nur umkehren müsste? Was zur Tat bewogen hat, ist eben dieses Nicht-fassen-Können: ein haptisches Defizit, im unmittelbaren wie übertragenen Sinn. Den sinnlich-unsinnlichen Juckreiz, den es hinterlässt, bewirkt nicht einfach ›das Fernsehen‹, wohl aber eine Umwelt, um nicht zu sagen, eine Welt, die im Begriff steht, alle Signale, auf die es ankommt, über Bildschirme und Displays auszustrahlen.«

Der Verlust an Greifbarkeit und Erfahrung, den die globale Durchsetzung audiovisueller Lebensbedingungen mit sich bringt, ist im Einzelfall zwar schwer nachzuweisen, weil er so diffus ist. »Aber seine Diffusion ist nur die Kehrseite seiner weltweiten Ausbreitung. Und die ist so offensichtlich wie der gegenwärtige Globalisierungsschub insgesamt. Und zwar wird der Verlust an Greifbarkeit umso beklemmender erlebt, je diffuser er ist, je mehr das, was abhandenkommt, nicht bestimmte Objekte sind, sondern die Gegenständlichkeit selbst. Es gehört zu ihm, dass er Verlust von etwas Namenlosem ist, dass die Worte für ihn fehlen und dass er, in dem Maße, wie er zu einer globalen Befindlichkeit wird, allmählich die Gewalt einer überindividuellen Enttäuschungsdisposition annimmt, für deren Entladung die individuellen Enttäuschungen womöglich kaum mehr als Ventile sind. Von einer solchen Disposition, einer neuen Unmittelbarkeit globaler Kräfte im individuellen Nervensystem, könnte jener diffuse Hass, der in jugendlichen Gewalttaten jäh, exzess- und rauschhaft ausbricht, durchaus ein Vorbote sein. Jedenfalls weist er alle Anzeichen eines extremen, verzweifelten *sensation seeking* auf. Sich zu spüren bekommen dadurch, dass man etwas zu fassen bekommt; so lange zufassen, bis das Gegriffene auch noch die letzte widerständige Regung aufgegeben und den vollen haptischen Genuss verschafft hat: Im Nicht-auf-hören-Können mit dem Prügeln, bis der Zusammengeschlagene sich nicht mehr rührt, werden Triumphe des Greifens gefeiert, Feste der Selbstvergewisserung. Für einen Augenblick wenigstens heraustreten aus der unsinnlichen Gummizelle: Sentio, ergo sum.« (Erregte Gesellschaft, München 2002, S. 76/77)

Aus der Perspektive von Christoph Türcke hätte noch der modische Trend, sich tätowieren oder piercen zu lassen, teil an dieser Dynamik. »Wie vergewissert man sich unter Bedingungen allgemeiner Audiovisualität seiner selbst? Indem man sich rituell sticht, sich ein ›Da‹ gibt: eine eindeutige, klar lokalisierbare Empfindung, die dem gesamten Nervensystem, vom Gleichgewichtssinn bis zu den höchsten Wahrnehmungsleistungen, eine unzweifelhafte Orientierung, einen Halt gibt. Halt übrigens auch im Sinne von Haltbarkeit. Man will sich etwas Bleibendes eindrücken.« (ebd. S. 73)

Tattoo, Piercing, Branding bis hin zum jüngsten Trend des Body-Modification, also sich künstlich Narben zuzufügen, Metallteile unter die Haut schieben und ohne Not und medizinische Indikation Körperteile amputieren zu lassen, erschließen sich vor diesem Hintergrund als ein Aufbegehren gegen einen Mangel an leiblicher Anwesenheit und sinnlicher Dichte in einer mikroelektronisch verflüchtigten, ungreifbaren Welt. Die Grenzen zwischen Körperschmuck und der neuen Massenkrankheit Selbstverletzung sind fließend. Immer mehr Menschen greifen, wenn innere Spannungen und Gefühle der Leere überhand nehmen, zu Messer oder Rasierklinge und ritzen sich die Haut auf. Ein unerträglicher seelischer Schmerz wird durch einen lokalisierbaren körperlichen Schmerz ersetzt. Die Wunde wird zum Ventil, durch das quälende innere Spannungen entweichen. Nur der Schmerz ermöglicht ein Gefühl der Identität, der Grenzziehung zwischen innen und außen, Ich und Welt: »Ich spüre etwas, also bin ich.«

Schwere Gewalttaten, von Körperverletzung bis hin zu Mord und Amoklauf, wären unter diesem Aspekt Extremvarianten eines massenhaft anzutreffenden Verhaltens: Wenn vorher nichts die hungrige Suche nach sinnlicher Erfahrung, nach Begrenzungen und Grenzerfahrungen befriedigt und ausbremst, muss im äußersten Fall erst Schmerz empfunden werden, Blut fließen und müssen Knochen krachen, damit sich ein Gefühl des Existierens einstellt.

*

Am selben Tag einigt sich die Große Koalition in Berlin auf den Plan einer »Verschärfung des Waffenrechts«, in der Kritiker keine sehen. Heribert Prantl gratuliert in der *Süddeutschen Zeitung* vom 8. Mai 2009 ironisch dem Deutschen Schützenbund, dem Bund der Sportschützen, den Verbänden der Jäger, der Waffensammler und Waffenhersteller. Sie alle hätten nach dem Massaker von Winnenden den Gesetzgeber erfolgreich vor dem bewahrt, was sie »Aktionismus« nennen. »Sie haben die Regierung von einer Verschärfung des Waffenrechts abgehalten.« Statt das Schießen mit großkalibrigen Waffen komplett zu verbieten, will man die Waffenschränke durch »biometrische Systeme« sichern, unangemeldete Kontrollbesuche bei Waffenbesitzern durchführen und das Schießspiel Paintball, in Amerika Gotcha genannt, untersagen, bei dem infantil gebliebene Erwachsene in Verlängerung kindlicher Räuber-und-Gendarm-Phantasien am Wochenende mit Farbkugeln aufeinander schießen. »Das ist«, so Prantl, »gewiss im Sinn der Schützen- und Jägerverbände, die solches Treiben als unethischen Firlefanz und unwaidmännischen Klamauk ablehnen. Die Verschärfung des Rechts sieht nun also so aus, dass man mit Waffen, die nicht scharf sind, nicht mehr schießen darf, sehr wohl aber ohne Restriktion mit scharfen Waffen. Die Verbände haben die Politik also davon überzeugt, dass das ganz Naheliegende falsch wäre: Es wäre falsch, dafür zu sorgen, dass nicht mehr 30 Millionen, sondern nur noch drei Millionen Gewehre in deutschen Privathaushalten lagern.« Das Wählerpotenzial, das Schieß- und Schützenverbände repräsentieren, ist offensichtlich derart groß, dass man nicht ernstlich gegen deren Interessen vorzugehen wagt. Ob es im Sinne einer wirksamen Amokprävention etwas nützen würde, ist fraglich, aber es wäre zumindest ein ernsthafter Versuch gewesen, an eine der objektiven Voraussetzungen der Durchführung von Amokläufen zu rühren. Die jetzt geplante Regelung ist auch ein Schlag ins Gesicht der Eltern der Opfer von Winnenden, deren Hauptforderungen ein Verbot des privaten Waffenbesitzes und der Killerspiele sind.

Mir ist kein Fall von Amok bekannt, wo der Täter eine Leidenschaft für Paintball aufgewiesen oder dort das Schießen trainiert hätte. Gemäß des berühmten Spruches: »Ob Wilhelm Tell gelebt hat, weiß man nicht. Aber dass er den Landvogt Geßler umgebracht hat, steht fest«, sagt man sich: Irgendetwas muss verboten werden, egal was und ob es einen Zusammenhang mit Amok aufweist. Schließlich stehen wieder einmal Wahlen vor der Tür, und da müssen Politiker Handlungsfähigkeit demonstrieren. Überhaupt hat das Land in jüngster Zeit ein Rausch des Verbietens erfasst. Das Verschärfen von Gesetzen, die Androhung härterer Strafen, das Verbieten verschiedener Lebensäußerungen soll die Handlungsfähigkeit nationaler Regierungen demonstrieren, die in Zeiten der Globalisierung ihre Steuerungsfähigkeit weitgehend eingebüßt haben und, wie Oskar Negt gesagt hat, »in die Ohnmacht einer Instanz versetzt worden sind, die über das Wetter herrscht«. Die Ohnmacht der Politiker gegenüber den Folgen der globalen Wirtschafts- und Finanzkrise, gegenüber Phänomenen wie Massenarbeitslosigkeit, wachsender Verarmung und sozialer Marginalisierung soll durch pausbäckiges Agieren auf dem Feld der inneren Sicherheit, des Strafrechts und der Volks- und Gesundheitspädagogik kompensiert werden. Das Justizministerium, das man wegen seiner Bedeutungslosigkeit früher gern kampflos der FDP überließ, avanciert zur Kraftsportabteilung und Muckibude der Regierung, wo der Staat seine noch verbliebenen Muskeln spielen lassen kann. Die Gefahr ist gering, mit solchen Maßnahmen »die Märkte« zu verschrecken und das scheue Kapital zu vertreiben, und die Chance groß, wenigstens die Mittelschicht zu überzeugen, es geschähe etwas. Die Verbote treffen hauptsächlich die Freizeitvergnügungen der Unterschichten, Milieus und Altersgruppen, die von der bürgerlichen Bildungspädagogik zu ökologischem Verhalten und freiwilligem Verzicht nicht gebracht werden konnten. Der Klassencharakter der Verbotsliste fällt ins Auge. Alle indizierten Freizeitspäße entsprechen aufs Haar den Klischees proletarischer oder subproletarischer Lebensführung: Suff und Qualm, Hunde und Autos, Schießen und gewalthaltige Videospiele.

ALLTAGSAMOK – AMOKALLTAG: WELCHES KIND HÄTTE NICHT GRUND ZU WEINEN?

Vor ein paar Tagen sah ich im Park zwei blondierte Frauen auf einer Bank sitzen und rauchen. Auf der Bank daneben saß ein kleines, vielleicht fünfjähriges Mädchen. Als ich vorüberging, sagte eine der beiden Frauen – wahrscheinlich die Mutter des Mädchens – in seine Richtung: »Wenn du so weitermachst, kannst du heute Abend was erleben.« Das Mädchen, das sich offensichtlich keiner Schuld bewusst war, begann zu weinen und fragte unter Tränen in die es umgebende Leere hinein: »Was mach ich denn bloß falsch?«

Die Traurigkeit des Kindes ging auf mich über, und ich begab mich nachdenklich auf den Heimweg. Nietzsches Frage: »Welches Kind hätte nicht Grund, über seine Eltern zu weinen?« trifft offenbar auch auf heutige Kinder noch zu. Ihr Leben mag – zumindest in den privilegierten Regionen der Gesellschaft – weniger durch elterliche und vor allem väterliche Härte gekennzeichnet sein, aber dafür leiden sie unter neuartigen Entbehrungen, die man als eine zeitgemäße Form der Kindsaussetzung bezeichnen kann. Indifferenz und Kälte, Bindungslosigkeit und Einsamkeit, inkonsistentes und unberechenbares Verhalten der Eltern bestimmen ihren Alltag. Zu erkennen ist das an den traurigen oder bereits erloschenen, mitunter kalten Augen vieler Kinder, an ihren merkwürdig alt und starr, manchmal bereits gemein und böse wirkenden Gesichtern, ihrer frühen Fettleibigkeit, ihrem häufigen und scheinbar grundlosen Schreien und Toben. All das zeugt von ihrem schwer greifbaren Leiden und ihrer Verzweiflung. Wenn eines Tages ein solches Kind ausrastet und Rache nimmt für seine Einsamkeit und Demütigungen, fragt alle Welt: »Wie konnte das passieren?«

IV. Mädchen und Amok

»Ich will erst meine Mitschüler weinen sehen.« Der gescheiterte Amoklauf einer Schülerin in St. Augustin und andere Resonanzstraftaten

Die Kette der Amokdrohungen und Resonanzstraftaten nach Winnenden reißt nicht ab. Zu diesen Taten wird man wohl auch den Mord an einer Familie in Eislingen zählen müssen, der vermutlich von dem 18-jährigen Sohn der Familie und dessen 19-jährigem Freund begangen wurde. Der Tatort befindet sich nicht weit entfernt von Winnenden, und die Tat ereignete sich rund drei Wochen nach dem dortigen Amoklauf. Die beiden Täter gaben 30 Schüsse ab und töteten vier Menschen: die Eltern und zwei Schwestern von Andreas H. Der Vater war Heilpraktiker und betrieb eine gutgehende Praxis. Die Mutter war Lehrerin, die beiden Schwestern studierten an einer nahe gelegenen Pädagogischen Hochschule. Sein Freund und Schulkamerad Frederik gestand wenig später die Tat. »Wir waren das zusammen«, soll er ausgesagt haben. An den Händen der beiden wurden Schmauchspuren gefunden. Die Ermittler wissen inzwischen zwar, wie sich die Tat abgespielt haben muss, sie wissen aber nicht, warum. »Es gibt noch kein Motiv«, sagte ein Polizeisprecher.

Andreas H. war bei der DLRG aktiv und engagierte sich in der Kirchengemeinde. Erst vor wenigen Monaten hatte er dort in einem Diavortrag von einer Pilgerreise auf dem Jakobsweg berichtet. Beide tatverdächtigen jungen Männer waren Mitglieder in der Schützengilde Eislingen, wo sie nicht nur das Schießen gelernt, sondern sich wohl auch die Waffen für die Tat besorgt haben. Diese Tat erinnert an ein anderes Verbrechen, das einige Zeit zurückliegt und ebenfalls etwas Amokartiges aufweist. Im Januar 2007 haben zwei 17-jährige Gymnasiasten im mecklenburgischen Ort Tessin –

scheinbar ebenso motivlos – ein Ehepaar umgebracht. Sabine Rückert hat in einem Beitrag für das ZEIT-Magazin vom 21. Juni 2007 darauf hingewiesen, dass die beiden sich durch das gemeinsame Betrachten des Films *Final Fantasy VII* in Stimmung gebracht hatten, bevor sie auszogen, der Familie E. das Fürchten zu lehren. Felix, einer der beiden Täter, hatte sich in der Zeit vor der Tat frustriert aus einer für ihn kränkenden Wirklichkeit zurückgezogen und war in die virtuelle Welt der Computerspiele, Horrorfilme und Heldensagen ausgewichen. Eine besondere Vorliebe bestand für die Horror-Ego-Shooter *Doom* (Das Verderben) und *Prey* (Die Beute).

Die Ermittler, die zunächst einen Zusammenhang zur Amoktat von Winnenden ausschlossen, werden bei ihrer mühsamen Suche nach dem motivationalen Hintergrund der Morde von Eislingen sich sicher noch die Frage vorlegen müssen, ob nicht der mediale Nachhall der Schüsse von Winnenden den malignen Narzissmus der beiden Freunde stimuliert und ihre latente Mordbereitschaft aktiviert haben könnte. Auf der Internetplattform *kwick.de* hatte Tim K. geschrieben: »Also ich meine nur man wird noch berühmt und bleibt anderen Menschen im Gedächtnis.« Und so ist es ja dann auch gekommen. Was, wenn die Motive für solche scheinbar motivlosen Taten im Bereich dessen zu suchen wären, was man »medialen Narzissmus« nennt?

Nachdem erst letzte Woche Amokdrohungen im schleswig-holsteinischen Kaltenkirchen und im bayrischen Landsberg Großeinsätze der Polizei ausgelöst hatten, konnte am Montag, den 11. Mai, also exakt zwei Monate nach dem Amoklauf von Winnenden, nun die 16-jährige Gymnasiastin Tanja O. aus dem nordrhein-westfälischen St. Augustin gerade noch daran gehindert werden, ihre Schule anzuzünden und Brandsätze in Klassenzimmer zu werfen. Eine 17-jährige Mitschülerin hatte sie auf der Schultoilette offenbar während der Vorbereitungen entdeckt. Die Maskierung und das Anlegen des Kampfanzugs markiert den Augenblick der Verwandlung, durch sie wird der Täter ein anderer. Die Metamorphose betrifft die ganze Person, ihren Körper, ihre Sinne, ihre Moral. Hemmungen verflüchtigen sich, ab jetzt hat sich der Schüler/die

Schülerin in eine Kampfmaschine, eine Ninja-Kämpferin verwandelt. Es kam zu einer Auseinandersetzung zwischen den beiden Schülerinnen. Die potenzielle Amokläuferin zückte ihr mitgeführtes Samuraischwert. Die Klinge zielte auf den Bauch des anderen Mädchens. Im letzten Moment konnte diese den Angriff mit den Händen abwehren, wobei ein Daumen abgetrennt wurde. Die Täterin floh daraufhin. In der Toilette fand man zehn Flaschen mit einer brennbaren Flüssigkeit, sogenannte Molotow-Cocktails, und eine Gaspistole. Aus Kreisen der Ermittler war zu hören, es bestehe der Verdacht, »dass da irgendetwas Größeres geplant war«.

Nach der 16-Jährigen wurde eine Großfahndung eingeleitet. Gegen 23 Uhr stellte sich das Mädchen auf dem Kölner Hauptbahnhof der Polizei. Über ihre Motive wird, wie immer nach solchen Taten, gerätselt. In ihrem Rucksack fand sich ein Brief, in dem sich die Zeilen finden: »Ich bin so voller Hass, der immer wächst, dass es kein Zurück gibt. … Ich will erst meine Mitschüler weinen sehen, dann scheide ich aus dem Leben.«

Das Mädchen war bereits in der Woche zuvor durch Äußerung von Amokdrohungen und Suizidgedanken aufgefallen. Statt unmittelbar zu reagieren, als Mitschülerinnen die Schulleitung auf ihre kritische Situation aufmerksam machten, verwies man das offenbar gefährdete Mädchen auf den Dienstweg und bestellte sie für Montag, den Tag der Tat, zu einer »Gefährdungsansprache« beim Schulpsychologen ein. Da bei Jugendlichen und psychisch labilen Menschen Tendenzen zur Selbst- und Fremddestruktivität, suizidale und homizidale Impulse bis hin zum erweiterten Suizid häufig wie zu einem Zopf verflochten sind, hätten aufmerksame und verantwortungsbewusste Mitarbeiter der Schule prompt reagieren sollen, einmal ganz abgesehen davon, dass allein das entsetzliche Behördenwort »Gefährdungsansprache« zum Auslöser eines Amoklaufs werden kann.

Das, was man »erweiterten Suizid« nennt, ist eine Option für Menschen, die für den einfachen Selbstmord entweder zu »feige«, zu wenig aggressiv oder zu »narzisstisch« sind. Der »Narzisst« genießt im Vorfeld der Tat seinen posthumen Ruhm, will seinen Abgang grandios in Szene setzen und in seinen eigenen Untergang tendenziell die ganze Welt mitreißen. Der »Feige« muss sich durch die Tötung anderer in eine Lage bringen, die ihm schließlich nichts anderes mehr übrig lässt, als endlich Hand an sich zu legen. Erst jetzt – hinter sich verbrannte Erde und Leichenberge, vor sich und um sich herum die Einsatzkommandos der Polizei, in sich wachsende Panik – schafft er es, sich den Gewehrlauf in den Mund zu stecken und abzudrücken. Es scheint also falsch zu sein, wenn der sogenannte gesunde Menschenverstand immer wieder behauptet, ein Amokläufer töte sich am Ende seines Wütens, weil ihm bewusst wird, was er getan hat und der deswegen empfundenen Schuld. Seine Morde sind nicht die Ursache für seinen Selbstmord. Es ist genau ungekehrt: Sein Selbstmord oder besser seine Selbstmordabsicht ist die Ursache für seine Morde.

Was die Motive der 16-Jährigen aus St. Augustin waren, müssen die weiteren Untersuchungen und die Gerichtsverhandlung zeigen. Man hat das Mädchen wegen fortbestehender Suizidgefahr in die Jugendpsychiatrie eingewiesen. Horribile dictu, aber wahrscheinlich trifft sie in der psychiatrischen Klinik auf mehr Verständnis und Einfühlungsvermögen als es ihr in der Schule zuteil wurde. Walter Kempowski, der auch einmal Lehrer gewesen ist, hat in einem Interview anlässlich des sogenannten Pisa-Schocks davon erzählt, welch bleibenden Eindruck es auf seine Frau gemacht habe, als sich ein einziges Mal während ihrer ganzen Schulzeit ein Lehrer für ein paar Minuten neben sie gesetzt und Interesse an ihr gezeigt habe. Auch ich erinnere es als einen Wendepunkt in meiner schulischen Entwicklung, als mir ein Deutschlehrer am Ende der Mittelstufe als Anerkennung für einen gelungenen Aufsatz ein Buch aus seinen privaten Beständen schenkte. Immer wieder fordern deswegen engagierte Lehrerinnen und Lehrer, man möge sie von den zeitlichen Rahmenbedingungen her instand setzen, ihre Schüler kennenlernen und sich intensiver um einzelne Schüler und Schülerinnen kümmern zu können.

Möglicherweise gelingt es in den folgenden Wochen und Monaten, abseits vom Alltags- und Schulstress hinter der geplanten Straftat einen Zugang zu finden zum aufgewühlten Gemüt des Mädchens und seinen Motiven. Die Zeitungen sprechen im Kontext von Be-

richten über Suizid oft von Depression, Jugendirresein, Lebensüberdruss, einer ausweglos erscheinenden Lage oder von unheilbarer Krankheit, als könnten wir uns mit diesen Begründungen
beruhigen. »Wichtig aber wäre es, zu wissen«, heißt es verstörend
bei Camus, »ob nicht am selben Tage ein Freund mit dem Verzweifelten in einem gleichgültigen Ton gesprochen hat: Das ist der
Schuldige.«

Im November 2009 sprach das Landgericht Bonn im Fall der Tanja
O. sein Urteil. Dem repressiven kriminalpolitischen Zeitgeist folgend, verwarf das Gericht die Unterbringung in der Psychiatrie,
erklärte Tanja O. trotz einer konstatierten »gestörten Persönlichkeitsentwicklung« für schuldfähig und überantwortete sie für fünf
Jahre dem Gefängnis. Da man natürlich um die Problematik von
Gefängnisstrafen für jugendliche Täter weiß, werden drastische
Strafen wie diese häufig mit dem Hinweis auf ihren generalpräventiven Effekt begründet. Potenzielle Täter sollen durch die harte
Bestrafung eines anderen von der Begehung ähnlicher Taten abgehalten werden. Dass der Gedanke an die Strafe abschreckend wirkt,
gilt in der Kriminologie seit langem als widerlegt. Je gravierender
die Straftat, desto mehr wirken affektive und dynamische Faktoren, die den Gedanken an die Strafe gar nicht aufkommen oder
verblassen lassen. Im Fall Tanja O. muss die generalpräventive
Funktion der Bestrafung besonders bezweifelt werden, weil Amoktäter gar nicht mit ihrem Weiterleben rechnen und deswegen eine
mögliche Bestrafung gar nicht in ihre Tatplanung einbeziehen.

Während Tanja O. zur Tat schreitet, brütet im fränkischen Ansbach der 18-jährige Gymnasiast Georg R. über seinen Racheplänen,
die sich seit einiger Zeit in ihm eingenistet haben. Da er keinen Zugang zu Schusswaffen hat, ist er unschlüssig, wie er seinen Rachefeldzug, dem er den von malignen Größenphantasien zeugenden
Codenamen »Apokalypse« gibt, in Szene setzen kann. Da führt
ihm Tanja O. vor Augen, dass man auch mit Molotow-Cocktails
und Messern Amok laufen und Angst und Schrecken verbreiten
kann. Am 11. September verfasst Georg R. ein Testament, wartet
auf das Ende der Schulferien und schreitet am 17. September 2009
zur Tat. Er wirft im dritten Stock des Gymnasiums Carolinum

einen Brandsatz in einen Klassenraum und schlägt mit einer Axt auf die fliehenden Schüler ein. Der Täter wird von der schon nach wenigen Minuten eingreifenden Polizei angeschossen und außer Gefecht gesetzt. Er ist nicht polizeibekannt und wird als stiller und unauffälliger Einzelgänger geschildert. Aus seinen konfiszierten Aufzeichnungen geht hervor, dass er die Schule als einen Ort massiver Kränkungen und Ausgrenzung wahrgenommen hat und von Versagensängsten und Suizidgedanken geplagt wurde. Er überlebt ebenso wie zwei seiner zunächst in Lebensgefahr schwebenden Opfer. Einiges deutet darauf hin, dass es zentraler Bestandteil der Tatplanung war, selbst getötet zu werden. Ein Mensch schickt sich an zu töten, damit er selbst getötet wird. Es gibt eine wachsende Zahl von Menschen, die es aus irgendwelchen Gründen nicht hinbekommen, sich zu suizidieren, und die das der Polizei überlassen wollen. Wie uns die Eingangsgeschichte gezeigt hat, sind diese Fälle von Amok oft nicht klar zu scheiden. Wir werden uns gleich mit einem Fall von »Suicide by policy« noch einmal näher befassen.

»I don't like mondays«

Mädchen und Amok – das scheint nicht zusammenzupassen und gab es in der dokumentierten Geschichte der Amokläufe bislang nur höchst selten. Eine Studie des Landeskriminalamts Nordrhein-Westfalen über Schulschießereien aus dem Jahr 2007 weist darauf hin, dass bei den wenigen bekannt gewordenen Fällen die Täterinnen den direkten Kontakt mit den Opfern zu vermeiden suchten, vor allem durch Distanzschüsse aus einem Versteck heraus. Als Beispiel wird auf die Tat der 16-jährigen Brenda Spencer aus San Diego verwiesen, die 1979 von ihrem Schlafzimmerfenster aus mit einem halbautomatischen Gewehr auf Schüler und Lehrer einer Grundschule schoss und dabei zwei Menschen tötete und zehn weitere verletzte. Zur Begründung gab sie später an: »I don't like mondays«, ein Satz, der die Gruppe *Boomtown Rats* zu dem gleichnamigen Lied inspirierte.

In St. Augustin ist dem Mädchen nicht nur eine Mitschülerin in die Quere gekommen, sondern es scheint ihm glücklicherweise auch an Entschlossenheit und Konsequenz gefehlt zu haben. Mädchen verfügen letztlich doch noch über verinnerlichte Hemmungen, die ihnen in den Arm fallen, die Tatausführung verhindern oder sie relativ glimpflich ausgehen lassen. Während Jungen in geschlechtsspezifischer Sozialisation ermuntert werden, ihre Aggressionen zu veräußerlichen und sich körperlich zur Wehr zu setzen, lernen Mädchen nach wie vor, ihre Wut und Aggressionen eher nicht nach außen, sondern gegen sich selbst zu kehren. Sie reagieren in kritischen Situationen mit Depressionen, ritzen und verbrennen sich und laufen in Gestalt von Magersucht und Bulimie Amok gegen den eigenen Körper und das eigene Selbst. Amokläufe von Mädchen sind Neuland und versprechen infolgedessen eine enorme mediale Resonanz und einen riesigen narzisstischen Gewinn. Allerdings gehört zum Amok auch die anschließende Selbsttötung, die fester Bestandteil der Tatplanung oder – wie wir gesehen haben – deren verborgener Sinn zu sein scheint. Bei den vollendeten Suiziden liegen die Frauen immer noch deutlich hinter den Männern, was dafür spricht, dass auch der erweiterte Suizid vorläufig eine männliche Domäne bleibt. Nicht nur die Suizidraten von Männern und Frauen nähern sich in den letzten Jahren stetig an, die Mädchen und jungen Frauen dringen auch in kriminelle Männerdomänen vor und begehen vermehrt Körperverletzungen und Raubdelikte. Gerade melden die Zeitungen, dass das Landgericht Münster eine Clique junger Frauen zwischen 15 und 20 Jahren wegen versuchten Mordes verurteilt hat. Sie hatten unter anderem »aus Langeweile« zwei Einkaufswagen aus dem achten Stock in Richtung eines Passanten geworfen. (*Süddeutsche Zeitung* vom 15. Mai 2009) Auch von ersten weiblichen Gangs in Großstädten und ihren Taten wird berichtet. Wir werden später noch auf einen Zwischenfall in der Frankfurter U-Bahn zu sprechen kommen. Man muss also kein Hellseher sein, um vorherzusagen, dass es im Zuge der allgemeinen Einebnung der Differenzen zwischen den Geschlechtern zukünftig auch zu weiblichen Amokläufen und anderen Schreckenstaten kommen wird.

Rico oder: Ein Selbstmordversuch mittels Polizei

Das Ende der DDR hat die Pläne von Rico durchkreuzt und seinem Lebensentwurf die Grundlagen entzogen. Er war damals 18 Jahre alt und wollte Soldat werden. Zehn Tage vor seinem Antritt zum Militärdienst wurde die *Nationale Volksarmee* aufgelöst, und seine Lebensplanung zerplatzte wie eine Seifenblase. Gäbe es die DDR noch, wäre er heute womöglich NVA-Offizier, er wäre verheiratet, hätte drei Kinder und einen Trabant. So aber verlor er nach der Wende die Orientierung und geriet ins Schlingern. Zur Bilanz der deutschen Einheit, die im Herbst 2009 allenthalben gezogen wird, gehört auch das Unglück, das über Menschen kommen kann, wenn ihre Lebensläufe von gegenläufigen geschichtlichen Tendenzen unglücklich geschnitten oder gar gebrochen werden und sie gezwungen sind, sozio- und psychostrukturell in der Fremde zu leben.

Noch in der DDR hatte Rico nach der polytechnischen Oberschule eine Ausbildung zum Elektroniker absolviert, die nun nicht mehr viel wert war. Er rettete sich auf die Abendschule und hatte vor, das Abitur nachzumachen. Aber so einfach ins Leere hinein zu lernen, war »nicht sein Ding«. 1991 bewarb er sich bei der Polizei, wurde auf der Polizeischule aufgenommen und brachte es bis zum Polizeimeister. 1995 wurde er kurz vor der endgültigen Übernahme ins Beamtenverhältnis wegen »charakterlicher Mängel«, wie es hieß, aus dem Polizeidienst entlassen. Die »charakterlichen Mängel«, sagt Rico, habe man aus dem Umstand abgeleitet, dass er ab und zu Drogen konsumiert, sich in besetzten Häusern aufgehalten und Sympathien für diese jungen Leute entwickelt habe, die sich anschickten, ihr Leben autonom zu gestalten. Er erschien als Sicherheitsrisiko und kam für den Polizeidienst nicht länger in Frage. Was nun? Eine Weile versuchte er sich im Gebrauchtwagenhandel, aber auch das war nichts für ihn. Er zog zu seiner Mutter in die alten Bundesländer. Sie lebte dort mit ihrem neuen Mann und nahm ihn auf. Er absolvierte eine Ausbildung zum Groß- und Außenhandelskaufmann und erhielt eine Anstellung in einem Motorradhandel. Aber das Pech blieb ihm treu. Das Geschäft musste Insolvenz anmelden, und Rico stand wieder auf der Straße. Er bezog Geld vom Arbeitsamt und begann zu trinken. Er hatte einfach nicht das richtige Sozialisationsfundament für ein Leben unter Marktbedingungen. Seine Sehnsucht nach klaren Verhältnissen und Halt gebenden Strukturen brachten ihn auf die Idee, sich bei der Fremdenlegion zu bewerben. Aber er scheiterte an den strengen Aufnahmeprozeduren. Er zog in ein Mehrfamilienhaus im Taunus und lebte so in den Tag hinein. Er glitt immer mehr ab ins Ungebundene und Leere. Er trank mehr und härtere Sachen. Alkohol erschien ihm als der kürzeste Weg aus seiner desolaten Situation. Ab und zu unterzog er sich einer Entgiftung und einer anschließenden Therapie. Rückfälle folgten den Therapien auf dem Fuß, Entgiftungen nahmen für ihn im Laufe der Zeit den Status von *Trinkpausen* an. Einmal hatte bei einer Aufnahme ins psychiatrische Krankenhaus die Blutalkoholkonzentration bei 4,8 Promille gelegen. Wohl an die 15- bis 20-mal unterzog er sich dieser etwa drei Wochen währenden Prozedur, ohne es zu schaffen, seinen Absturz aufzuhalten. Drei Flaschen Wodka trank er schließlich pro Tag, dazu noch jede Menge Wein. Längst trank er nicht mehr, sondern *wurde getrunken*. Er war nicht mehr Herr der Lage, er hatte kapituliert.

Im Oktober 2006 spitzte sich die Lage krisenhaft zu. Alles erschien ihm sinnlos, er wollte jetzt nur noch, dass endlich Schluss ist und sein verkorkstes Leben endet. Da es ihm nicht gelingt, den Gang der Katastrophe aufzuhalten, will er sie nun beschleunigen. Seine Gedanken kreisen unentwegt um das Thema Sterben, er weiß aber nicht, wie er das bewerkstelligen soll. Freunde, an die er sich in seiner Not wenden kann, hat er im Westen nicht gefunden.

Er sitzt vor einer Apotheke auf einer Bank und trinkt. Er bemerkt, dass bei der Apotheke etwas angeliefert wird und man vergessen hat, die Tür zum Lager zu schließen. Möglicherweise würde er dort auf etwas stoßen, dass ihm einen pharmakologischen Abgang aus dem Leben ermöglicht. Als er in den Lagerraum eindringt, steht plötzlich eine Apothekenhelferin vor ihm, die ihn hinauskomplimentiert und die Polizei verständigt. Die Kombination aus Alkohol und Tabletten scheint den Polizisten auf Suizidabsichten hinzudeuten, und man liefert ihn wegen Selbstgefährdung in der Psychiatrie ab. Am nächsten Tag lässt man ihn wieder gehen, und er steht stundenlang unschlüssig an einer ICE-Strecke. Schließlich trollt er sich unverrichteter Dinge, und er muss resigniert zur Kenntnis nehmen, dass es ihm an Entschlossenheit und Aggressivität fehlt, sich umzubringen.

Am Tag darauf fragt ihn eine alte Dame, die in der Wohnung unter ihm wohnt, ob sie ihm etwas vom Einkaufen mitbringen solle. Ein bisschen Obst könne nichts schaden, sagt er, und wenig später hängt Frau Schmidt ihm eine Tüte mit Obst an seine Wohnungstür. Als er gegen 18 Uhr das Obst gefunden hat, klingelt er bei ihr, um sich zu bedanken und sie um ein Küchenmesser zu bitten, mit dem er die Apfelsinen schälen kann. Sie schlurft in die Küche, um ein Messer zu holen. Als sie es übergibt, kommt ihm plötzlich der Gedanke, er könnte diese alte Dame als Geisel nehmen und sich von der Polizei erschießen lassen. Er drängt sie in die Wohnung, schließt die Eingangstür und erklärt Frau Schmidt sein Vorhaben. Er möchte nicht, dass die alte Dame sich über Gebühr ängstigt, was sie in den nächsten zwölf Stunden natürlich dennoch tut. Schließlich ist ihr seltsamer Nachbar sichtlich in einem seelischen Ausnahmezustand, er trinkt und fuchtelt mit einem Messer herum. Da soll man sich nicht ängstigen? Rico ruft bei der Polizei an, trägt dick auf und fordert eine horrende Summe als Lösegeld. Um den Ernst der Lage zu unterstreichen, verlangt er Verbandszeug, weil die alte Dame verletzt sei. Die Polizei richtet eine Telefonleitung für die Verhandlungen mit Rico ein, über die sie im Laufe der Nacht mehrfach miteinander in Kontakt treten und verhandeln. Irgendwann ordert er Wein und muss beim Reinholen der Flaschen darauf achten, dass die Polizei keine Zugriffsmöglichkeit bekommt.

Er versucht, sich mit der alten Dame zu unterhalten, erklärt ihr seine Lage. Irgendwann in der Nacht essen sie gemeinsam eine Kleinigkeit. Die Polizei verlangt, mit der Geisel sprechen zu können. Er beschwört sie, ihre Lage als dramatisch und ernst zu schildern. Unter Aufbietung all ihrer schauspielerischen Fähigkeiten gelingt ihr das. Sie weint am Telefon und schildert Verletzungen, Fesseln und Knebelung, die es in Wahrheit nicht gibt. Gegen Morgen verlangt er nach Tabak und Blättchen, die man auf das Fensterbrett legen soll. Nun endlich wird sich eine Situation ergeben, in der die Scharfschützen in Aktion treten und ihm den gewünschten finalen Rettungsschuss verpassen können, denkt er. Er zieht den Rollladen hoch und tritt ans offene Fenster. Die Polizei aber hat im Laufe der Nacht den Braten gerochen und lässt sich nicht als Selbstmordhelfer missbrauchen. Ein sicherer Schütze schießt, und die Kugel zerschmettert ihm die rechte Schulter. Die Polizei stürmt die Wohnung. Man nimmt ihn fest und bringt ihn in ein Krankenhaus. Frau Schmidt besucht ihn dort ein paar Tage später, und er nutzt die Gelegenheit, sich bei ihr für all den Stress, den er ihr bereitet hat, zu entschuldigen.

Ein Jahr später wird er wegen Geiselnahme zu einer Freiheitsstrafe von vier Jahren verurteilt. Zurückgeblieben ist eine Nervenschädigung und Lähmung des rechten Armes. Seit drei Jahren hat er nun keinen Tropfen getrunken, und er hat im Maßregelvollzug und im Gefängnis zu einem strukturierten Tagesablauf zurückgefunden. Die festen äußeren Strukturen haben den psychischen Desintegrationsprozess gestoppt, und er hofft, den Kampf gegen den Alkohol und die Selbstauflösung endlich gewonnen zu haben. Er freut sich auf seine bevorstehende Entlassung aus der Haft und ein dann beginnendes neues Kapitel seines Lebens, das jetzt vielleicht wieder diesen Namen verdient. An der Wand seiner Zelle hat er Sätze von Per Olov Enquist aufgehängt, der selbst einen langen Kampf gegen das Versinken im Alkohol hinter sich hat: »Man hofft ja immer auf ein Wunder. Wenn man nicht hofft, ist man wohl kein Mensch. Und eine Art Mensch ist man wohl trotz allem.«

Der Tanz ums »goldene Kind« (II)

Letzten Sommer in Holland beobachtete ich am Strand ein junges Paar mit Kind. Das Kind, ein Mädchen von vielleicht drei oder vier Jahren, lief in die Brandung, jauchzte und kreischte, wenn das Wasser an seinen Beinen hochspritzte und machte kehrt. Auf dem Trockenen standen beide Eltern und empfingen es. Der Vater filmte die Kleine, die Mutter fotografierte sie gleichzeitig. Das Kind setzte sich für die Eltern in Szene, genoss seine narzisstische Zurschaustellung. Es wächst auf in einer Atmosphäre, die ihm signalisiert: »Die ganze Welt dreht sich um mich, alle sollen sich einfühlen in meine augenblicklichen Wünsche.« Was für eine Bestätigung der infantile Narzissmus erfährt, wenn Mutter und Vater sich herabbeugen, um das Kind zu filmen und zu fotografieren!

Hier haben wir – in einer Szene zusammengedrängt – das Drama des heutigen Kindes. Nachdem die desaströsen Folgen autoritärer Erziehung und der mit ihr verbundenen massiven Selbstwertvernichtung ins Bewusstsein getreten sind, herrscht nun in gewissen gesellschaftlichen Schichten die Tendenz vor, den Kindern möglichst jede Kränkung zu ersparen und ihrer Selbstwertentwicklung absolute Priorität einzuräumen. Kinder genießen die ungeteilte Aufmerksamkeit der Eltern, sind ihr Ein und Alles, der Mittelpunkt ihres Universums. Nun ist aber die Welt nach der frühen familiären Kindheit nicht so. Sie ist sperrig, sie hat eigene Regeln und eine eigene widerständige Objektivität, und eben daran drohen diese Kinder zu scheitern. Sie wurden nicht mit zumutbaren Versagungen konfrontiert, haben nicht gelernt, mit Einschränkungen und Frustrationen umzugehen und konnten kein realistisches Selbstbild hervorbringen. Frühkindliche Phantasien narzisstischer Allmacht und Grandiosität haben sich unmodifiziert durchgehalten und haben keine Einschränkungen erfahren. Nun brechen sie unter kleinsten Belastungen zusammen oder rasten aus. Werden Wünsche in einem bis dahin von Verwöhnung geprägten Klima plötzlich versagt, droht für diese Kinder, die Welt unterzugehen. Selbst kleinste Enttäuschungen werden als Signal für eine drohende Totalversagung und Selbstwertvernichtung gedeutet, gegen die Widerstand mit allen Mitteln geboten ist. Das noch einmal zur Erläuterung des auf den ersten Blick vielleicht etwas seltsam anmutenden Schlusssatzes von Dorothea Dieckmann aus Teil I: »Kinder, denen nichts zugemutet wurde und nichts zugemutet werden kann, sind eine Zumutung.«

Kontrollverlust und Verbrechen

Man kommt mit der Kommentierung der täglichen Horrormeldungen kaum nach. In Solingen wurde ein schwangeres 16-jähriges Mädchen drei Tage lang von einem 28-jährigen Mann festgehalten und mehrfach vergewaltigt. Der arbeitslose und nicht vorbestrafte Mann hatte sich des Mädchens auf dessen Schulweg bemächtigt, es in seine Wohnung verschleppt und dort gefangen gehalten. Die Opferwahl sei zufällig und blind erfolgt. Der Mann habe das Mädchen massiv bedroht und angedeutet, dass er aus ihm »auf Dauer seine Gespielin« machen wolle. Das Mädchen konnte schließlich entkommen, weil der Mann von Familienangehörigen zu einer Konfirmationsfeier abgeholt worden war und es allein und ungefesselt in der Wohnung zurückgelassen hatte. Erinnern wir uns: Jürgen Bartschs fünftes und letztes Opfer Peter Frese konnte seinem Mörder entkommen, weil dieser pünktlich zum Abendbrot zu Hause sein musste. Während Jürgen Bartsch nach dem Abendbrot mit den Eltern vor dem Fernseher saß, konnte Peter Frese sich in Karl-May-Manier von den Fesseln befreien, indem er sie über einer Kerze durchbrannte, und den Stollen verlassen. Täter, die noch in familiäre und freundschaftliche Bezüge eingebunden sind, müssen manchmal kriminelle Handlungsbogen unterbrechen. Der Bogen sperrt sich von seiner inneren Spannung her gegen jede ungewollte Unterbrechung, die aber manchmal in Kauf genommen werden muss, um Aufsehen zu vermeiden. Der Täter lässt den Handlungsbogen unvollendet und offen und will ihn später zu Ende führen. Diese Lücke eröffnet den Opfern manchmal Chancen, ihren Peinigern zu entkommen.

*

Das Tatmuster, bei dem ein entführtes weibliches Opfer über längere Zeit gefangen gehalten und missbraucht wird, ist uns in den letzten Jahren wiederholt begegnet. In Erinnerung geblieben ist besonders der Fall des Mario M. aus Dresden, der im Januar 2006 die 13-jährige Stephanie auf ihrem Schulweg entführt und anschließend 36 Tage lang in seiner Wohnung gefangen gehalten und regelmäßig missbraucht hat. Während er sich noch in Untersuchungshaft befand, hatte er das Dach der Justizvollzugsanstalt bestiegen und die Sicherheitskräfte stundenlang beschäftigt. Viele werden die Bilder noch vor Augen haben: Da steht ein Mann selbstsicher und breitbeinig am Abgrund, lächelt und sonnt sich im Licht der Kameras, die dafür sorgen, dass die Bilder seines Triumphes um die Welt gehen. Er genießt es offensichtlich, die Szene zu beherrschen und zumindest vorübergehend die Kontrolle über das Geschehen zurückgewonnen zu haben. Kontrolle auszuüben, das hat der im Gerichtsverfahren eingesetzte Gutachter Kroeber aus Berlin auch als treibendes Tatmotiv des Mario M. ausgemacht. Regelrecht besessen sei dieser von der Vorstellung gewesen, ein Mädchen ganz für sich alleine zu haben, eines, das ihm widerstands- und bedingungslos ergeben wäre und das er nach seinen Vorstellungen formen könne. Gescheitert ist sein Projekt, weil Stephanie auf gemeinsamen nächtlichen Spaziergängen, auf die Mario M. Wert legte, weil er die Normalität eines Paares simulieren wollte, Zettelchen fallen ließ, auf denen sie um Hilfe rief.

In diesem Tatmotiv scheint neben einer individuellen Psychopathologie etwas Zeittypisches, gewissermaßen Soziologisches enthalten zu sein. Immer mehr Menschen verlieren im Zuge der mit der Globalisierung verbundenen sozialen Desintegration die Kontrolle über die eigenen Lebensbedingungen. Ihnen schwimmen buchstäblich die Felle davon, und sie erleben sich als Spielball anonymer Tendenzen, die sich hinter ihrem Rücken und über ihre Köpfe hinweg

durchsetzen. Der Kontrollverlust lässt Bedrohtheits- und Ohnmachtsgefühle grassieren und treibt kompensatorisch den Wunsch
hervor, wenigstens auf irgendeinem Lebensgelände ein Stück Kontrolle zurückzugewinnen. Kriminalität insgesamt stellt ein Feld zur
Verfügung, eigene Traumata, Konflikte und Frustrationen chiff-
riert zu thematisieren und auszuagieren. Innerhalb des Feldes krimineller Möglichkeiten eignet sich die Sexualdelinquenz in besonderer Weise dazu, Wunden und Niederlagen in Siege, Ängste in
Triumph und Lust zu verwandeln. Für einen alle Lebensgelände
durchziehenden Kontrollverlust hält der Straftäter sich schadlos
durch die vollkommene Kontrolle über ein wehrloses Opfer.

ALLTAGSAMOK – AMOKALLTAG:
DER KICK MIT DEM STEIN

*Die Fußgängerzone der Stadt, in der ich lebe, ist gegenwärtig eine ein-
zige Baustelle und gibt den Blick in die Eingeweide der Stadt frei. Viele
lose Steine und Steinchen liegen auf den schmalen, von Absperrungen
gesäumten Gehschneisen herum und zwingen ältere Leute, vorsichtig zu
gehen. Heute beobachtete ich zwei Schuljungen von vielleicht 15 Jahren, die plötzlich begannen, die Steine vor sich herzukicken. Immer
übermütiger wurden sie dabei, und irgendwann prallte ein kleiner Stein
von einem der Absperrgitter gegen die Hand eines älteren Herrn. Der
schaute sich irritiert um, konnte aber den Auslöser der Attacke nicht aus-
findig machen und ging kopfschüttelnd weiter. Die Jungen schauten
weg und taten so, als hätten sie mit der Sache nichts zu tun.*
*An der nächsten Fußgängerampel kam ich zufällig neben den beiden zu
stehen. Irgendwann sah der, der den fraglichen Stein getreten hatte, in
meine Richtung, und ich sagte: »Das war keine Heldentat eben.« »Was
meinen Sie?«, fragte der Junge zurück. »Na, die Sache mit dem Stein
und dem älteren Herren.« »Ach so, das meinen Sie. Das habe ich nicht
gewollt.« »Und warum hast du nicht die Verantwortung übernommen
und dich bei dem Mann entschuldigt?«, fragte ich weiter. Zu meiner
Überraschung sagte der Junge: »Stimmt, das hätte ich tun sollen. Auf
den Gedanken bin ich gar nicht gekommen.«*

Das Wissen um moralische Regeln und ihre alltagspraktische Befolgung sind offenbar zwei verschiedene Dinge. Schon Aristoteles wusste, dass deren Verknüpfung durch Gewöhnung und Nachahmung zustande kommt. Selbst die Jugendlichen, die unter heutigen Bedingungen moralische Regeln noch verinnerlicht haben, lernen nicht mehr, davon praktischen Gebrauch zu machen, weil es ihnen niemand vorlebt und beibringt. Computerspiele fördern diesen Prozess sicher nicht. Die Unterstützung der Herausbildung einer moralischen Haltung ist Aufgabe der Erwachsenen und der Pädagogen, und zwar nicht nur im Ethikunterricht. Unser Gespräch an der Ampel ist vielleicht ein kleines Beispiel dafür, wie Erziehung als Gemeinschaftsaufgabe aussehen könnte, der wir Erwachsenen uns aus Angst oder Bequemlichkeit allzu oft entziehen.

V. Körper, Ehre, Respekt:
männliche Selbstwertprothesen

Eine Frage der »Ehre«:
die Münchner U- und S-Bahn-Attacken

Diese Angst ist allerdings nicht ganz unberechtigt, und es ist Vorsicht geboten, wenn man sich als Außenstehender einmischt. So etwas kann auch schiefgehen und für den Erwachsenen schreckliche Folgen haben. Erinnern wir uns an die durch ihre Sichtbarkeit und politische Indienstnahme berühmt gewordene Münchner U-Bahn-Attacke aus dem Dezember 2007. Damals hatte ein 76-jähriger pensionierter Schuldirektor zwei junge Männer darauf hingewiesen, dass in der U-Bahn Rauchverbot herrscht, und dafür beinahe mit seinem Leben bezahlt. Die jungen Männer folgten ihm, als er ausstieg, holten ihn ein, brachten ihn zu Fall und schlugen und traten auf ihn ein. Dann rannten sie weg und ließen den Mann schwer verletzt liegen. Die beiden jungen Männer wiesen das auf, was man heute politisch korrekt und angeblich vorurteilshemmend einen »Migrationshintergrund« nennt. Die Eltern des einen stammten aus der Türkei, der andere wuchs bis zum elften Lebensjahr in Griechenland auf. Beide waren bereits einschlägig vorbestraft und hatten am Tatabend wohl auch Drogen und Bier konsumiert. Die in der Verhandlung zur Frage der Schuldfähigkeit konsultierten Gutachter wiesen auf die teilweise problematischen Familienverhältnisse und massiven Gewalterfahrungen hin, die beide Täter in ihren Elternhäusern machen mussten. Aber all das scheint nicht das Hauptproblem gewesen zu sein. Offenbar existieren für Jugendliche, die Serkan und Spyridon heißen und deren Assimilation an die hiesige Kultur misslungen ist, Ehrbegriffe, die ihnen nahelegen, ja sie beinahe nötigen, eine solche Ermahnung durch einen alten Mann, noch dazu einen deutschen, nicht auf sich beruhen zu lassen. Der Mann sei selbst schuld, schließlich habe er sie »angemacht«, ließen die beiden in der Vernehmung verlauten. Erst später teilten sie über ihren Anwalt und wohl eher aus taktischen Erwägungen ihr Bedauern mit. Offenbar erleben diese jungen Männer eine solch harmlose Intervention und die Aufforderung, das Rauchen einzustellen, als eine derartige Infragestellung ihrer männlichen Ehre und als massiven Angriff auf ihr Selbstwertgefühl, dass sie mit blindwütiger Zerstörung reagieren und für deren Rehabilitation beinahe über Leichen gehen.

Ganz ähnlich gelagert ist der Fall, der sich im September 2009 ebenfalls in München ereignete. Der 50-jährige Dominik Brunner springt in der S-Bahn Teenagern bei, von denen drei junge Männer gewaltsam Geld erpressen wollen. Der Mann versucht zu schlichten und bietet den Jugendlichen an, mit ihm gemeinsam auszusteigen und in seinem Schutz auf die Polizei zu warten, die er über sein Handy bereits verständigt hat. Als Brunner und die Jugendlichen aussteigen, folgen ihnen zwei der jungen Männer. Auf dem Bahnsteig greifen sie den Mann an und schlagen und treten mit ungeheurer Brutalität auf ihn ein. Wenig später erliegt Dominik Brunner den 22 schweren Verletzungen, die die 17 und 18 Jahre alten jungen Männer ihm zugefügt haben. Sebastian L. und Markus Sch. werden noch am Tatort von der Polizei festgenommen. Sie entstammen schwierigen, gewaltgesättigten, deutschen Familienverhältnissen und sind bereits verschiedentlich strafrechtlich in Erscheinung getreten.

Fälle wie diese zeigen auf tragische Weise, dass wir als »normale Bürger«, die das staatliche Gewaltmonopol verinnerlicht und von früh auf gelernt haben, der körperlichen Gewalt zu entsagen, dem Einbruch der manifesten Gewalt in unser Alltagsleben relativ hilflos gegenüberstehen. Menschen mit einem halbwegs intakten Selbstwertgefühl und normal funktionierenden Mechanismen der Kränkungsverarbeitung haben keine Vorstellung davon, wie solche Jugendliche »ticken«. Sie haben vor allem keine Ahnung vom Ausmaß ihrer Kränkbarkeit und von der archaischen Aggression, die entsperrt wird, wenn ihre stets prekäre Selbstwertregulation unter dem Einfluss von Kränkungen oder drohendem »Gesichtsverlust« zusammenzubrechen droht. Dominik Brunner erkannten die jungen Männer schon an Kleidung, Sprache und Habitus als »nicht Unsereiner«, als einen, der »etwas Besseres« ist, und von »so einem« öffentlich in die Schranken gewiesen zu werden, stellt einen extremen »Gesichtsverlust« dar. Was auf dem Bahnsteig in Solln abläuft, steht unter dem Motto: »Die S-Bahn ist unser Territorium, da soll sich der Schlipsträger gefälligst raushalten. In seinem Büro kann er die Leute rumkommandieren, hier gelten die Straßenregeln und nicht sein bürgerliches Gesetzbuch.« Jetzt klein beizugeben, spricht sich rum in der Gegenwelt der Straße und ist extrem schlecht für den »Respekt«, den man nur wirklich »krassen Typen« entgegenbringt. »Besorgt es denen richtig«, hatte Christoph T., der anfangs der Dritte im Bunde war, sie beim Aussteigen deswegen noch nachdrücklich aufgefordert. Sprachlich und argumentativ fühlten sie sich Dominik Brunner unterlegen, da haben Menschen wie er ein Heimspiel. Auch wenn die Täter – wie in diesem Fall – aus deutschen Familien stammen, ist ihr Wortschatz sehr begrenzt. Er besteht aus rund 200 Worten, und die Hälfte davon sind Flüche. Sprache und Symbolisierungsfähigkeit können Kinder nur dann erlernen, wenn die Eltern in der Lage sind, die Worte emotional aufzuladen und sie als Medium der Verständigung zu gebrauchen. All das wird bei diesen jungen Männern nicht der Fall gewesen sein. Also werden sie es diesem Mann in ihrer Sprache heimzahlen. Ihre Sprache ist eine Handlungs- und Körpersprache, die gar keine Sprache ist, sondern die Nicht-Sprache der Gewalt, mittels derer sich allzu komplexe Situationen vereinfachen lassen und Sprachlose sich zu Herren der Lage aufschwingen können. Wir werden gleich unter dem Stichwort »Vom Riskantwerden der Blickverhältnisse« auf dieses Thema ausführlicher zurückkommen.

Das Schlimmste und vielleicht Folgenreichste an diesem Fall scheint zu sein, dass ein Mann seinen Mut, einzuschreiten und in Bedrängnis geratenen Schwächeren beizuspringen, mit dem Leben bezahlte. »Die Täter«, schrieb Heribert Prantl in der *Süddeutschen Zeitung,* »haben dort den bürgerlichen Mut erschlagen. Das kann böse Folgen haben, weit über die böse Tat hinaus.«

*

Als wollten die Mädchen demonstrieren, dass sie den Jungens das Monopol auf die körperliche Gewalt nicht länger überlassen wollen, schlagen am 7. Oktober 2009 drei junge Frauen zwischen 17 und 19 Jahren in der Frankfurter U-Bahn einen 51-jährigen Mann zusammen, stoßen ihn an einer Haltestelle aus dem Zug und treten dem am Boden Liegenden brutal gegen Kopf und Oberkörper. Der Mann hatte einem anderen Fahrgast beispringen wollen, der eine handgreifliche Auseinandersetzung zwischen den jungen Frauen schlichten wollte.

In Frankfurt wie in Solln ereigneten sich die Taten unter den Augen zahlreicher Zuschauer, die nicht eingriffen. Das, was die Wissenschaft unter dem Stichwort »Non-helping-bystander-Syndrom« diskutiert, liefert uns einen Hinweis darauf, dass die soziale und handlungsleitende Funktion von Moral im Schwinden begriffen ist. Das Wissen darüber, dass das, was da vor ihren Augen geschieht, Unrecht ist und man dem Bedrängten beispringen müsste, ist bei vielen Menschen durchaus vorhanden, aber es taugt nicht für die Praxis. Der in den Zuschauern ablaufende innere Disput ist zu lang: »Soll ich, kann ich helfen? Was steht für mich auf dem Spiel, was könnte ich am Ende falsch machen? Was hat mein Handeln für Folgen? Werde ich vor Gericht aussagen müssen? Wie wehrt man einen körperlichen Angriff ab? Bin ich in Sachen körperlicher Gewalt nicht gänzlich ungeübt? Überhaupt: Was geht mich das an?« Die Passivität der anderen bestärkt die eigene Unschlüssigkeit, so dass am Ende das Verhängnis seinen Lauf nimmt. Man delegiert die Zuständigkeit an die für körperliche Gewalt zuständigen Institutionen und Experten und verhält sich wie vor dem Fernseher. Manche Zeugen geben hinterher zu Protokoll, sie seien davon ausgegangen, Dreharbeiten zu einem Film beizuwohnen. Wir werden später noch sehen, dass die im Zuge der Demontage des Sozialstaates sich ausbreitende Atmosphäre der Gegenmenschlichkeit dazu beiträgt, die in unserer Gesellschaft ohnehin nicht stark entwickelten Fähigkeiten zu Mitleid und Solidarität weiter zu schwächen.

*

Noch ein letztes Beispiel aus meinem Arbeitsfeld. Zwei türkischstämmige junge Deutsche gehen, da sie arbeitslos sind, tagsüber an einem See angeln. Während sie darauf warten, dass etwas anbeißt, trinken sie Dosenbier und konsumieren die eine oder andere Droge. Angeln ist für sie, die einen leichten Hang zur Hyperaktivität aufweisen, eigentlich nicht ganz das Richtige, und so langweilen sie sich und sind schon einigermaßen gereizt, als sie von einem Mann zur Rede gestellt und nach ihrer Angelberechtigung gefragt werden. Die anfänglich harmlose Auseinandersetzung um die Angelerlaubnis entwickelt sich auch hier schnell zu einer Frage der »Ehre«. Der Alkohol- und Drogenkonsum hat zusätzlich Hemmungen von ihnen genommen, und die beiden jungen Männer stacheln sich gegenseitig an und auf: Was geht es diesen Mann an, ob sie hier angeln? Von ihm werden sie sich gar nichts sagen lassen! Sie beginnen, den Mann herumzuschubsen, beschimpfen, schlagen und treten ihn, stoßen ihn ins Wasser und tauchen seinen Kopf unter Wasser. Schließlich schlagen sie ihn mit einem am Seeufer herumliegenden Baumstamm halb tot. Das Opfer überlebt aus purem Glück und weil ihm schnell ärztliche Hilfe zuteil wird. Juristisch wurde das Tatgeschehen als versuchter Totschlag in Tateinheit mit gefährlicher Körperverletzung gewertet und zog eine Verurteilung zu einer Jugendstrafe von jeweils sieben Jahren nach sich.
Die Beispiele ließen sich beliebig vermehren. An der Grenze der Kulturen und Mentalitäten scheint das Gelände vermint und voller Fallstricke zu sein. Die Nerven liegen blank, und die Chance, missverstanden zu werden und dadurch eine ungeahnte Eskalation der Gewalt heraufzubeschwören, ist groß.
Die Maßstäbe von »Männlichkeit« und »männlicher Ehre« sind längst nicht mehr das Monopol ausländischer Jugendlicher, sondern haben sich auf Schulhöfen und auf der Straße verallgemeinert. Ein Problem scheint darin zu bestehen, dass die deutschen Jungs den Mannbarkeitsritualen und traditionellen Rollenvorstellungen ihrer ausländischen Altersgenossen und Mitschüler nichts entgegenzusetzen haben. Unsere Kultur gibt ihnen nichts an die Hand, vermittelt ihnen keine Vorstellung von so etwas wie »Ehre und Stolz«, die sie den reichlich machohaften und archaischen Vorstel-

lungen ihrer ausländischen Mitschüler entgegensetzen könnten. Diese Begriffe sind wegen ihrer Verflechtung in üble militärisch-politische Traditionen und ihrer nationalstaatlichen und ethnischen Einfärbung nach 1945 zu Recht in Misskredit geraten und in der Folge peu á peu aus unserer Kultur verschwunden. Der Begriff »Ehre« hat sein soziales und kulturelles Profil und damit auch seine Geltung als zentraler normativer Wert eingebüßt. »Ehre« ist letztlich ein Begriff aus der feudalen Welt, der den Erfordernissen einer Hierarchie entspricht, die auf persönlichen Herrschafts- und Abhängigkeitsbeziehungen beruht. Ehre und Reputation des Bürgers hängen von der Höhe seines Bankkontos und seiner Kreditwürdigkeit ab. Da Bürger sich seit Langem schon nicht mehr wegen einer »Ehrabschneidung« duellieren, herrscht in unserer Kultur im »thymotischen Feld«, wie Sloterdijk sagen würde, ein Vakuum, in das nun das unsägliche Gerede von »Respekt« und »Ehre« eindringt. Die Väter und Mütter dieser Kinder und Jugendlichen stammen aus beinahe noch feudalen »Ehre-und-Schande-Gesellschaften« des mediterranen und östlichen Raums, in denen ungeschriebene und tradierte Gesetze der Ehre und der Rache für Ehrverletzung weit über dem Gewaltmonopol des Staates und seinen Gesetzen rangieren. In der nächsten Generation verblassen diese Traditionen, sie reißen sich von ihrem kulturellen Kontext los und gehen ganz neue Amalgamierungen mit anderen Lebenswelten ein. Die kleinen muslimischen Jungen wissen gar nicht mehr genau, was »Ehre« ist. Für sie ist der Begriff eine leere Hülse, die sie mit diesem und jenem füllen. In missverständlichen Situationen schlagen sie lieber sofort zu, um sich nicht hinterher sagen lassen zu müssen, sie hätten auf eine »Ehrverletzung« nicht reagiert.

»Ey Opfer« ist unter Schülern heute ein gängiges Schimpfwort und ein probates Mittel der Beleidigung. Als »schwul« wird alles bezeichnet, was missfällt, »schwule Sau« und »Schwuchtel« sind die beliebtesten Schimpfworte unter Schülern. All diesen Benennungen ist gemeinsam, dass sie den Schwachen gerade wegen seiner Schwäche verhöhnen. Wer einmal »Opfer« geworden ist, verdient kein Mitleid und »Respekt« mehr, sondern qualifiziert sich lediglich dafür, immer wieder Opfer zu sein. Der neueste Schrei ist,

»Opfer« zu demütigen und dabei zu filmen und die Bilder oder Filme wie Trophäen herumzuzeigen oder ins Internet zu stellen. »Ey Opfer, was rennst du so? Hast du Schiss vor uns oder was?«, so beginnt eine gängige Anmache, die dann in Herumschubsen, Schläge und Quälereien übergeht, die manchmal an Folter grenzen.

Von Männerkörpern und männlicher »Ehre«

Am Wochenende unternahm ich bei wundervollem Frühlingswetter mit Klaas eine Radtour. Mit Klaas habe ich jahrelang Handball gespielt, und wir haben uns auch nach dem Ende unserer aktiven sportlichen Laufbahn nicht aus den Augen verloren. Seine Frau und er haben sich gerade getrennt, und er ist jetzt zumindest tageweise das, was man einen alleinerziehenden Vater nennt. Während wir so nebeneinander herfuhren, berichtete er mir von den Reaktionen seiner beiden noch relativ kleinen Söhne auf die Trennung der Eltern und seinen Schwierigkeiten, seine Arbeit als Jurist in einem Versicherungsunternehmen mit den Aufgaben der Erziehung seiner Söhne und der Haushaltsführung in Einklang zu bringen.
Irgendwann ließen wir die Räder stehen und gingen zu Fuß weiter. Der Frühling strotzte, und über allem lag ein Klangteppich aus Vogelgezwitscher. Sonst war es still, und es begegnete uns lange kein Mensch. Am tiefblauen Himmel kreisten die gerade aus dem Süden zurückgekehrten Milane. Wir gingen in der Nähe von Waldgirmes einen gewundenen Waldweg hinauf, der zu der Stelle führt, an der ein Gedenkstein – in keltischer Manier von stehenden Steinen umgeben – an den ersten Umweltminister eines deutschen Bundeslandes, den Hessischen Sozialdemokraten Werner Best, erinnert, der auf einem nahe gelegenen Hofgut lebte und starb. 1973 musste er wegen Korruptionsvorwürfen zurücktreten. Gegenüber liegt der weithin sichtbare Dünsberg, auf dessen von Wällen umgebenem Gipfel man bei Bauarbeiten auf die Überreste einer großen

keltischen Siedlung aus den letzten vorchristlichen Jahrhunderten gestoßen ist. Es ranken sich viele Sagen und Geschichten um diesen Berg. So soll einmal ein Schloss auf seinem Gipfel gestanden haben. Zu gewissen Zeiten öffnet sich der Berg, und wer dann im Besitz des Zauberworts ist, kann ins Innere des Berges treten und den dort verborgenen Schatz bergen. Klaas fragte, woher ich das alles wüsste. Ich war gerade dabei, ihm zu erklären, dass ich mich für den Berg und seine Umgebung interessiere, weil an seinem Fuß mein Urgroßvater Förster gewesen ist, da kam uns ein junger Mann entgegen. Er joggte, trug die von der Sportartikelindustrie dafür vorgesehene Kleidung, zusätzlich Baseballkappe, Sonnenbrille. Über seinen MP-3-Player und Ohrenstöpsel hörte er Musik. Zu allem Überfluss hatte er sich einen etwa zwei Meter langen Baumstamm auf seine Schultern geladen, über dessen Enden er seine Unterarme gelegt hatte. Als er grußlos an uns vorbeihechelte, verrenkte er sich, um auf seine Armbanduhr zu sehen und sich zu vergewissern, ob er auch noch gut in der Zeit läge. Kopfschüttelnd sahen wir ihm nach und fragten uns, ob er überhaupt mitbekäme, wie schön dieser Tag und die besonnte Frühlingslandschaft sei. »Warum tut er sich das an?«, fragte Klaas, »warum kasteit er sich dermaßen, wofür büßt er?« Und obwohl dies mehr als rhetorische Frage gemeint war, auf die die Antwort nur lauten konnte: »Weil er nicht alle Latten am Zaun hat!«, kamen wir doch ins Nachdenken und begannen, über das zeitgenössische Sportgebaren zu reden.

Das Leben in einer vom Markt und seinen Gesetzen vollkommen beherrschten Gesellschaft zwingt die Menschen zu einem Leben in einem Zustand permanenter Verteidigung und Aggression. Wer vorwärts kommen und nicht irgendwann zu den Herausgefallenen und Überflüssigen gehören will, muss sozialdarwinistische Tugenden und Haltungen wie Skrupellosigkeit, Härte und kalte Schonungslosigkeit an den Tag legen. Mitgefühl mit sich und anderen bedeutet in einer Marktgesellschaft Untergang und sozialen Tod.

Robert Stern hat in seinem Buch »Intelligenz des Erfolgs« das Wirken des darwinistischen Prinzips in der Gesellschaft mit folgender Geschichte illustriert: Zwei Jungen begegnen irgendwo in den amerikanischen Wäldern einem aggressiven Grizzlybären. Während der eine in Panik gerät, setzt sich der andere seelenruhig hin und zieht sich seine Turnschuhe an. Da sagt der in Panik Geratene: »Bist du verrückt? Niemals werden wir schneller laufen können als der Grizzlybär.« Und sein Freund entgegnet ihm: »Du hast recht. Aber ich muss nur schneller laufen können als du.«

»Die Fähigkeit dazu muss geübt werden, und womöglich haben wir den Mann, der wie ein moderner Christophorus den Baumstamm auf seinen Schultern trug, beim Training für das zeitgenössischen Rattenrennen angetroffen«, mutmaßte Klaas.

Ich erinnerte mich daran und erzählte Klaas davon, dass ein Freund im Kontext seiner Forschungen über die deutsche Jugendbewegung, im Vorfeld des Faschismus und in ihn mündend, auf ähnliche Phänomene gestoßen ist. Er hat mir Bilder gezeigt, auf denen man junge Männer in Turnhosen und mit bloßem Oberkörper dabei besichtigen kann, wie sie auf Waldlichtungen Kniebeugen absolvieren und dabei Baumstämme auf ihren Schultern liegen haben. Das verstärkte die Tortur, schuf Stärke und härtete ab für die bevorstehenden zivilen und kriegerischen Auseinandersetzungen. Der Körperpanzer aus Muskulatur, mit dem die jungen Männer sich umgaben, diente dem Schutz vor alten und der Abwehr neuer Verletzungen und war in gewisser Weise der ins Fleisch gewachsene Nachfolger der Rüstung, die die Ritter einst über der Kleidung und auf dem Körper trugen. Der unter wilhelminischen Sozialisationsbedingungen nicht zu Ende geborene Mann, so hat Klaus Theweleit in seinem Buch »Männerphantasien« gezeigt, schützte sich vor der stets drohenden Gefahr der »psychischen Fragmentierung« durch das Antrainieren eines Körperpanzers. Uniform, Helm und Lederriemen hielten den Mann zusammen, bildeten eine Art von leib-seelischem Berstschutz, der verhinderte, dass das Ich des soldatischen Mannes in Stücke zerfiel und ihn psychotisch werden ließ. Äußeres wies innen auf Verschüttetes und notdürftig nieder Gehaltenes, und so lautete das letztlich tödliche und todbringende Programm dieser Männer: »Außen soll sich nichts bewegen und innen kein Gefühl sein!« Das Phänomen ist mit dem Ende des Faschismus offenbar nicht verschwunden und feiert im Gewand zeitgenössischer Fitness- und Körperkulte und in gewissen athleti-

schen Subkulturen seine – je nach Sichtweise – fröhliche oder trau-
rige Auferstehung. Wir alle leben ja nach wie vor unter gesellschaftlichen Bedingungen, die uns von frühester Jugend an zumuten,
mehr auszuhalten, als gut für uns ist. Von klein auf lehrt uns die
Schule, dass wir morgens irgendwohin müssen, wohin wir nicht
wollen. Die Kinder sitzen ein paar Stunden lang traurig da, und
vieles geht dabei kaputt: der Spaß, die Neugierde, die Freude am
Erfolg. Die Hauptfächer, in denen sie unterrichtet werden, stehen
nicht im Stundenplan und lauten: Stillsitzen, Pünktlichkeit und
unproduktive Zwangsanwesenheit. Ganz zu Anfang des Lebens
glauben wir unter dem Einfluss mütterlicher Fürsorge und Liebe,
dass die Welt es gut mit uns meint. Ein folgenreicher Irrtum. Denn
bald geraten wir unter andere Einflüsse, und die Dressur beginnt.
Wir müssen eine gewisse Grundhärte erwerben, um das, was da auf
uns zukommt, aushalten zu können: ein Leben unter dem Diktat
der entfremdeten Arbeit als Vollzeitbeschäftigung. Manche Menschen versuchen nun, der erzwungenen Selbstverhärtung den Anschein von Freiwilligkeit zu geben, und nehmen ihre systematische
Desensibilisierung in eigene Regie. Sie versuchen, mit freiwilligen
Anstrengungen die erzwungenen Belastungen zu überholen und
zu überbieten. Sie verfahren dabei nach dem Motto, das Sloterdijk
in seinem Buch »Weltfremdheit« (Frankfurt/Main 1993, S. 60) so
umschrieben hat: »Man muss das unvermeidliche Leiden gesteigert
inszenieren, um das reale Pensum tragbar zu machen.« Unser
Mann im Wald lädt sich einen Baumstamm auf, um seine Existenz
als Sachbearbeiter bei der Krankenkasse oder als Analyst bei einer
Bank besser ertragen zu können und sich gegen Angriffe von Konkurrenten zu wappnen.
Aber auch das von Theweleit beschriebene Motiv der Panzerung
besteht fort und gewinnt in der Gegenwart eine neue Aktualität.
Junge Männer leiden unter einem Mangel an männlichen Rollen-
vorbildern in ihrem Nahbereich. Selbst wo noch Väter existieren,
sind sie oft keine Väter mehr, mit denen zu identifizieren sich lohnt.
Auch Väter, die sich als Freunde ihrer Söhne und als Kumpel inszenieren, eignen sich nicht als Vorbilder und Orientierungshilfen.
Signifikant viele der delinquenten männlichen Jugendlichen sind

ohne Väter aufgewachsen oder mit Vätern, die alkohol- oder drogenabhängig waren, fortgegangen oder gestorben sind oder totgeschwiegen wurden. Ihnen hat nie ein Mann Modell gestanden beim Versuch, eine männliche Identität auszubilden. Auf der Suche danach nehmen sie Zuflucht zu männlichem Imponiergehabe, einer zur Schau gestellten ramboartigen Männlichkeit, die letztlich eine vollkommen hohle und erbärmliche Form von Männlichkeit ist.

»Entschuldige, wenn ich dich unterbreche«, sagte Klaas, »aber mir ist noch etwas zu unserem Mann mit dem Baumstamm auf den Schultern eingefallen. Was wäre denn, wenn die ganze Joggerei nur Tarnung gewesen ist und wir es in Wahrheit mit einem Fall von Holzdiebstahl zu tun haben? Du kennst doch diesen alten Witz von dem Zöllner, der regelmäßig einen Mann filzt, der permanent mit dem Fahrrad über die Grenze fährt. Er weiß genau, dass er etwas schmuggelt, aber nie findet er was. Das geht ewig so. Am Tag seiner Pensionierung möchte er endlich wissen, ob er Zigaretten oder Schnaps geschmuggelt hat, und fragt ihn. Und der Mann antwortet: Fahrräder! Bei unserem Mann läge der Trick darin, dass alle denken, er würde sich joggend selbst kasteien, dabei holt er täglich einen Holzblock aus dem Wald, um seine Wohnung zu heizen. Du wirst doch auch gemerkt haben, wie stark die Heizkosten gestiegen sind in der letzten Zeit.«

Lachend kamen wir bei unseren Rädern an und fuhren schweigend nach Hause.

»Respekt« als Kampfbegriff und Chiffre

Im Hintergrund vieler Gewaltphänomene scheint es um das Thema *Symbiose* zu gehen und wie man als Junge und Mann aus einer mütterlichen Umklammerung herausfindet und vermeidet, von ihr wieder verschlungen zu werden. Häufig gelingt die Abwehr dieser dem Bewusstsein nicht zugänglichen Befürchtung nur gewaltsam. Klaus Theweleit hat in den »Männerphantasien« gezeigt, dass viele deutsche Jünglinge in der vorfaschistischen Zeit ihre Symbiose mit dem Körper der eigenen Mutter nur lösen konnten durch die Militarisierung des eigenen Körpers, durch eine affektive Vernichtung des Mutterkörpers in sich selbst also. Die heute grassierende Vaterlosigkeit und die weibliche Dominanz in Kindergärten und Grundschulen verleihen der Problematik offenbar eine neue Aktualität und Brisanz. Gerade in deutsch-russischen und südeuropäischen Familien gestaltet sich die Mutter-Sohn-Beziehung äußerst eng und intensiv, und die Jungen haben es schwer, eine eigene männliche Identität hervorzubringen. Die Väter spielen sich in den Familien als Alleinherrscher auf, auch wenn nicht sie, sondern das Sozialamt die Familie ernährt. Die Jungen erleben den dramatischen Niedergang ihrer Väter, die ihren Frust in Alkohol ersäufen, und verachten sie insgeheim. Wegen ihrer Mutterfixierung werden sie von der geheimen Sorge umgetrieben, es könnte zu viel Weibliches in und an ihnen sein. Die männliche Identität ist stets prekär und von Fragmentierung bedroht, besonders an der Grenze zum Weiblichen. Die Angst vor Fragmentierung und Identitätsverlust wird in der Folge gewaltsam abgewehrt, nach dem Motto: »Unsere Entschlossenheit zur Gewalttätigkeit beweist, dass wir keine Schwuchteln und Muttersöhnchen sind.« Der Zweifel an der eigenen Männlichkeit wird durch Demonstrieren von Hypervirilität, ostentative Gefühllosigkeit und starke Muskeln zerstreut. Man zieht sich Horror-, Action- und Kriegsfilme rein, findet die frauenfeindlichen Texte von Bushido *cool*, und geht möglichst täglich an die Gewichte und Maschinen im Fitness-Studio. Wäre man sich seiner Männlichkeit einigermaßen sicher, müsste man sie nicht ständig unter Beweis stellen und sich künstlich aufblasen. Wer wirklich über Männlichkeit verfügt, hat sie und strahlt sie ruhig und gelassen aus. Je prekärer die Männlichkeit organisiert ist, desto mehr muss man sie durch demonstratives Macho- und Imponiergehabe und das Vorzeigen bestimmter Gegenstände unterstreichen. Als männliche Selbstwertprothesen fungieren neben einem muskelbepackten und durchgestylten Körper bestimmte materielle Objekte: Jacken, teure Sportschuhe, tiefergelegte und getunte Autos, Uhren bestimmter Marken und vor allem Goldschmuck. Auch bestimmte Hunde zählen dazu, die eigentlich keine Hunde sind, sondern das externalisierte Aggressionspotenzial ihrer Besitzer, das diese mühsam an der Leine und unter Kontrolle halten. Auch ihre Autos sind keine Autos, sondern lackierte Kampfhunde, die sie auf die anderen Verkehrsteilnehmer loslassen. All diese Dinge sind das Viagra des schwächelnden, am Boden liegenden männlichen Selbst, blasen es auf und erhalten es künstlich aufrecht.

Je unsicherer man sich seiner Männlichkeit ist, desto mehr pocht man auf bestimmte Formen von Anerkennung, die *Respekt* genannt werden. *Respekt* heißt ja ursprünglich: sich nach etwas umsehen, auf etwas Rücksicht nehmen und ist ein zentraler Aspekt jedes moralischen Handelns. Als moralische Kategorie beinhaltet der Begriff des Respekts die Anweisung, andere Menschen nicht als Rohstoff oder Mittel für fremde Zwecke zu benutzen. *Respekt* in diesem emphatischen Sinn wäre unsere Fähigkeit, uns in andere einzufühlen, mit ihnen mitzufühlen, unser Verhältnis zu ihnen in richtiger Perspektive zu sehen und sie als Subjekte mit eigener Würde und als Menschen mit unantastbaren Rechten anzuerkennen. Die Fähigkeit dazu muss in frühen menschlichen Bindungen erworben werden. Man muss sich in mich eingefühlt haben, mir in meiner kindlichen Bedürftigkeit mit Respekt begegnet sein und meine frühen Wünsche wahrgenommen haben, damit ich fähig werde zur Einfühlung in andere und zum Perspektivenwechsel. Ich fürchte, dass die Voraussetzungen für den lebensgeschichtlichen Erwerb dieser menschlichen Fähigkeiten immer seltener anzutreffen sind und wir deswegen mit einer Zunahme von Schonungs- und Rücksichtslosigkeit und skrupellos egoistischen Haltungen zu rechnen haben. Eine Gesellschaft, die nur noch den kategorischen Imperativ der Bereicherung kennt, bekommt die Kinder, die sie verdient.

Die eben umrissene Bedeutung des Begriffs *Respekt* geht in seiner Hip-Hop-Fassung völlig verloren, ja wird geradezu pervertiert. Je weniger Rücksicht einer nimmt, je weniger er in der Lage ist, die Perspektive des anderen in sein Handeln einzubeziehen, desto mehr erwartet er *Respekt*! Hier ist *Respekt* ein Renommier- und Herrschaftsbegriff, *Respekt* wird auf Unterwerfungsgesten heruntergebracht: Ich soll jemandem *Respekt* zollen, bloß weil er körperlich stark ist, ein Messer eingesteckt hat, Angst und Schrecken verbreitet, ein bestimmtes Auto fährt, eine tolle Frau vorzeigen kann und einen gefährlichen Hund sein Eigen nennt. »Guckst du meine Freundin an, beschädigst du mein Auto, machst du Witze über meinen Hund, bist du respektlos und bekommst eine aufs Maul, basta!« Die Rede vom *Respekt* liefert häufig einen Vorwand, um sich zu schlagen oder eine bereits begangene Körperverletzung nachträglich in eine Art von Notwehr umzudeuten. »Er war respektlos, hat komisch geguckt, hat mich dumm angemacht«, lauten die gängigen Versuche der Rechtfertigung einer Gewalt, die im Kern zweckfrei, sinnlos und frei flottierend ist. Ihr begegnet die moderne Selbstwahrnehmung mit größter Irritation. Es sind Exzesse motivationsloser Gewalt, die alle Verbindungen zu einer wie auch immer gearteten instrumentellen Vernunft gekappt zu haben scheinen und für die alle Versprachlichungen und nachproduzierten Erklärungen nur Chiffren sind. Es gibt einen auf dem Vormarsch befindlichen Tätertypus, dem Gewalt nahezu ausschließlich dazu dient, sich ein Gefühl des Existierens zu verschaffen und unerträgliche Gefühle von Ohnmacht abzuwehren. Es geht dabei gewissermaßen »um die Wurst«, und das gesamte prekäre innere Gleichgewicht steht auf dem Spiel. Klaus Theweleit hat im Anschluss an Thesen von Margaret Mahler von Gewalt als »Ich-Erhaltungsmechanismus« gesprochen. Die Gründe der Gewalt liegen im Innern des Täters, seinen psychischen Nöten und Ängsten. Ferdinand Sutterlüty hat darauf hingewiesen, dass diesen jungen Männern Gewaltausübung die jederzeit erneuerbare Gewissheit gibt, Dinge geschehen lassen zu können und Herr der Lage zu sein. Sie erleben plötzlich eine unbekannte Selbstwirksamkeit. Ihre Ohnmachtsgefühle, die meist in einem familiären Gewaltzusammenhang ihre Wurzeln haben und sich in anderen Lebenszusammenhängen wiederholen, verkehren sich ins Gegenteil. Sie erfahren den Triumph der physischen Überlegenheit und machen die berauschende Erfahrung der Verfügungsmacht über andere. Der Rollentausch vom Opfer zum Täter ist für sie eine beinahe *epiphanisch* zu nennende Erfahrung: Es teilt sich ihnen schlagartig die befreiende Möglichkeit eines neuen Selbstverständnisses mit. Solche Erlebnisse beschreiben sie rückblickend als biographische Wendepunkte. Es gibt ein Leben vor und nach der ersten Gewalterfahrung. Es ist wie ein Coming-out des Gewalttäters. Wenn ansonsten ohnmächtige Jugendliche das euphorisierende Machtgefühl der Gewaltausübung kennengelernt haben, kann die Erfahrung der Gewalt selbst zum Agens des weiteren Handelns und zum intrinsischen Gewaltmotiv werden. Sie halten es für erstrebenswert, für andere eine leibhaftige Bedrohung darzustellen und ihnen angstvolle Respektsbekundungen abzuzwingen. Man kann hier von einer Gewaltmythologie sprechen: Gewalt verschafft einen wundersamen Bedeutungsgewinn und verleiht eine ungeahnte Größe. So können sich die Verlierer der Gesellschaft auf der Straße als Gewinner fühlen.

In einem Artikel für die *Frankfurter Allgemeine Zeitung* vom 29. Oktober 2009 liefert der Präsident der neu gegründeten Internationalen Psychoanalytischen Universität in Berlin, Jürgen Körner, einen informativen Überblick über den Stand der Gewaltforschung. Er unterscheidet drei unterschiedlich aggressive Tätertypen: den *reaktiven* Gewalttäter, der sich schnell beleidigt fühlt und dann seine aufflammenden Wut nicht beherrschen kann; den *instrumentellen* Gewalttäter, der nur dann aggressiv wird und bedenkenlos zuschlägt, wenn er anders seine – oft dissozialen – Ziele nicht erreichen kann; und schließlich einen Gewalttäter, der scheinbar vollkommen *grundlos* zuschlägt. Zum Verständnis dieses letzten Tätertyps, der uns in jüngster Zeit so beschäftigt, greift Jürgen Kröner auf den von Melanie Klein geprägten Begriff der *projektiven Identifizierung* zurück, der uns im Fortgang des Textes noch begegnen wird, und erläutert diesen an einem Beispiel: »Ein Jugendlicher sagte im Gespräch, er habe nach ein paar Bier seine Wohnung in ›großem Frust‹ verlassen, habe schon geahnt, ›dass was passieren wird‹, und dann sei er einem Mann begegnet, der ›schon so guckte‹. ›Ich dachte, der denkt: Da kommt Dreck‹, fuhr er fort. Dann sei klar gewesen, dass er den niederschlagen werde. Wie lässt sich eine solche Gewalttat erklären? Der Jugendliche, der glaubte, der andere hielte ihn für ›Dreck‹, war gequält von der Phantasie, er sei selbst nichts als Dreck, und er suchte einen x-Beliebigen, dem er dieses vernichtende Urteil zuschieben konnte. Im anderen also sieht er die Selbstentwertung, die ihn so kränkt, und er schlägt ihn nieder, um den vermeintlichen Aggressor und damit die Kränkung unschädlich zu machen.«

Das Leben auf der Straße und in der Gefängnissubkultur wird durch einen Katalog informeller Regeln bestimmt, in deren Zentrum der pervertierte Begriff von *Respekt* steht. Das ist die Währung, die zählt und in der Anerkennung berechnet wird. Joachim Kersten hat in einem Artikel, der in der *taz* vom 5./6. Januar 2008 erschienen ist, erläutert, dass *Respekt* das System der Anerkennung unter den Nicht-Anerkannten beschreibt und eine Art »Tributzahlung an die gesellschaftlich Nichtrespektablen« darstellt. *Respekt* ist für den, der ihn gezollt haben will, ein äußerst hochwertiges Objekt: schwer erkämpft und leicht verloren. Für den Vorwurf und die Ahndung der Missachtung, des sogenannten *Dissing,* gilt der Code der Straßenregeln, nicht das Bürgerliche Gesetzbuch. Wer auf *Respekt* angewiesen ist und seine Männlichkeit auf Muskeln und Goldketten stützt, ist extrem empfindlich gegenüber kleinsten Andeutungen nonverbaler oder verbaler Missachtung und Beleidigung und ungeheuer leicht kränkbar. Zeichen der Missachtung werden als Angriffsverhalten aufgefasst und mit verbaler und physischer Gewalt beantwortet: »Wenn dich jemand anmacht, zahl es ihm zurück, wenn dich jemand *disst*, mach ihn fertig.« Schlagen, verbales Herabsetzen, Beschimpfen gehören zur Sozialisation in der Straßenkultur. Nur, wer als »krasser Typ« gilt, Gewalt praktiziert oder durch das Demonstrieren von Muskeln und Körperkraft glaubhaft androhen kann, genießt *Respekt* und bleibt verschont.
Im Schlepptau dieses Respekt-Getues haben die ausländischen Jugendlichen eine Art von Beleidigungspoker in unsere Kultur eingeführt, den es so früher nicht gegeben hat und der sich inzwischen von seinem Migrationshintergrund losgerissen und innerhalb einer ganzen Generation von Jugendlichen verbreitet hat. Das Spiel fängt ganz klein an mit einem Zwillingspärchen: »Du Penner«, geht über eine kleine Straße: »Du Weichei!«, große Straße: »Ey, du Op-

fer!« bis zum Royal Flash: »Fick deine Mutter«. Eine Weile gehen Beleidigungen hin und her, man spielt gleichsam verbal Federball mit Dynamit. Ist der Royal Flash einmal ausgespielt, schnappen endgültig Reflexe ein, die nun niemand mehr zu stoppen vermag. Wer die größte anzunehmende Beleidigung auf sich sitzen lässt und sich einfach abwendet, *verliert sein Gesicht*, braucht sich nicht mehr blicken zu lassen und ist unten durch. Das Endspiel der letzten Fußball-WM ist durch einen solchen einschnappenden Reflex möglicherweise mit entschieden worden. Ein Vollprofi wie Zidane vergisst alles, muss Vergeltung für die Verletzung der Familienehre üben und streckt seinen italienischen Gegenspieler Materazzi mit einem Kopfstoß nieder, der seine Schwester beleidigt hat. Einer italienischen Sportzeitung gegenüber gab Materazzi zu Protokoll, er habe Zidane nur kurz am Trikot festgehalten. Darauf habe ihn der Franzose herablassend gemustert und gesagt, wenn er wolle, könne er das Trikot nach dem Spiel haben. Materazzi habe daraufhin erwidert, Zidanes Schwester sei ihm lieber. Im italienischen Fernsehen gab Materazzi später den originalen Wortlaut seiner Beschimpfung bekannt: »Ich bevorzuge deine Schwester, die Nutte.« Dieser lächerliche Satz entbindet bei Zidane eine archaische Kränkungsaggression, und er nimmt in der entscheidenden Phase des Endspiels einer Weltmeisterschaft lieber einen Platzverweis in Kauf, als die Bemerkung zu ignorieren oder die Auseinandersetzung mit Materazzi auf später zu verschieben.

Im Gefängnis sind mir Leute begegnet, die sich für so etwas sieben Jahre Knast eingehandelt haben. Ein Beispiel von vielen: Zwei junge Männer – der eine ist Deutscher, der andere stammt aus Kroatien – ziehen am Wochenende um die Häuser. Zu fortgeschrittener Stunde suchen sie eine Diskothek auf, trinken weiter und ziehen ein paar Nasen Koks. Gegen morgen kommt ein Mann von der Security und sagt: »So Jungs, Schluss für heute, lasst es gut sein und geht heim.« Die beiden können kein Ende finden und sagen: »Ach was, bring uns noch was.« »Nee, hier ist Schluss für heute, ihr kriegt nix mehr. Geht nach Hause.« »Wir bestimmen selbst, wann wir nach Hause gehen, bring uns was zu Trinken, du Penner.« Beleidigungen fliegen hin und her, eine Kettenreaktion von sich wech-

selseitig verstärkenden Aggressionen kommt in Gang. Als schließlich von Seiten des Security-Manns der Royal Flash ausgespielt
wird, fahren unsere beiden jungen Männer los, holen eine Waffe
aus einem Versteck und kehren an den Schauplatz ihrer Beleidigung zurück. Auf dem Parkplatz vor der Diskothek kommt es
zum Showdown, der letztlich noch halbwegs glimpflich ausgeht,
unseren beiden Helden aber dennoch jeweils rund sieben Jahre
Gefängnis einbringt.

Während der eine der beiden in Haft sitzt, geht sein Bruder mit
seiner Freundin essen. An der Theke stehen junge Männer aus dem
arabischen Raum und werfen Blicke auf die Freundin. Der Bruder
verbittet sich das. Es entsteht ein verbales Geplänkel, Beleidigungen fliegen hin und her, der Konflikt eskaliert. Die jungen Männer
verlassen das Lokal, warten auf dem Parkplatz auf den Bruder unseres Helden und stechen ihn nieder. Ein paar Tage schwebt er in
Lebensgefahr. Es scheint Milieus zu geben, in denen diese Form der
Gewalt endemisch ist.

Der Versuch, lebende »Gewaltbomben« zu entschärfen: das »Anti-Aggressions-Training«

»Manchmal ist es gut, Distanz zu haben – zum Nachdenken.
Niemand kann gleichzeitig nachdenken und zuschlagen ...«
Susan Sontag

Im Gefängnis schickt man Täter diesen Typs ins »Anti-Aggressions-Training« (AAT), wo die Luft aus den narzisstisch aufge-
blähten Selbst-Ballons gelassen und ihnen beigebracht wird, dass
Respekt vor allem Respekt vor der Würde des anderen und seiner
körperlichen Unversehrtheit bedeutet. Es ist, wenn man so will,
eine Einübung in Demut. Die zu Ochsen aufgeblasenen Frösche
sollen sich mit ihrer Froschexistenz arrangieren und ihrer realen
Zwergenhaftigkeit ins Auge blicken. Lassen sich solche lebenden

»Gewalt- und Testosteron-Bomben« entschärfen? Wie kann der Ausstieg aus einem von Aggression und Destruktivität beherrschten Leben gelingen? Kann man es schaffen, dass zwischen den Impuls zum prompten Zuschlagen und seine Umsetzung in motorische Aktivität eine Pause der Besinnung eingelegt wird? Wie lässt sich im Innern der Täter ein Haken setzen, der den blind ablaufenden Mechanismus einschnappender Reflexe stoppt?

Die meist noch jungen Männer äußern häufig unverhohlen eine gewisse Verachtung für verständnisvolle Pädagogen und Psychologen, die mit ihnen einfühlsame, nette und ruhige Gespräche über ihre Kindheit führen wollen. Sie sind in ihren Augen »Sozial-Fuzzies«, mit denen sie meist seit ihrem zehnten Lebensjahr in diversen Kontexten konfrontiert waren. Den sozialpädagogischen Code beherrschen sie aus dem Eff-Eff und können ihn geschickt bedienen. Sie sagen, was das Gegenüber hören möchte. Die Täter sprechen zunächst über ihre Taten wie von heldenhaften Kampfeinsätzen. Der Weg führt über die Schilderung der Taten zum Leid der Opfer. Sie werden nicht geschont, werden hart rangenommen. Ausflüchte, Rechtfertigungsstrategien und Legendenbildungen werden nicht akzeptiert, sondern in der Luft zerpflückt. Nicht das Opfer hat die »Ehre der Familie« oder gar der Mutter verletzt, sondern sie selbst sind es, die durch ihre Tat die Familienehre mit Füßen getreten und ihren Müttern Schande bereitet haben. Die Doppelmoral dieser jungen Männer ist sprichwörtlich: Sie selbst betätigen sich als Machos und Eroberer, gehen aber gegen die eigene Schwester vor, wenn diese einen westlichen Lebensstil annimmt und mit einem deutschen Mann zusammen ist. Die Täter werden so lange mit Fragen gelöchert, bis ihre Abwehr zusammenbricht und ihnen klar wird, dass dieses Verhalten nicht akzeptabel ist. Wenn man den Helden lang genug zusetzt, schrumpfen sie irgendwann zu den Feiglingen und Angsthasen zusammen, die sie in Wahrheit sind. Es geht um eine schonungslose Konfrontation mit sich selbst, weil nur diese zu jener Wahrheit führt, der auszuweichen solche Menschen gewohnt sind. In einer Sequenz des Anti-Aggressions-Trainings, dem sogenannten »heißen Stuhl«, wird der Täter systematisch an die Punkte herangeführt, die normalerweise zu seinem Ausrasten führen. Es wird unter kontrollierten und artifiziellen Bedingungen noch einmal Beleidigungspoker und Federball mit Dynamit gespielt, wobei die Situation in der Gruppe dafür sorgt, dass es zu keinen wirklichen Impulsdurchbrüchen kommt. Nur auf diesem Weg kann man sie zur Scham über ihre Taten und zur Achtung vor dem Leben anderer zurückführen. Der Clou des »heißen Stuhls« besteht darin, dass der an seiner narzisstischen Achillesferse getroffene Täter lernt, dass es andere Möglichkeiten gibt, auf Kränkungen zu reagieren.

Es wird auch über die Vergangenheit gesprochen, auch wenn der Fokus der Aufmerksamkeit eindeutig auf der Gegenwart und dem Blick nach vorn liegt. Wenn Aggression und Gewalt Ursachen und Funktionen im seelischen Gesamthaushalt eines Menschen haben, müssen diese in der Vergangenheit liegenden Ursachen bearbeitet werden. Ist die Neigung zur körperlichen Gewalt Folge von eigenen Gewalterfahrungen, von Triebunterdrückung, Angst und Frustrationen, kann man sie nicht behandeln, als wäre sie das eigens ausgedachte Produkt einer »bösen Gesinnung« oder eines mythischen »Hangs zur Gewalt«. Das »AAT« hat in seiner Betonung der Dimensionen Gegenwart und Zukunft, wahrscheinlich ohne sich dessen bewusst zu sein, eine gewisse Nähe zum existenzialistischen Impetus der Philosophie Sartres. Auch dieser würde sagen: »Niemand kann sich ewig herausreden. Ein Leben ist eine zu diesem oder jenem verwendete Kindheit. Irgendwann musst du aufhören, deine Komplexe zu hätscheln, die Leiden und Traumata deiner Kindheit wiederzukäuen und damit beginnen, die Verantwortung für dich und deine Handlungen zu übernehmen und etwas aus dem zu machen, was man mit dir gemacht hat! Du musst dir selbst Wege aus deinem Dschungel bahnen, die alten eisernen Korsetts, das alte todmüde Handeln sprengen, in die Resignation, Angst und Zweifel an dir selbst dich eingeschlossen haben. Du bist frei: Du kannst die Vampire in die Flucht schlagen, die Leichenhalle verlassen, ganz von vorn anfangen, eine neue Hoffnung erfinden und zu leben versuchen.« So ungefähr hat es Sartre im Vorwort zum Buch seines Schülers und späteren Freundes André Gorz »Der Verräter« ausgedrückt und etwas prosaischer sagen unsere

AAT-Trainer das auch den Gefangenen. Das ständige Verharren in der Vergangenheit nagelt die Straftäter auf ihr Versagen fest, fixiert sie an das Negative und hält sie davon ab, ihre Energien auf Gegenwart und Zukunft zu konzentrieren und sich neu zu entwerfen.

Meist betrachten die Gewalttäter anfangs ihre Opfer als die eigentlichen Täter und glauben, in Notwehr gehandelt zu haben. Das stimmt insofern, als sie im Opfer ihrem eigenen verfemten Teil begegnet sind, dem Teil ihrer Person, den sie verleugnen und abspalten mussten, um überleben zu können. Das »AAT« kann im besten Fall dazu führen, dass die Täter nicht länger ihre eigene Angst verleugnen und ihre Gefühle von Schwäche, Hilflosigkeit und Ohnmacht am anderen bekämpfen müssen. Auch das »AAT« ist kein Allheilmittel, und die Rückfallquote der Gewalttäter ist und bleibt auch nach der Teilnahme an einem solchen Training hoch. Unter Knastbedingungen bleibt die Einübung ziviler Formen der Konfliktmoderation und neuer Austragungsformen von Streit letztlich ein *Fake*, die Bewährungsprobe und der Ernstfall kommen später und draußen. Wer in ein Milieu zurückkehrt, in dem die Straßenregeln gelten, wird schwerlich das im Knast Gelernte nach draußen retten können und schnell wieder auf alte Verhaltensweisen zurückgreifen. Aber auch wenn es nur einige sind, die der Gewalt dauerhaft entsagen, und die Straftaten einiger anderer weniger brutal ausfallen, ist es vom Standpunkt der prospektiven Opfer her gesehen ein Erfolg und der Mühe wert.

Das »AAT« ist eine harte und konfrontative Methode, die in unserer Anstalt gut funktioniert und von den Gefangenen geschätzt wird, weil die beiden Trainer das verkörpern, was sie den Gefangenen beizubringen versuchen, und enthusiastisch bei der Sache sind. Jahrelange Erfahrung mit Therapien im Gefängnis haben mich zu der Überzeugung gelangen lassen, dass deren Wirksamkeit weniger von den jeweiligen methodischen Ansätzen oder gar der feinen Abstimmung von Therapiemodulen abhängt, als von den Menschen, die sie durchführen und den Beziehungen, die sie zu den Menschen eingehen, die ihnen überantwortet sind. Durch klare Regeln und Verbindlichkeit und weil sie idealisierungsfähige Männer sind, stillen unsere AAT-Trainer in einem guten Sinn die unter jüngeren Gefangenen verbreitete Vatersehnsucht. Die Härte des »väterlichen« Verfahrens wird dadurch gebrochen, dass sie es gut mit den Jungs meinen und sie trotz aller problematischen Persönlichkeitsanteile doch auch akzeptieren und an sie glauben. Mit purer Härte wäre auch nichts gewonnen, sie würde zur Errichtung einer Fassade aus Anpassung und Unterwerfung führen, hinter der das Gemisch aus Selbsthass und Hass weiterbrodelt. Den Wettlauf um Härte können wir, wie das Beispiel von Carlos gezeigt hat – gegen Täter dieses Schlages nicht gewinnen. Da haben sie gewissermaßen ein Heimspiel. Von klein auf haben sie gelernt, Ohnmachtsgefühle, die in familiären Gewaltzusammenhängen wurzeln, in den Triumph physischer Überlegenheit zu verwandeln und dadurch abzuwehren. Das Härteste ist für sie, Weichheit zu erleben, Ohnmachts- und Kränkungserfahrungen bei sich zuzulassen und Gefühle auszudrücken. Die therapeutische Kunst besteht darin, nicht stur ein Programm abzuspulen, sondern von Fall zu Fall die richtige Mischung von Gefühl und Härte, Nähe und Distanz, Verständnis und Konsequenz zu treffen.

Es geht auch um den Ausbau sprachlicher und symbolischer Fähigkeiten. Was gesagt werden kann, muss nicht länger dumpf agiert werden. Fatale Handlungen lassen sich durch schmerzliche Geständnisse ersetzen. Irgendwann kann man es mit den peinlichsten Kränkungen und den schlimmsten Wahrheiten aushalten und muss nicht länger blindlings draufschlagen. Man kann gefahrvolle Situationen auch durch einen Scherz entspannen und in ein Gelächter überführen. Ich erzähle diesen Männern gern eine Szene aus dem Film *Reine Nervensache*. Robert De Niro spielt dort einen Gangsterboss, der in einer Krise steckt und einen Psychiater aufgesucht hat. Als dieser ihm irgendwann mit dem Ödipuskomplex kommt, fragt er völlig entgeistert: »Hab ich dich richtig verstanden, Doc: Ich wollte meine Mutter ficken? Hast du die mal gesehen? Weißt du, wie die aussieht? Das ist ja widerlich!« Nach diesem Muster könnte man Beleidigungen locker und gelassen ins Leere laufen lassen. Wenn die Teilnehmer am Ende des Kurses über diese Geschichte lachen können, weiß ich, dass sie auf einem guten Weg sind.

»Hey, was guckst du?« Vom Riskantwerden der Blickverhältnisse in den Städten

»DAS AUGE IST DER PUNKT, IN WELCHEM SEELE UND KÖRPER SICH
VERMISCHEN.«
Friedrich Hebbel

»Wem soll man denn noch Glauben schenken, wenn nicht den Gesichtern oder zumindest den Augen, den Spiegeln der Seele?«, fragt Michael Roes und benennt damit eine zentrale Unsicherheit, die den Umgang unter Fremden erschwert und den städtischen Alltag belastet.

Wo Straßenkultur und Normalität der bürgerlichen Gesellschaft sich berühren, lauern Gefahren, hatten wir gesagt. Die Grenze verläuft mitten durch unseren Alltag, mitten durch unsere Städte. Die Atmosphäre ist mit Missverständnissen und Unsicherheiten aufgeladen und kann sich jederzeit in Gewaltgewittern entladen. Der Anlass ist austauschbar und in der Regel belanglos: Jemand hat »schief geguckt« oder »einen blöden Spruch gemacht« oder aus Versehen die Freundin angequatscht oder nicht rechtzeitig den Weg freigemacht oder auch gar nichts getan, und schon eskaliert die Situation. Reflexe schnappen ein, und ein Automatismus der Gewalt kommt in Gang. Die anfängliche Nichtigkeit wird aufgebauscht, weil sie vom anderen als Beleidigung aufgefasst wird. Ein Wort gibt das andere, der Erste schubst, der Zweite schlägt zu, der Nächste hat ein Messer dabei und setzt es ein. Das Leben in den Städten ist riskant und voller neuartiger Gefahren, die sich mit den sozialen Verwerfungen in Folge von Krise und wachsender Verarmung auf vielfältige Weise verflechten. Auch diese werden ja nicht mehr politisch organisiert und strategisch codiert und damit auch einer Sublimierung zugeführt, sondern artikulieren sich diffus und mit einer Tendenz zum Vandalismus.

Michael Roes' Roman »Der Coup der Berdache« (Berlin 1999) entnehme ich das Beispiel einer nächtlichen U-Bahn-Fahrt durch New York: »Nachts schauen die Menschen einander nicht an. Ihre

Blicke sind starr ins Leere gerichtet, als könnte die Begegnung zweier Augenpaare schon ein Verbrechen provozieren. Natürlich sitzen nicht alle erstarrt da, sondern nur diejenigen, die zum Opfer zu werden sich fürchten, Frauen, alte Leute, die alleine unterwegs sind. Die drei Männer zum Beispiel, Puertoricaner oder Panamesen, okkupieren mit ihrem angetrunkenen Latino-Englisch den ganzen Waggon. Instinktiv schaut V. sich nach Verbündeten um: Ein Dutzend erwachsener, wenn auch vereinzelter und zum Teil verängstigter Fahrgäste stehen drei nach Selbstbehauptung hungernden Burschen gegenüber. Die Vereinzelung ist das Problem. Hauptsache, die Wahl fällt nicht auf mich! Denn jeder spürt, die Jagd wird gerade vorbereitet. Die Augen der Jäger wandern unstet, aber aufmerksam über die Gesichter der Mitreisenden. Irgendeiner wird der Suggestion: Heute Nacht bist du an der Reihe, du hast es den ganzen Tag schon gewusst!, nicht widerstehen können. Es genügt eine rasche, unkontrollierte Erwiderung ihres Blicks, schon nimmt das Drama seinen vorhersehbaren Verlauf: Is was Alter? Was guckste denn so? Is was nicht in Ordnung? Gefallen dir unsere Visagen nicht? Willste uns etwa anmachen? Ah, mach dir mal nicht gleich in die Hose, Schwanzlutscher! Guck mich an, wenn ich mit dir rede! Is das deine Braut? Scheint ja mehr Courage zu haben als du, Hosenscheißer ...«

Eine inzwischen an vielen Orten fast alltägliche Situation: Der städtische Verkehr wird von jenen in Gefahr gebracht, bei denen Aggressionen und Ausgrenzungsprozesse, denen sie gesellschaftlich ausgesetzt sind, den reaktiven Druck der inneren Aggression so verstärken, dass es gehäuft zu Provokationen kommt, die sich in einer Kettenreaktion hin- und hergehender aggressiver Akte fortsetzen und manchmal in einer Explosion enden. In den letzten Jahren bin ich im Gefängnis vermehrt auf junge Männer gestoßen, die auf die Frage, wie es denn zu der Körperverletzung gekommen sei, deretwegen sie einsitzen, antworten: »Der hat komisch geguckt, da hab ich ihm mal vorsichtshalber eine gegeben.«

Ich kenne kaum jemanden, dem zum Stichwort »Riskantwerden der Blickverhältnisse« nicht spontan eine eigene Erfahrung einfiele. Mein Freund Lothar Baier berichtete mir, dass er als Besucher in den USA von Freunden den dringenden Rat erhielt, stets die Zentralverriegelung zu betätigen und bei der Fahrt durch »gefährliche Bezirke« an einer roten Ampel auf keinen Fall zum Auto auf der Nebenspur rüberzuschauen. Der andere könnte das als Provokation auffassen, einen Revolver ziehen und auf den neugierig Blickenden anlegen. Am besten vermeide man es überhaupt, jemanden anzusehen, und verberge die Augen hinter einer verspiegelten Sonnenbrille. In Paul Austers Buch »Mein New York« (Reinbek 2000, S. 75/76) stieß ich auf folgende Passage: »Wenn die New Yorker durch die Straßen gehen, legt sich ein eigenartiger Schleier über ihre Augen, eine natürliche und vielleicht auch notwendige Form der Gleichgültigkeit den anderen gegenüber. ... Irgendwelche seltsamen Gebärden werden automatisch als bedrohlich empfunden. Laut mit sich selber reden, sich kratzen, jemandem direkt in die Augen sehen: Solche Abweichungen von der Norm können bei den Mitmenschen feindliche und manchmal gewalttätige Reaktionen auslösen.«

Die Nerven liegen blank und ein harmloser Blick, der einen Augenblick zu lang den eines anderen kreuzt, kann dessen brüchigen Reizschutz durchschlagen und einen Mechanismus der Gewalt entsperren. Dabei bahnen uns Sehen und Gesehenwerden ja doch den Weg in die Welt, sozialisieren uns, konstituieren unseren Platz in der Gesellschaft, definieren unsere Identität und unser Selbstwertgefühl. Das Auge ist nicht nur rezeptiv, sondern verfügt mit dem Blick über ein offensives Vermögen: den »Sehstrahl«. Dieser schlägt Brücken zwischen uns und der Mitwelt, vermag die Abgründe und Distanzen zu überspringen, die die Menschen unter den Bedingungen ihrer Vereinzelung und gegenseitigen Vergleichgültigung voneinander trennen. Ursprünglich gaben sich Fremde bei der Begegnung die Hand, um sich wechselseitig ihrer friedlichen Absichten zu versichern. Crocodile Dundee, der aus dem Australischen Busch nach New York gekommen ist, hält dort zunächst an dieser Gewohnheit fest und schickt sich an, allen Passanten, die ihm begegnen, die Hand zu geben. In Le Clézios Roman »Fisch aus Gold« erleben wir mit, wie Laila aus dem Süden Marokkos über viele Umwege schließlich nach Paris gelangt. Dort muss auch sie erst

lernen, sich im städtischen Verkehr »richtig« zu verhalten und die
fremden Passanten nicht anzustarren. Männer, die sie anschaut,
halten sie für eine Prostituierte und folgen ihr. Mehrfach gerät sie
durch ihre Art des Schauens in brenzlige Situationen und entgeht
mit knapper Not einer Vergewaltigung. Dann wird auch sie vor-
sichtiger und setzt eine Sonnenbrille auf.

In den Städten tritt zunächst der Gruß an die Stelle des Hände-
drucks, bis auch dieser vor der Anonymität kapituliert und als letzte Möglichkeit der wechselseitigen Kenntnisnahme den Blick übrig
lässt. Durch Augen- und Blickkontakt und durch andere körpersprachliche Signale führen wir auf der Straße ständig die Panto-
mime auf: »Ich will dir nichts tun und hoffe von dir dasselbe.«

Die Zähmung des Auges, das zunächst in einer unmittelbaren Verbindung zu inneren Affekten und Gemütslagen stand und ihnen
Ausdruck verschaffte, gehört zu den Vorbedingungen städtischen
Massenverkehrs. Gegenseitige Rücksichtnahme und eine gewisse
Vergleichgültigung bilden die Grundlage eines Schutzes vor Ag-
gressionsdurchbrüchen in einem Gelände, das durch Fremdheit
und gleichzeitige Dichte hochkomplizierte Konfliktsphären eröffnet. Aber gegenwärtig scheint sich eine Gereiztheit breitzu-
machen, die diesen letzten Brückenschlag zwischen Mensch und
Mensch gefährdet.

*

Unter diesen Bedingungen erst wird virulent, was Sartre in »Das
Sein und das Nichts« früh formuliert hat: »Der Andere ist der
Feind, weil sein Blick meine Welt auflöst.« Sartres Phänomenolo-
gie des Blicks erschließt eine Ebene besonderer Verletzbarkeit von
Subjektivität und ermöglicht die Wahrnehmung zwischenmenschlicher Gewaltverhältnisse, deren harter Kern über lange Strecken
hinter städtischen Maskierungen und funktionierenden Mechanismen des Reizschutzes verborgen blieb. Erst wenn sich der städtische Verkehr, vor allem in seinen »gefährlichen Bezirken«, mit
lauter paranoiden Projektionen auflädt, wird der Blick des anderen
zum potenziell gefährlichen »bösen Blick«, der auf meine Vernich-

tung abzielt. Wie aber kann der Blick des anderen meine Welt auflösen?

»Furcht vor Blicken« zählt Christa Rohde-Dachser zu den zahlreichen Symptomen, in denen eine Borderline-Störung zu Tage treten kann. Die Borderline-Störung wird zu den Persönlichkeitsstörungen gerechnet, die seit Jahren auf dem Vormarsch sind und mehr und mehr die klassischen psychischen Erkrankungen ablösen. Der Begriff signalisiert, dass es sich um eine Störung auf der Grenze zwischen Neurose, Charakterstörung und Psychose handelt, die sich auf der Basis bestimmter frühkindlicher Entbehrungen und Traumatisierungen ausbildet. Gerade weil sie die Folge früher emotionaler Unterernährung und eines Mangels an verlässlichen, tragfähigen Bindungen sein kann, droht sie zur sozialpsychologischen Signatur und Basisstörung des gegenwärtigen Zeitalters zu werden. Zentrales Merkmal der Boderline-Persönlichkeit ist eine unkontrollierte und vom Betroffenen schwer vorhersehbare Regressionsneigung. In lebensgeschichtlichen Krisensituationen oder unter Stressbedingungen kollabieren die nur schwach entwickelten reiferen psychischen Strukturen, ihre Funktionen bilden sich zurück und weichen archaischen Spaltungsoperationen, die jetzt zu Abwehrzwecken eingesetzt werden. Diese Regression kann in schweren Fällen bis an den Rand der Psychose, also des völligen Verlustes der Ich-Grenzen und der Selbstkontrolle führen. Die Borderline-Störung kann mit einer schweren Schädigung der Affektkontrolle, Aggressivität, Sucht, Selbstmordgefährdung und Selbstschädigungstendenzen einhergehen. Vor allem aber sind ihre Träger extrem narzisstisch verwundbar und deswegen leicht zu kränken. Gleichzeitig verfügen sie über nur schwach entwickelte Mechanismen zur Neutralisierung und Entschärfung der dadurch freigesetzten Aggression, so dass es leicht zu unkontrollierten Impulsdurchbrüchen kommt. Wer nicht über normale Mechanismen der Kränkungsverarbeitung verfügt und seine narzisstische Wut nicht beherrschen kann, neigt dazu, auf kleinste Kränkungen, die anderen harmlos vorkommen, vollkommen unangemessen und überzogen zu reagieren.

Das fremde Auge kann in der verzerrten Wahrnehmung des »Borderliners« zum verschlingenden Organ werden, das auf seine Einverleibung und Zerstörung abzielt. »Bloß keinen Blickkontakt! Blickkontakt war schon immer mein Unglück«, lässt Joyce Carol Oates die schwer gestörte Hauptperson ihres Romans »Zombie« immer wieder ausrufen. Psychogenetisch verweist diese Tatsache auf allerfrüheste Kindheitserfahrungen und die enge Verbindung zwischen Nahrungsaufnahme und ersten visuellen Erfahrungen zurück: Die Sehschärfe des Neugeborenen ist zunächst auf jene 20 Zentimeter eingestellt, die den an der Brust trinkenden Säugling von den Augen der Mutter trennen. Der Blick der Mutter in dieser elementaren Situation ist der erste Spiegel, in dem das Kind sich erblickt. Je nachdem, welche affektive Tönung dieser Blick aufweist, ob er Liebe und Wärme ausdrückt oder von Gleichgültigkeit und Kälte zeugt, erfährt sich das Kind in der Morgenstunde seines Lebens als »richtig« und erwünscht oder als »falsch« und unerwünscht. Der berühmte »Glanz im Auge der Mutter«, von dem der Psychoanalytiker Kohut sprach, bildet eine der grundlegenden guten frühen Erfahrungen, aus denen Ur-Vertrauen sich zusammensetzt.

Bei dem, der sich in den vor der bewussten Erfahrung liegenden, durch extreme Abhängigkeit gekennzeichneten Perioden seines Lebens nicht halbwegs aufgehoben und souverän gefühlt hat, wird sich an Stelle des Ur-Vertrauens ein Ur-Misstrauen entwickeln, und er wird sich ein Gefühl der Sicherheit später nur unter unsäglichen Mühen erwerben können. Wem nicht ein warmer und liebender Blick den Weg in die Welt bahnte, dem wird es zeitlebens an Vertrauen in Blickverhältnisse mangeln. Der fremde Blick wird zur verschlingenden und desintegrierenden Gefahr, der eigene zur Distanzwaffe.

Es kommt in der Stadt mit ihrem Zugleich von undurchschaubarer Fremdheit und körperlicher Dichte, wie wir gesehen haben, auf die Entschärfung und Integration primärer und aggressiver Triebregungen und die Entwicklung gelassener Haltungen besonders an. Die städtischen Verkehrsverhältnisse produzieren Misstrauen und verlangen Vorsicht. Immer verstellt uns in der Dichte des städtischen Gewühls jemand den Weg, ständig werden wir von Fremden gemustert, berührt, gestoßen, gestreift. Die Stadtbewohner werden so zu einer gewissen Vergleichgültigung genötigt, was Triebkontrolle und Selbstbeherrschung einschließt und den Fremden irgendwo zwischen Freund und Feind positioniert. Sie haben die Kunst zu erlernen, starke Affekte, aggressive wie libidinöse, zurückzuhalten und ihnen den ungefilterten Zugang zu Gestik und Mimik zu versagen. Würden die Gesichter jeden Affekt wie ein Lichtreflex spiegeln, wäre städtischer Verkehr kaum möglich. Alltagsmasken und gewisse Stilisierungen entstehen als zivilisatorische Hülle und Schutz. Sie verhindern allzu große Nähe, schützen vor projektiven Zuschreibungen und garantieren zugleich, dass die beziehungslosen Fremden einander nicht allzu fremd werden und eine spezifisch begrenzte Kommunikation zwischen ihnen möglich bleibt.

Es existiert ein verschwiegenes Regelwerk, das festlegt, wie man sich anspricht und wie lang ein Blickkontakt sein darf, damit er unterhalb der Bedeutungsschwelle bleibt. Sehen sich zwei Menschen jenseits der Kindheit länger als zehn Sekunden an, werden sie sich entweder lieben oder schlagen. Wird ein Blick als zu direkt empfunden, wird er durch einen Gruß, ein Kopfnicken oder ein höfliches Lächeln entschärft und gewissermaßen vergesellschaftet, ehe seine Länge oder Intensität das erträgliche Maß überschreitet und zu privat, zu bedeutsam zu werden droht. Man muss eben jenes Lächeln, das als höfliche Distanzierung gemeint war und so viel ausdrücken sollte wie: »Ich habe deinen Blick wahrgenommen, wir kennen uns nicht, doch es freut mich, dass du mich interessant findest«, auch so dechiffrieren. Die Verschaltung von Gefühlen und Ausdruck und ihre Wahrnehmung beim anderen sind uns in Fleisch und Blut übergegangen und geschehen im Alltag quasi reflexartig und ohne Hinzutreten des Bewusstseins. Was aber geschieht, wenn sich bei der Dekodierung und Rückübersetzung Missverständnisse und Fehldeutungen häufen? Wenn beispielsweise ein Mensch, der selber Lächeln als Beruhigung von Aggression einsetzt, mein freundlich-distanziertes Lächeln ganz anders deutet und als mühsam abgewehrte Aggression missversteht, gerate ich unter Umständen in einen kaum noch zu stoppenden Kreislauf von Missverständnissen. Ein Passant, dessen Wahrnehmung paranoid verzerrt ist, wird alles auf sich beziehen: »Der da, der gerade lächelt, lacht er über mich? Führt er am Ende etwas gegen mich im Schilde?«

Nur unter der Bedingung, dass dieses ganze vor- bis unbewusste hochkomplizierte Regelwerk von der Masse der Bewohner der städtischen Agglomeration intuitiv beherrscht und im Alltag respektiert und eingehalten wird, wird die Straße zu einem Bereich des Vertrauten, in dem wir uns einigermaßen angstfrei bewegen können.

Erschwert wird die Dechiffrierungsarbeit und Orientierung im städtischen Verkehr dann, wenn die anderen in einem doppelten Sinn Fremde sind. Nicht nur, dass ich sie nicht kenne, sie kommen auch aus Kulturen, die mir unbekannt sind. Wie sind deren emotionale und körpersprachliche Signale zu deuten, wenn ich ihre Attribuierungsregeln nicht kenne und ihre Kultur auf einer ganz anderen Form der Verschaltung von Affekten und körpersprachlichem, mimisch-gestischem Ausdruck beruht? Was besagt das Lächeln eines Chinesen? Wie schaut ein Singhalese, wenn er traurig ist? Was bedeutet eine bestimmte Geste eines Marokkaners? Wie signalisiert ein Kurde Angst? Wie drückt ein Mann aus Sierra Leone seine Freude aus, wie Enttäuschung oder fragende Erwartung? Was, wenn ein Fremder nicht nur fremd, sondern auch noch krank und psychisch gestört ist? Das multikulturelle Leben, das die Gegenwart für viele von uns mit sich gebracht hat, birgt neben fraglosen Vorteilen und Zugewinnen an Vielfalt auch die Gefahr von Missverständnissen und absichtslosen Verletzungen.

Immer schon gab es in großen Städten begrenzte, halb versteckte Reviere und Zonen, in denen es feindselig und »zotig« zuging, von Zivilisation kaum berührte Ränder, die der Bürger nur schaudernd, in einer Mischung aus Panik und Faszination, betrat. Der Bahnhof und seine Umgebung waren, bevor sie zu Shopping-Malls umgebaut und vom städtischen »Gesindel« gereinigt wurden, solche Zonen. Was aber, wenn die fremden Ränder in die Mitte hereinbrechen? Was geschieht, wenn das Regelwerk des städtischen Alltags von immer mehr Menschen absichtsvoll oder aus Unkenntnis oder innerer Not verletzt wird? Es wird gehäuft zu affektiven Kurz- und Fehlschlüssen kommen. Immer mehr Menschen durchqueren die Stadt als offene narzisstische Wunden und lebende Spaltungen, die auf der Suche nach einer Bestätigungsmöglichkeit für ihre Projektionen oder einem Container für innere Ängste und Wut sind. Das, was sie im Innern bedroht und in Angst versetzt, wird nach außen gestülpt und im anderen deponiert. Im zweiten Schritt wird dieser andere solange manipuliert, bis er sich die auf ihn projizierten Affekte tatsächlich zu eigen gemacht hat oder entsprechende in der Latenz gehaltene Regungen aktiviert werden. Jetzt fühlt sich der Projektor tatsächlich verfolgt, der andere hat sich in das »böse«, verfolgende Objekt verwandelt, gegen das er sich verteidigen muss, indem er in »Notwehr« zuschlägt.

Dieser Mechanismus, den Melanie Klein als »projektive Identifizierung« bezeichnet hat, bahnt sich im komplexen emotionalen Austauschprozess städtischen Verkehrs über das Medium der wechselseitigen Blicke an. Da uns in den Städten immer mehr psychisch labile oder gar gestörte Menschen begegnen, kann der »Blick des anderen« unvermittelt zum »bösen Blick« werden, der zu vernichten droht: ein vergifteter Pfeil, der ohne Absicht die verwundbare Achillesferse des Gegenübers trifft. Auf der Basis verbreiteter psychischer Desintegration und einer damit verbundenen Neigung zur paranoiden Projektion werden Sartres Thesen über den »Blick des Anderen« praktisch wahr und es kann »um die Wurst gehen.« Der »Sehstrahl«, über den der »Borderliner« seine Projektionen aussendet und eine Kettenreaktion hin- und hergehender aggressiver Akte in Gang setzt, mutiert beim Amokläufer zum Gewehrlauf, der tödlich auf alles gerichtet ist, was in seinem Schussfeld auftaucht.

Don deLillo beschreibt in einer Passage seines neuen Romans »Unterwelt«, der in einem breiten Panorama die Unterseite eines sektoral prosperierenden Kapitalismus schildert, die aus bewaffneten Dealern, Junkies, Obdachlosen, die in Kühlschrankkartons unter der Autobahn schlafen, Aids-Kranken, verwahrlosten Kindern, herumvagabundierenden Graffiti-Sprühern und durchgeknallten Serienkillern, grassierender Anomie und Paranoia gebildet wird, diese städtische Atmosphäre aus der Perspektive einer seiner Nebenfiguren.

Marvin fährt, nachdem er sich Latexhandschuhe übergestreift hat, eine Vorsichtsmaßnahme, die er bei jedem Besuch in der Stadt ergreift, zur Lower East Side. Die vorbeikommenden Menschen sehen »reizbar und ungeliebt« aus. Er stellt sein Auto in der Hoffnung ab, dass es nicht geknackt oder geklaut werden möge. Wenig später betrachtet er die Auslagen eines Textilgeschäftes. »Ein junger Mann stand neben ihm, schmalgliedrig und tätowiert, mit halbfertigem Schnurrbart, und glotzte ihn an. Er spürte das, den stechenden Blick, der sich direkt in die Seite seines Kopfes bohrte. Marvin spähte hinüber.

»Was? Ich gucke mir das Schaufenster an«, sagte er.

»Wenn ich gucke, musst du auch gucken?«

»Darf ich nicht gucken? Was? Ist doch ein Schaufenster.«

»Hast gesehen, wie ich gucke. Musste auch gleich gucken?«

»Was? Ich darf also nicht gucken?«

»Ich gucke hier.«

»Das ist ein öffentliches Schaufenster«, sagte Marvin.

»Du willst ein Fenster? Ich fenster dir gleich eine.«

»Was soll das jetzt, auf einmal?«

»Du denkst, du willst gucken? Wirst dich gleich umgucken.«

Marvin ging weg, was sollte er sonst tun, und krümmte die Finger in den Latexhandschuhen. »Unmöglich zu leben. Du kannst ja nicht mal die Straße entlanggehen, einen Fuß vor den anderen setzen. Denn was passiert? Die bringen dich um. Die kommen irgendwo raus und stechen dich ab, weil du sie anguckst. Das ist das Allerneueste in puncto Tod und Bedrohung. Du guckst sie an, sie bringen dich um. Nur ein Blick, der sich mit ihrem Blick trifft, und sie haben das Recht, dein Leben zu beenden.« (Köln 1998, S. 221)

*

So das deprimierende Fazit eines Stadtbesuchs. Die Atmosphäre lädt sich mit Spannungen auf, Aggressionen häufen sich an den Rändern des Bewusstseins. Der Angst- und Wahnsinnspegel steigt, eine gereizte Stimmungslage breitet sich aus. Die Stadt wird in der Wahrnehmung vieler verunsicherter Zeitgenossen zum betonierten Urwald, die Straßen zu Dschungelpfaden, die Menschen in ihnen zu kaum zivilisierten Abkömmlingen wilder Stämme.

»Autotelische Gewalt« oder: Ende einer Klassenfahrt

Nahtlos fügt sich das kriminelle Tagesgeschehen in meine theoretischen Überlegungen ein. Gerade lese ich in der Wochenendausgabe der *Süddeutschen Zeitung* vom 4./5. Juli 2009 von einem erneuten Gewaltexzess in München. Jugendliche aus der Schweiz, die sich auf Klassenfahrt in München befanden und nachts alkoholisiert durch die Stadt zogen, haben auf ihrer Tour fünf Männer angegriffen und zum Teil schwer verletzt. Eines ihrer Opfer wies schwere Kopfverletzungen auf: beidseitige Kieferhöhlenfraktur, Jochbeinbruch, Bruch der rechten seitlichen Begrenzung der Augenhöhle. Die Opfer wurden wahllos angegriffen; anders als bei der U-Bahn-Attacke vor zweieinhalb Jahren ging den Taten kein Wortwechsel, wahrscheinlich nicht einmal ein Blickkontakt voraus. Sie hätten einen »Kick« gesucht und Lust gehabt, »Leute zu klatschen«, gaben die 16-jährigen Täter zu Protokoll. So etwas sagen sie, weil es inzwischen in jeder x-beliebigen Talkshow zum Thema Jugendgewalt zu hören ist. Die Staatsanwaltschaft München, die Ermittlungen wegen versuchten Mordes eingeleitet und für drei der Täter Untersuchungshaft angeordnet hat, spricht, damit das Geschehen einen Namen erhält, von einem »Amoklauf mit Faustschlägen und Fußtritten«.

»Autotelisch« hat Philipp Reemtsma einen Typus von Gewalt genannt, der auf die Zerstörung der Integrität des Körpers zielt. Er unterscheidet zwischen drei Gewaltformen: *Lozierende* Gewalt hat ein Ziel außerhalb ihrer selbst, darum ist sie für uns der Prototyp einer Gewalt, die sich instrumentell verstehen lässt; auch *raptive* Gewalt will etwas, wenn auch Tat und Tatziel nahe zusammenrücken; das Ziel *autotelischer* Gewalt ist sie selbst, das heißt die Zerstörung eines anderen Körpers. »Autotelische Gewalt zerstört den Körper nicht, weil es dazu kommt, sondern um ihn zu zerstören.« Sie ist die Gewalt, die uns am meisten verstört, weil sie sich unserer Kosten-Nutzen-Logik nicht fügen will. Autotelische Gewalt lässt unsere Interpretationsschemata ins Leere laufen, die im Kern immer noch davon ausgehen, dass derjenige die Tat begangen hat, dem sie nützt. Wem oder was nützt die blindwütige Zerstörung eines fremden Körpers, der weder beraubt noch vergewaltigt wurde? Wir sprechen dann von »sinnloser Grausamkeit« und »rätselhafter Brutalität«, doch den »acte gratuit«, schrieb André Gide, »gibt es nur dem Anschein nach«, und er hoffte, dass die psychologische Wissenschaft jene »unerforschten Bezirke auf der Landkarte der menschlichen Seele« eines Tages erschließen und uns ein Verstehen scheinbar sinn- und motivloser Gewalt ermöglichen werde. Auch wenn wir bei diesem Versuch nicht sehr viel weitergekommen sind, haben wir doch im Verlauf dieses Buches gesehen, dass man nicht auf das Walten biologischer Faktoren, eines zeitlos Bösen oder gar des Teufels rekurrieren muss, um scheinbar motivlose Gewalt verstehbar werden zu lassen. Verbrechen, bei denen auf den ersten und zweiten Blick keine Motive erkennbar sind, nötigen uns dazu, im Innern der Täter nach Hinweisen auf eine psychische Störung zu suchen, in deren Kern man häufig auf mächtige Energieverschiebungen und affektive Fehlschlüsse stößt, die zu vollkommen unverhältnismäßigen Reaktionen, Erregungen am falschen Ort und gegen versetzte Objekte führen. Man kann kriminelle Handlungen auch als Inszenierungen »lesen«, in denen der Täter seine inneren Konflikte und Dramen zur Darstellung bringt.

ALLTAGSAMOK – AMOKALLTAG: LACKIERTE KAMPFHUNDE

Mitten auf einer Kreuzung, vor der weiße Pfeile auf blauem Grund anzeigen, dass man nur geradeaus fahren oder rechts abbiegen darf, stand ein Auto, dessen Fahrer das Schild entweder nicht gesehen hatte oder ignorierte und links abbiegen wollte. Da er wegen des ständigen Gegenverkehrs nicht abbiegen konnte, staute sich hinter ihm der Verkehr. Ungeduldige Fahrer begannen, ihrem Ärger durch Hupen Luft zu machen. Das schien der Fahrer des tiefergelegten Mittelklassewagens nicht auf sich zu beziehen. Im Vorüberfahren versuchte ich, indem ich den erhobenen Zeigefinger schüttelte, zu signalisieren, dass er hier nicht links abbiegen durfte und das Hupen ihm galt.

An der nächsten Ampel musste ich halten. Hinter mir stoppte ein Auto mit quietschenden Reifen. Im Rückspiegel sah ich, dass der Fahrer jenes tiefergelegten Mittelklassewagens ausstieg und zur Fahrertür meines Autos stürmte. Er musste gewendet haben und mir nachgefahren sein. Im letzten Moment konnte ich mit dem Ellenbogen die Zentralverriegelung betätigen. Er rüttelte wütend an der Tür. Als er merkte, dass sie verriegelt war, schlug er mit der flachen Hand aufs Dach und brüllte: »Du Hurensohn hast mir den Finger hingehalten, und du weißt, was das bedeutet! Du hast keinen Respekt! Komm raus!« Ich versuchte, ihn durch die geschlossene Scheibe hindurch zu beruhigen und ihm zu erklären, dass ich ihn lediglich auf die Ursache des Hupkonzerts aufmerksam machen wollte und nicht die Absicht hatte, ihn zu beleidigen. Er war aber derart in Rage, dass meine Erklärungen ins Leere gingen. Sein gekränkter männlicher Stolz machte ihn blind und taub und drang auf Rache. Auf dem Beifahrersitz saß eine junge Frau, und da konnte er die vermeintliche Beleidigung noch weniger auf sich beruhen lassen und musste ihr demonstrieren, was für ein toller Kerl und »Mann von Ehre« er ist.

Da ich keine Anstalten machte auszusteigen, spielte er die höchste Beleidigungs-Trumpfkarte aus. »Fick deine Mutter!« Wenn auch nur ein Funken männlicher Ehre in mir wäre, musste ich nun doch aussteigen und mich mit ihm schlagen. Doch ich dachte nicht daran, und als die Ampel endlich auf Grün sprang, fuhr ich einfach weg.

VI. Amok und Lärm

Vom Recht auf Stille

»ZUSAMMEN MIT DER ZEIT
WIRD ABER AUCH STILLE
ZU EINEM RAREN GUT.«
Lothar Baier

Unter den rückwärtigen Fenstern meiner Wohnung ist eine Baustelle entstanden. Große Geräte und Fahrzeuge lassen das Haus
erzittern. Auf Tiefladern, die stundenlang rangieren, werden Betonplatten angeliefert, die von einem riesigen Kran abgeladen und
weggehievt werden. Immer wieder wundere ich mich: In diesem
Labyrinth aus Betonplatten sollen später Menschen leben? In solchen Betonschachteln kann man bestenfalls »wohn-haft« sein, in
»Wohn-Haft« sitzen. Tag und Nacht laufen Pumpen, um das in
die Baugrube einsickernde Grundwasser abzupumpen. Kurzum:
Ich lebe in ständigem, überschüssigem Lärm, der ja zum städtischen Grundlärm noch hinzukommt. So etwas löst Alarm im Körper aus und wird zu einer Quelle von Gereiztheit und ohnmächtiger Wut. Um diese zu sublimieren, beginne ich im Internet unter
dem Stichwort »Lärm« zu recherchieren und stoße auf einen Aufsatz des Philosophen Theodor Lessing aus dem Jahre 1908. Es handelt sich um einen programmatischen Text für »Den ersten deutschen Antilärmverein«, der in jenem Jahr in Hannover gegründet
wurde und dessen Vereinsorgan *Der Antirüpel* hieß. Verein und
Zeitschrift traten für ein »Recht auf Stille« ein und wandten sich
gegen »Lärm, Roheit und Unkultur im deutschen Wirtschafts-,
Handels- und Verkehrsleben«. Im Zentrum der Lessing'schen
akustischen Qualen standen das »Teppich-, Polster- und Bet-
tenklopfen«, das Peitschenknallen der Kutscher, das Kreischen der
beschlagenen Wagenräder auf dem Pflaster und die »grauenhafte

Unsitte« öffentlichen musikalischen Dilettierens. Die von Lessing aufgelisteten und vor ihm schon von Schopenhauer beklagten Lärmquellen muten uns heute wie die Geräuschkulisse eines romantischen Films an. Der Durchschnitts-Lärmpegel in den Industrieländern ist seit Lessings Zeiten pro Jahr um rund ein Dezibel gestiegen. Hätten wir also nicht triftige Gründe, flächendeckend »Antilärmvereine« ins Leben zu rufen und Zeitschriften mit dem Titel *Der Antirüpel* zu gründen? Herbert Marcuse hielt den Lärm für die akustische Begleitung eines im Kern gewaltförmigen und destruktiven kapitalistischen Fortschritts, das *Bedürfnis nach Ruhe* für ein revolutionäres Ferment und *Stille* für eine wesentliche Qualität einer befreiten Gesellschaft.

Die Lektüre der Lessing'schen Kampfschrift hat mir zu einer Distanz zur unmittelbaren Unerträglichkeit des Lärms verholfen und die Unmöglichkeit des Lebens unter solchen Bedingungen vorübergehend aufgehoben. »Wohin«, fragte Lessing 1908, »sollen wir Träumer entfliehen? Vielleicht zu den Sternen hinauf?« Wir Heutigen liefen Gefahr, bereits auf dem Weg Zeugen eines Satelliten-Zusammenstoßen zu werden und nach unserer Ankunft selbst dort auf Bohrmaschinen, Dampframmen und andere Insignien der Zivilisation zu stoßen.

*

Die Lektüre von Theodor Lessings Aufsatz hat mich inspiriert, in meiner mitten in der Stadt gelegenen Wohnung eine Art *Lärmprotokoll* von einer beliebigen halben Stunde zu erstellen. Beim Rechtsanwalt gegenüber werden quietschend die metallenen Rollläden hochgezogen. Zwei Häuser weiter wird ein Gerüst aufgebaut. Metallstangen fallen scheppernd zu Boden. Laute Zurufe und gellende Kommandos. In der Wohnung über mir zieht jemand einen Stuhl übers Linoleum, was ein kreischendes Geräusch erzeugt, das durch Mark und Bein dringt. Stampfende Schritte von hier nach dort. Eine Tür wird krachend zugeschlagen. »Es gibt ein Wesen, das vollkommen unschädlich ist, wenn es dir in die Augen kommt, du merkst es kaum und hast es gleich wieder vergessen.

Sobald es dir aber unsichtbar auf irgendeine Weise ins Gehör gerät, so entwickelt es sich dort, es kriecht gleichsam aus, und man hat Fälle gesehen, wo es bis ins Gehirn vordrang und in diesem Organ verheerend gedieh, ähnlich den Pneumokokken des Hundes, die durch die Nase eindringen. Dieses Wesen ist der Nachbar«, heißt es bei Imre Kertész.

Im Garten gegenüber wird ein Baum abgesägt und das Geäst geschreddert. Unten auf der Straße fahren zwei Jungen auf ihren Skateboards vorüber. Wie kann ein so kleines, harmloses Gefährt so einen Lärm erzeugen? Ein Motorradfahrer lässt die Maschine aufröhren. Beim Nachbarhaus fällt das Hoftor krachend ins Schloss. Aus vorbeifahrenden Autos dringt wummernde Musik nach oben. Autos als regelrechte Klang-Bomben. Ein Autofahrer tritt, obwohl ein paar hundert Meter weiter die Ampel rot ist, noch einmal das Gaspedal voll durch, um dann quietschend zu bremsen. Der Deckel eines Müllcontainers wird scheppernd fallen gelassen. Ein hupender Autokonvoi auf dem Anlagenring zeugt davon, dass irgendwelche Menschen in die Ehefalle gegangen sind, aus der sie sich mit hoher statistischer Wahrscheinlichkeit in ein paar Jahren unter Schmerzen und großen Kosten, aber wenigstens ohne öffentlichen Lärm, wieder befreien werden. In der Wohnung über mir beginnt die Waschmaschine ihren Schleudergang. Minutenlang dröhnt, wackelt und klirrt alles.

Abends, wenn der allgemeine städtische Lärmpegel etwas absinkt, wird der Hausmeister von gegenüber sein Lieblingsspielzeug, den Laubbläser hervorholen. »Das gewöhnliche Unglück tritt ein«, heißt es bei Wilhelm Genazino, »wenn ein Mann und eine Maschine zueinander finden«, und er stellt die Gleichung auf: Mann + Motor = Lärm. Das gilt besonders fürs Wochenende, wenn die Zeit der rasenden Heimwerker anbricht. Überall heulen Bohr-, Schleif- und Fräsmaschinen auf, Rasenmäher, elektrische Heckenscheren und Hochdruckreiniger werden angeworfen.

Jeder dritte Passant telefoniert im Gehen mit seinem Handy und lässt einen, wenn man auf dem Balkon sitzt oder die Fenster offen stehen hat, an diesen Gesprächen teilhaben. »bin jetzt götestraße, gehe jetzt mc donald« ist so ein typischer Handy-Stakkato-Satz, der zu mir hinaufweht. Nachts ziehen betrunkene junge Männer grölend durch die Straße und stürzen Mülltonnen und Blumenkübel um.

Der Lärm nimmt keinen Anfang und findet kein Ende. Wie soll man da nicht krank oder verrückt werden? Vielleicht ist mein beinahe phobisches Verhältnis zum Lärm auch eine Begleiterscheinung meiner Leidenschaft fürs Schreiben und Lesen. Beides sind monologische Tätigkeiten und gedeihen nur unter leidlich ruhigen Umständen. Im neuen Roman von Ralf Rothmann fand ich in der Schilderung der Lärmempfindlichkeit eines Schriftstellers eine Bestätigung: »Er fühlte sich wie gehäutet von der Scharfkantigkeit der Geräusche und machte die banale Erfahrung, dass Sprache, in der mehr anklingt als das Alltägliche, nicht ohne Stille zu haben ist.«

Statt »monologisch« hatte ich eben zunächst »mongolisch« geschrieben, ein keineswegs zufälliger Verschreiber, denn tatsächlich verhalte ich mich vielen Phänomenen der sogenannten Modernisierung gegenüber »mongolisch«, was auf Herbert Achternbuschs »Rede zum eigenen Land« zurückgeht, die er irgendwann in München gehalten hat. Dort hat er gesagt: »Die Chinesen, die ich eigentlich nur rühmend erwähnen möchte, nennen die Mongolen die Affen. Die Mongolen schauen der selbstlosen Betriebsamkeit der Chinesen blasiert zu. Die Chinesen bauen den Mongolen Schulen und Fabriken, die die Mongolen meiden. Die Mongolen machen den Eindruck, als wären sie mit etwas anderem beschäftigt, vielleicht mit nichts. Wenn die fleißigen Chinesen meine Achtung haben, so haben diese Mongolen mein, wie soll ich es nennen? Was soll ich ihr Eigenleben irgendwie noch bezeichnen? Sie haben mein Vertrauen. Ich bin ihnen irgendwie zu eigen. Die Mongolei ist das Land meiner inneren Emigration ...«

Von manchen traumatisierten Menschen wird berichtet, dass sie derart geräuschempfindlich werden, dass sie bereits das Ticken einer Uhr in den Wahnsinn treiben kann und sie die berühmten Flöhe husten hören. Gelegentlich liest man von Kriegsveteranen, die auf spielende Kinder schießen, die unter ihren Fenstern lärmen. Die ausgeprägte Empfindlichkeit gegenüber dem Lärm reflektiert die lebensgeschichtliche Beschädigung von Ich-Funktionen, die für die Reizverarbeitung zuständig sind und normalerweise dafür sorgen, dass Lärm durch selektive Wahrnehmungsprozesse derart gefiltert wird, dass wir nur hören, was wir hören wollen. In manchen Kulturen wurde mittels Lärm gefoltert. In China wurden sogar Menschen durch Lärm zu Tode gebracht. Man legte sie unter eine Glocke, die der Henker schlug. Diese Form der Hinrichtung galt als der qualvollste Tod, den ein Mensch erleiden kann, und wurde nur bei schlimmsten Vergehen angewandt. Während der Blütezeit der Anti-Psychiatrie war folgende Geschichte in vielen verschiedenen Varianten im Umlauf: Ein Mann schaut in einem psychiatrischen Krankenhaus aus dem Fenster und sieht Männer, die mit Motorsägen Bäume fällen. »Warum werden diese wunderbaren alten Ulmen gefällt«, fragt er einen Arzt. »Wir müssen Platz schaffen für einen Erweiterungsbau«, erwidert dieser. »Warum müssen Sie anbauen?«, fragt der Besucher weiter. »Weil so viele Menschen wegen des Lärms der Motorsägen und der gefällten Ulmen verrückt werden«, erläutert der Arzt.

Für Traumatisierte und andere Empfindsame hielt Kierkegaard den Rat bereit: »Wenn ich Arzt wäre und man mich fragte: Was rätst du? Ich würde antworten: Schaffe Schweigen.«

*

Ständiger Lärm, so hatte ich gesagt, versetzt den Körper in einen Alarmzustand. Damit ruft er uns die Herkunft seines Namens ins Gedächtnis. Das Wort »Lärm« leitet sich etymologisch vom italienischen Ausruf »all'arma« ab, der so viel bedeutete wie: »Zu den Waffen!« Dieser Ruf war vor allem in den Kriegen des 16. und 17. Jahrhunderts in Gebrauch, aber auch wir Heutigen werden durch *Lärm* zu den Waffen gerufen, *alarmiert,* aber zu welchen Waffen sollen wir greifen und gegen wen sie kehren? Uns bleibt gegen Lärm-Attacken nur eine hilflose Defensive: Plastik- oder Wachsstöpsel – mit begrenzter Wirksamkeit und den bekannten Nachteilen. Die Unmöglichkeit, auf eine im Grunde unerträgliche Situation mittels Angriff oder Flucht zu reagieren, wird zur Quelle von

Stress, der auf Dauer krank machen kann. Zielgehemmte Aggressionen verwandeln sich in ein chiffriertes Ausdrucksgeschehen. Teilweise entspannen sie sich dabei und bleiben nach außen hin stumm, oder aber sie erzwingen einen Daueralarm vegetativer Leistungen. Wegen der blockierten Handlung kommt es zu einer Aggressionsbereitschaft im physiologischen Bereich, die sich nicht mehr zurückbildet und die Form diverser Krankheiten, zum Beispiel eines chronisch gesteigerten Blutdrucks, annehmen kann.

Angesichts eines Alltags aus Überfüllung, Lärm, Hektik und Nervosität stoßen unsere aggressiven Impulse ins Leere. Die Wut dreht sich im Kreis und wendet sich – je nach Temperament und Charakter – gegen Sündenböcke im Nahbereich (Frauen, Kinder, Haustiere) oder in Gestalt von Krankheiten gegen die eigene Person. Die ins Leere laufende Wut droht sich zum Hass zu verallgemeinern, der nach einem Ausbruch nicht mehr verraucht, sondern wächst und sich versteift, sich in uns einfrisst und unser Wesen verzehrt und schließlich zerstört. Überliefert sind als extreme Reaktionen auf lärminduzierten Stress sowohl Fälle von Selbsttötung als auch raptusartige Gewaltausbrüche, die sich gegen die Lärmquelle oder zufällig gewählte Opfer wenden und die wir »Amok« nennen. So hat im Oktober 2009 ein 55-jähriger Mann in der Nähe von Paris vier seiner Nachbarn erschossen, deren Neigung zum nächtlichen Feiern ihm offenbar schon länger auf die Nerven gegangen war. Anschließend tötete er sich selbst. (*FAS* vom 11.10.2009)

Menschen, die etwas nicht mehr aushalten, ertragen es oft noch lang, bis dann irgendein für sich genommen läppisches Ereignis die ganze gestaute Wut zur Explosion bringt. Michael Douglas hat in dem Film *Falling down* vorgeführt, wie am Ende ein Verkehrsstau, Hitze und eine Schmeißfliege zu Auslösern eines sich entgrenzenden Hasses werden können, der alles in den eigenen Untergang mit hineinziehen möchte. Gerade stoße ich in der Zeitung auf die Meldung, dass ein Rentner aus dem Elsass aus Zorn über nächtlichen Lärm in eine Gruppe Jugendlicher geschossen und dabei einen von ihnen getötet und einen anderen schwer verletzt hat.

*

Es scheint höchste Zeit, auf Theodor Lessings und Herbert Marcuses Forderung nach einem »Recht auf Stille« zurückzukommen. Der Linken stünde es gut zu Gesicht, Begriffe wie Langsamkeit, Stille und Schweigen kritisch zu besetzen und für sich zu reklamieren. Aus der Perspektive von Walter Benjamin erscheint Marx als Beschleunigungs- und Mobilmachungsdenker, dessen Bestreben darin bestand, einem durch die bürgerlichen Produktionsverhältnisse blockierten Fortschritt vollends zum Durchbruch zu verhelfen und dessen Prinzip der Naturbeherrschung auf die Spitze zu treiben. So gelangt Benjamin zu einem völlig anderen Begriff von Revolution: »Marx sagt, die Revolutionen sind die Lokomotive der Weltgeschichte. Aber vielleicht ist dem gänzlich anders. Vielleicht sind die Revolutionen der Griff des in diesem Zuge reisenden Menschengeschlechts nach der Notbremse.« Ohne ein Stoppen der toll gewordenen Uhren des Fortschritts ist ein Aufsprengen des repressiven Kontinuums der Geschichte nicht möglich.

In einer seiner geschichtsphilosophischen Thesen erinnert Benjamin an einen Zwischenfall während der französischen Juli-Revolution, »in dem dieses Bewusstsein zu seinem Recht gelangte. Als der Abend des ersten Kampftages gekommen war, ergab es sich, dass an mehreren Stellen von Paris unabhängig voneinander und gleichzeitig nach den Turmuhren geschossen wurde.« Die Revolution zerbricht die alten Zeitverhältnisse, sprengt das Kontinuum der linearen Zeit auf und eröffnet so neue Erfahrungs- und Lebensräume. Nicht Atemlosigkeit und Fortschrittslärm, sondern das Anhalten des Atems und Stille sind Zeichen solcher Erfahrung.

*

Nur ein paar hundert Meter von hier hat Georg Büchner während seiner Gießener Studentenzeit gewohnt. Beeindruckt hat mich früh eine Passage aus einem Brief an seine Eltern vom 5. April 1833 zum Thema *Jugend und Gewalt,* die man bis heute jenen entgegenhalten muss, die den Jugendlichen *das* individuell als Schuld anrechnen, was ihnen zustößt, und das ohne das kompakt Falsche der herrschenden Zustände nicht möglich wäre: »Man wirft den jungen Leuten den Gebrauch von Gewalt vor. Sind wir denn aber nicht in einem ewigen Gewaltzustand? Weil wir im Kerker geboren und großgezogen sind, merken wir nicht mehr, dass wir im Loch stecken mit angeschmiedeten Händen und Füßen und mit einem Knebel im Munde.«

Vor 175 Jahren hat Büchner in Gießen seine Version des *Hessischen Landboten* verfasst, die dann von Ludwig Weidig überarbeitet und »mit der Milch einer frömmeren Denkungsart« (H. M. Enzensberger) entschärft wurde. In einer an die Bauernkriege und biblische Texte erinnernden Sprache voller Bilder und Metaphern wandte Georg Büchner sich im Frühjahr 1834 an die »Geringsten«, also an Stadtarme, Bauern und Handwerker, mit der Absicht, sie »aus ihrer Erniedrigung hervorzuziehen«. Damals war Büchner kein Erfolg beschieden, und der flammende Appell verhallte weitgehend ungehört. Der von Büchner ins Leben gerufenen »Gesellschaft der Menschenrechte« gehörten in Gießen gerade mal acht Mitglieder an. Wäre es nicht höchste Zeit, eine Neufassung des *Hessischen Landboten* in Angriff zu nehmen und die Menschen wachzurütteln, die in ihrer Mehrzahl nach wie vor ein Leben in stummer Verzweiflung führen? Sein Motto »Friede den Hütten! Krieg den Palästen!« greift auch heute noch in unser aller Phantasie und kann mühelos mit den heutigen Palästen des Geldes und den Leidenserfahrungen ihrer Opfer assoziiert werden. Ernst Bloch hat davon erzählt, dass er gegen Ende der Weimarer Republik einen kommunistischer Agitator erlebt hat, der bei Kundgebungen Texte von Thomas Münzer und aus Büchners *Hessischen Landboten* vortrug und von seinen Zuhörern bestens verstanden wurde. Wohltuend unterschied sich diese alte Sprache, die damals noch erfahrbare und virulente »Ungleichzeitigkeiten« zum Ausdruck brachte, von der dürren, bilderlosen Parteisprache. Ob diese Sprache in der »eindimensionalen Gesellschaft« (Herbert Marcuse), die alle Ungleichzeitigkeiten planiert hat, noch verstanden wird, ist fraglich. Vielleicht müssen wir, wenn wir etwas ausrichten wollen, eine neue erfinden, die die Erfahrungen der rasanten Beschleunigung, der universellen Zerstörung von gewachsenen Lebensverhältnissen und des Verlustes alles Vertrauten beredt werden lässt. Auf Globalisierung und Ökonomisierung, die sich wie ein Alp auf das Leben der Menschen legen und den »Kältestrom« (Ernst Bloch) mächtig anschwellen lassen, können wir nur mit einer kritischen Aufladung des Begriffs »Heimat« und Strategien der Wiederaneignung von Lebensbedingungen, die unter die Kontrolle von Herrschaft und Profit gebracht worden sind, antworten. Wenn dann eines Tages die Bäche wieder mäandern, die Autos verrostet und die Wege wieder krumm sind, dann laufen, wie Herbert Achternbusch gesagt hat, »wieder ein paar Menschen rum, die ganz nüchtern sind, und nicht dieses von Angst besoffene Allerweltsmenschenungeheuer.«

»Wer bremst, verliert«

Gerade hatte ich vom Griff nach der Notbremse geschrieben, da stoße ich unter der Überschrift »Wer bremst, verliert« in der *Süddeutschen Zeitung* auf einen Bericht über Fahrräder ohne Bremsen, sogenannte »Fixies«. Sie wurden wegen ihrer Schnelligkeit ursprünglich vor allem von Fahrradkurieren benutzt, deren Einkommen von der Anzahl der erledigten Jobs abhängt, und werden als extrem riskant und unfallgefährdet eingestuft. Inzwischen sind »Fixies« Mode, gelten als »cool« und werden von immer mehr Zeitgenossen auf der Suche nach dem »Kick« gefahren. Es sind Ein-Gang-Räder ohne Leerlauf, die ursprünglich im Bahnradsport zum Einsatz kamen und mit denen eine Geschwindigkeit bis zu 70 Kilometern pro Stunde erzielt wird. Hindernissen weicht man am besten aus, denn für eine Vollbremsung muss der Fahrer während der Fahrt das Hinterrad anheben und es dann durch Gegendruck auf die Pedale stoppen. Bei diesem Manöver nicht zu stürzen, verlangt große Fahr- und Jonglierkünste.
Mir scheint dieses Fahrrad ohne Bremsen nicht nur ein Fahrrad, sondern gleichzeitig eine Metapher unserer Gegenwart zu sein. Der Zug des kapitalistischen Fortschritts rast dahin, das Führerhaus ist leer, keiner weiß, wohin die Reise geht, und Bremsen gibt es keine.

Viele Zeitgenossen favorisieren ein kokaingestütztes Leben auf der Überholspur, finden Bremsen extrem »uncool« und etwas für »Loser«. Wer Zeichen von Müdigkeit und Depression zeigt, fliegt aus dem Rennen, dessen Ziel und Sinn niemand kennt: rasend schnell nach Nirgendwo. Dieser Lebensstil birgt den enormen Vorteil, nicht denken zu müssen. Es gibt einen Zusammenhang zwischen Geschwindigkeit und Denken, und zwar einen negativen: Wer es eilig hat, kann nicht denken. Jede kleinste Unterbrechung, jedes Zögern birgt die Gefahr, dass man zu denken anfängt, und das könnte dazu führen, dass einem der Wahnsinn der ganzen leeren Betriebsamkeit aufgeht. Neben dem *Fastfood* bevorzugt unsere Gesellschaft deshalb *Fastthinkers*, die wie gewisse Westernhelden, »schneller schießen als ihr Schatten« (Pierre Bourdieu). Trotz aller Bewegung an der Oberfläche verändert sich qualitativ nichts, wir leben in einem Zustand, den der französische Beschleunigungsphilosoph Paul Virilio als »rasenden Stillstand« beschrieben hat.

Thomas Pynchon hat in seinem 1973 erschienenen Buch »Die Enden der Parabel« die Hochgeschwindigkeits- und Spaßgesellschaft der Gegenwart bereits kühn vorweggenommen: »Innerhalb des Systems zu leben ist wie eine Überlandfahrt in einem Bus, der von einem Wahnsinnigen gesteuert wird, der seinen Selbstmord plant … obwohl er ein netter Kerl ist und ständig Witze über den Lautsprecher lässt.«

Oasen der Stille und der Verlangsamung

Zum Schreiben habe ich mich auf die der Baustelle abgewandte Seite der Wohnung zurückgezogen. Dort war es leidlich zu ertragen. Seit gestern nun ist auch hier eine Baustelle eröffnet worden, so dass die Gefahr wächst, dass das Schreiben über Amok direkt in einen Amoklauf des Schreibenden mündet: Amok als Folge einer permanenten Lärmfolter, einer gnadenlosen Umzingelung durch

Krach. Ich sehe vor mir die Schlagzeile: »Amok-Experte geht zur Praxis über!«

Aber in Wahrheit ist es so, dass mich das Schreiben vor dem Schlimmsten bewahrt. Texte wie der Passus über den Lärm bewahren mich vor dem Äußersten und haben eine therapeutisch-kathartische Funktion. Man muss den Dingen ins Auge sehen und sie bei ihrem Namen nennen. Die Wut wird sublimiert und in kleinen Gondeln an die Worte geheftet, und schon kann man es mit fast allem aufnehmen. Was gedacht, ausgesprochen und geschrieben werden kann, muss nicht agiert werden.

Dennoch fliehe ich für den Moment mit Zeitung und Notizblock aus meiner Wohnung in den Botanischen Garten. Wer dessen Pforte passiert und in den Garten eintritt, taucht ein in eine andere Zeitzone und eine Oase der Stille. Sofort spürt man wohltuend den Kontrast zum Lärm und zur hektischen Betriebsamkeit der Stadt und verlangsamt automatisch den Schritt. Bänke stehen unter großen, alten Bäumen und laden zum sitzenden Verweilen ein. Wo sonst trifft man so viele lesende Menschen an? Leider grassiert auch hier die Unsitte des öffentlichen Telefonierens, und ich plädiere vehement für ein Handy-Verbot im Botanischen Garten. Es gibt nichts Schlimmeres als ein Daily-Soap-Klon auf der Bank neben mir, der unablässig Selbstgespräche mit dem Handy führt oder nervös Nachrichten eintippt. Stets sind diese jungen Leute auf der Suche nach elektronischen Belegen für die eigene Existenz. Sie sitzen sich in Fastfood-Lokalen gegenüber mit vor Unruhe zuckenden und wippenden Beinen – unkonzentriert, nervös, flackernd – und fotografieren sich mit ihren Handys, als würde erst das Foto die Authentizität der Situation und die Anwesenheit des anderen verbürgen. Das Schimmern des Kameraauges scheint an die Stelle des Kohut'schen »Glanzes im Mutterauge« getreten zu sein. Aber was soll auch anderes entstehen, wenn Mütter beim Stillen oder Füttern fernsehen und telefonieren? Wie einsam und verlassen muss sich ein Kind fühlen, wenn die Mutter über Ohrenstöpsel Musik hört, während sie den Kinderwagen schiebt, wenn der Blick in die mütterlichen Augen, der dem Kind den Weg in die Welt bahnen könnte, durch eine Sonnenbrille verwehrt ist? Die vor-

sprachliche Körperkommuni-
kation und die auf ihr basie-
rende Bindung zwischen Müttern und ihren Neugeborenen
scheint immer öfter gestört zu
sein, und so schreien sich die
Kinder vor lauter Einsamkeit
die Seele aus dem Leib und
bekommen das Maul mit Öko-
Keksen gestopft, die ihre Mütter in riesigen Mengen überall
mit sich führen. Irgendwann
liefern die entnervten Eltern
ihre sogenannten Schreibabys
in der »Schreiambulanz« ab,
wo man ihnen als Heilmittel das tägliche Kuscheln empfiehlt. Aber
Wärme und Nähe lassen sich nicht per Rezept verordnen, und so
dürfen wir uns nicht wundern, wenn aus solcher Leere und Bindungslosigkeit nichts anderes entsteht als ein medialer Autismus.
Die Geschwindigkeit im Botanischen Garten wird durch ältere
Menschen vorgegeben, die sich hier treffen und miteinander re-
dend ihre Runden drehen. Für sie ist der Botanische Garten ein
Refugium des Vertrauten inmitten einer Welt, die immer unver-
trauter und unübersichtlicher wird. Angestellte verbringen ihre
Mittagspause hier, essen ein mitgebrachtes Butterbrot und blättern
in einer Zeitung. Weiter hinten im Garten sieht man Biologiestu-
dentinnen, Pflanzennamen murmelnd, durch die Reihen schlen-
dern. Ab und zu gehen sie in die Hocke, betrachten eine Blüte aus
der Nähe oder schlagen in einem Bestimmungsbuch nach. In Zukunft wird der Botanische Garten, der 1609, also genau vor 400 Jahren, als »hortus medicus«, als Heilkräutergarten der Universität
gegründet wurde, immer mehr zu einer Art Pflanzenmuseum werden. Wie bestimmte Tierarten schon jetzt nur noch im Zoo zu
sehen sind, so werden wir gewisse Pflanzen in Zukunft nur noch
hier antreffen. Der Botanische Garten wird zu einem Asyl für vom
Aussterben bedrohte Pflanzenarten und für Stadtbewohner, die

unter der fortlaufenden ökonomischen Vergewaltigung der Stadt leiden und nach Orten suchen, die frei sind von aufdringlichen Kaufappellen und nervösen Verwertungszwängen. Solche kommerzfreien Inseln der Stille und der Verlangsamung gehören zum sozialen Immunsystem einer Stadt. Wie wichtig sie für unser aller Leben sind, merken wir oft erst, wenn sie verschwunden sind.

Heute setze ich mich im Schatten auf eine Bank. Ein Klangteppich aus Vogelgezwitscher legt sich gnädig über den Rest städtischen Lärms, der auch hier als fernes Rauschen noch vernehmbar ist. Die Angestellten des Botanischen Gartens verrichten ihre Arbeit noch mit den Händen oder benutzen allenfalls Handwerkszeuge, die nichts als Verlängerungen ihre Hände und Arme sind und keinen Lärm verursachen.

Auf der Bank in der Zeitung blätternd erfahre ich vom Tod von Paul Parin. 92-jährig ist der Psychoanalytiker, Arzt und Pionier der Ethno-Psychoanalyse am Wochenende, dem 15./16. Mai 2009 – wie zu Lebzeiten auch jetzt von Freunden umgeben – in Zürich gestorben. Ich habe ihn mit zwei Freunden Anfang der 80er Jahre einmal besucht, um mit ihm im Rahmen eines Forschungsprojekts über die »Züricher Jugendunruhe« von 1980 zu sprechen, als nach der gewaltsamen Räumung und Schließung des »Autonomen Jugend-Zentrums« für ein paar Monate der Ausnahmezustand der Rebellion und Repression in der Stadt herrschte. Imponiert hat mir stets der Satz von Goldy und Paul Parin, der den heutigen Experten für psychische Störungen vollkommen fremd vorkommen wird: »Für uns war die Psychoanalyse die Fortsetzung des Partisanenkampfes mit anderen Mitteln.« Goldy und Paul waren nach ihrem Studium in der Schweiz, wohin sie aus ihrer slowenischen Heimat vor den Nazis geflohen waren, nach Jugoslawien zurückgekehrt, um sich der Partisanenarmee Titos als Ärzte zur Verfügung zu stellen. Wie beim Tod von Ernst Bloch oder Herbert Marcuse habe ich bei dieser Todesnachricht das Gefühl, dass da mit einem besonderen Menschenleben eine ganze Epoche zu Ende geht. Unter dem Datum vom 31. März 1982 haben Goldy und Paul mir eine Postkarte geschickt, mit der sie sich für die Übersendung des Textes bedanken, den ich im Anschluss an den Besuch bei ihnen verfasst hatte und der mit einem Satz von Hölderlin »Ich fürchte, das warme Leben in mir zu erkälten an der eiskalten Geschichte des Tags ...« überschrieben ist. Das Motiv der Postkarte zeigt die Züricher Innenstadt, zugefroren und von Packeis bedeckt.

Stolz bin ich auf eine Passage in einem seiner letzten Bücher »Der Traum von Ségou«, in der Paul Parin sich mit meinen Thesen zum Veralten der Psychoanalyse auseinandersetzte. Er teilte keineswegs meine Meinung, dass heutige psychische Erkrankungen immer mehr den Status von »Soziosen« hätten, zu deren Erfassung und Therapie die Psychoanalyse nur noch sehr bedingt tauglich sei, aber inmitten seiner kritischen Anmerkungen hat er – wahrscheinlich ohne es zu ahnen – ein großes Lob versteckt: »... Götz Eisenberg, der mit der Psychoanalyse vertraut ist, ...« Diese kleine, in einem Nebensatz versteckte Bemerkung habe ich als Kompliment eines wahrhaft großen Psychoanalytikers verbucht, das mir damals und heute unverdient schien. Aber gefallen und gutgetan hat es mir doch. Auf von ihm kritisierten Thesen werden wir gleich im Kontext der eingehenderen Beschäftigung mit zeitgenössischen Tötungsdelikten stoßen.

Paul Parin war auch einer der letzten Weggefährten von Lothar Baier, dessen Andenken dieses Buch gewidmet ist. Einen seiner letzten Texte hatte er am 14. Januar 2003 in Form eines Briefes an Paul Parin geschrieben und auch einigen wenigen, noch verbliebenen Freunden geschickt. »lieber herr parin«, lesen wir dort, »und er hat alles kleingeschrieben – stefan george tut dies auch, heißt es in einem chanson von tucholsky. dass ich alles klein schreibe, hat mit george nichts zu tun, sondern nur mit dem kruden faktum, dass ich mit der linken tippen muss, da der rechte arm vergipst in der schlinge hängt.« Der Brief enthält Lothars Version des dramatischen Scheiterns einer Liebesbeziehung, deretwegen er nach Kanada gegangen war. In dem an mich gerichteten Begleitschreiben spricht Lothar davon, dass er auch nach dem Ende dieser Beziehung in Kanada bleiben wolle. Montreal sei ein »wirksames Antidepressivum« für ihn, und er denke nicht daran, ins »gentrifizierte Finanzdorf Frankfurt« zurückzukehren. In den 90er Jahren hatte Lothar begonnen, zwischen Frankfurt und Montreal hin und her zu pendeln, bis er Anfang des neuen Jahrhunderts seine Zelte in Frankfurt und Deutschland abbrach und vollends nach Kanada ging. In der Folgezeit brach er viele Brücken hinter sich ab und ließ, um sich den Abschied zu erleichtern, an Deutschland und seinen Bewohnern kein gutes Haar. Enttäuscht war er vor allem von vielen ehemaligen Weggefährten und Genossen, die er nun mit einem gewissen Sarkasmus als »former radicals, now upstairs moving« bezeichnete.

Dem Brief beigefügt hatte er den Bericht einer kanadischen Tageszeitung über ein Tötungsdelikt in Vancouver. »Did video-game violence lead to real-life shooting?« lautet die Überschrift. In einem Internet-Café wurde der 17-jährige Christian Kwee von einem Kumpel, der von ihm gerade beim Video-Schießen besiegt worden war, erschossen. »Den Artikel lege ich dir bei, für deine Dokumentation«, schrieb Lothar. Von ihm habe ich auch zuerst davon gehört, dass »going postal«, aufs Postamt gehen, in den USA ein Synonym für Amoklaufen ist. Als man in den 80er Jahren im Zuge der *Reaganomics* damit begann, die Post zu privatisieren und zu »verschlanken«, kamen einige entlassene ehemalige Postangestellte bewaffnet an ihren privatisierten Arbeitsplatz zurück und schossen dort um sich. Lothar sah einen Zusammenhang zwischen der wirtschaftlichen Deregulierung und der Zunahme solcher Firmen-Amokläufe. Im August 1999 schrieb er aus Montreal: »Die Deregulierung schlägt hier noch viel schneller auf die Individuen durch als in Europa, wo es noch zählebige bürgerliche Residuen gibt. Vielleicht gibt es auch schon deregulierungstypische Verbrechen, wie das Massaker eines frustrierten Daytraders unter Angestellten einer Brokerfirma in Atlanta.«

Ich habe diese These später um den Aspekt erweitert, dass die wirtschaftliche Deregulierung mit einer psychischen Deregulierung einhergeht. Die im Namen des Neoliberalismus betriebene Deregulierung von Sozialstaat, Wirtschaft und Gesellschaft scheint mit einer psychischen und moralischen Deregulierung einherzugehen, von der das Über-Ich, das Ich und seine Modi der Abwehr gleichermaßen betroffen sind. Die Menschen geraten in den Sog einer psychischen Entstrukturierung, die dazu führen kann, dass archaische Mechanismen wie Spaltung und Projektion die Überhand über die reifen Ich-Funktionen und Abwehrmechanismen gewinnen. Das, was man bislang für schwere Krankheitszeichen hielt und mit den Namen »narzisstische« oder »Borderline-Störung« belegte, droht zur sozialpsychologischen Signatur des »Neuen Zeitalters« zu werden. Da gleichzeitig die von Norbert Elias beschriebene Verwandlung von »Fremdzwängen in verinnerlichte Selbstzwänge« nicht mehr mit ausreichender Zuverlässigkeit stattfindet, wächst die Neigung, intrapsychische Spannungen und Konflikte in der Außenwelt auszuagieren. Die Markt- und Kapitallogik räumt nicht nur alle ihren expansiven Drang behindernden äußeren Barrieren und Kontrollen beiseite, sondern auch die im Inneren der Menschen. Man kann offensichtlich nicht beides zugleich haben: den hochflexiblen, wendigen, allseits anschlussfähigen Menschen und das, was man »Charakter« nennt, einen Fundus von in der Person fest verankerten handlungsleitenden Normen und Werten. Deswegen ist für die Zukunft damit zu rechnen, dass es vermehrt zu unkontrollierten Trieb- und Impulsdurchbrüchen kommt, die im Extremfall die Form der raptusartigen Aggressionsentladung und des Amoklaufs annehmen können.

Eineinhalb Jahre und ein paar herbe Enttäuschungen später hat das Antidepressivum Montreal bei Lothar Baier nicht mehr gewirkt. Die Probleme hatten wie blinde Passagiere die Auswanderung mitgemacht, die Depression kehrte zurück, und das Leben schien ihm nicht mehr der Mühe wert. Lothars Depression scheint mir einen gesellschaftlich-historischen Index aufzuweisen, oder umgekehrt formuliert: Glück hat, wie Peter Brückner einmal gesagt hat, seinen geschichtlichen Atem, braucht den Wind einer historischen Tendenz im Rücken. Es kommt leider häufig vor, dass der Gang einer Lebensgeschichte vom gegenläufigen Trend gesellschaftlich-historischer Tendenzen unglücklich geschnitten wird, und dieser Schnitt kann zum Auslöser psychischer Erkrankungen werden. Der Ausbruch von Lothars Depression, das heißt ihr Hervortreten aus der Latenz, fällt mit dem Niedergang der europäischen Linken zusammen, zu deren führenden intellektuellen Köpfen Lothar Baier in den späten 70er und 80er Jahren zählte. Die Feuilletons der großen Zeitungen standen ihm in jenen Jahren offen, bei Wagenbach erschienen seine großen Essays *Firma Frankreich*, *Gleichheitszeichen* und *Die große Ketzerei* und er publizierte in der Zeitschrift *Merkur*, in Enzensbergers Zeitschrift *TransAtlantik* wie in Wagenbachs *Freibeuter*. Ab den 90er Jahren wurde die Luft dünn für einen wie Lothar, der den nach dem Zusammenbruch des Ostblocks zur Mode gewordenen Trend zum Abschwören und zur Konversion nicht mitmachte und sich und seinen früheren Intentionen die Treue hielt. Während zahlreiche ehemalige Linke sich von ihrer Vergangenheit distanzierten und sich in runderneuerte »Wachhunde« (Paul Nizan) der globalisierten kapitalistischen Ordnung verwandelten, die sie nun aggressionsfrei »Markt« nennen, blieb er ein »engagierter Intellektueller« im Sinne Sartres, der sich nicht einreden ließ, dass die bestehende Gesellschaft alternativlos und der Geschichte letztes Wort sei. »Heute hinauszuschreien«, schrieb er in dem 1993 erschienenen Band »Die verleugnete Utopie«, »dass die Utopie gescheitert ist, ist etwa so klug, wie im Spätherbst, wenn die Blätter fallen, zu dem Schluss zu kommen, dass die Idee des Frühlings gescheitert ist. Nieder mit dem Frühling!« Er arbeitete einige Jahre als Redakteur bei der in der Schweiz erscheinenden *Wochenzeitung* (WOZ), bis es auch dort zu unschönen Zerwürfnissen kam, und verfasste regelmäßig Beiträge für die Ost-West-Wochenzeitung *Freitag*. Er, der in seinen guten Jahren vom Schreiben hatte leben können, hatte nun Mühe, finanziell über die Runden zu kommen.

Wenn er depressiv sei, hat er mir einmal gesagt, empfinde er den Alltag so anstrengend, als müsse er ständig gegen die Fahrtrichtung einer Rolltreppe anlaufen. An manchen Tagen fiel es ihm schwer, das Haus zu verlassen und sich gegen die Schwere der Welt anzustemmen. Einige Verabredungen sagte er deswegen ab. Zum letzten Mal sah ich ihn im Herbst 2002. Wir hatten nachmittags Pilze gesucht und gefunden und uns währenddessen intensiv unterhalten. Abends bereiteten wir die Pilze zu, aßen gemeinsam und redeten weiter. Gegen Mitternacht brachte ich ihn zum letzten Zug nach Frankfurt. Er rauchte auf dem Bahnsteig noch eine seiner schwarzen französischen Zigaretten und sagte dann in der Zugtür stehend: »Bis bald, wir müssen unsere Diskussion dringend fortsetzen.«

Ich vermisse ihn und unsere Gespräche sehr. Lothar Baier erhängte sich am 11. Juli 2004 in seiner Wohnung in Montreal. In einem Essay über Jean Amérys Buch »Hand an sich legen« hatte er Jahre zuvor einen Kommentar zu einer Tagebucheintragung Cesare Paveses zitiert, der möglicherweise auch auf ihn selbst zutrifft: »Es scheint ihm, dass es bereits zu spät ist und dass er endgültig in einem Suizidantenleben dahindämmert; doch im Sommer des gleichen Jahres … findet er das Wollen intakt und führt es aus. Durch diese Tat rettet er sein Leben.«

Der Holzklotz-Amok von Oldenburg

Nachdem ich eine Weile meinen Erinnerungen an Paul Parin und Lothar Baier nachgehangen hatte, stieß ich – noch immer im Botanischen Garten sitzend – in einer anderen großen deutschen Tageszeitung auf einen Bericht von Hans Holzhaider über den Prozess gegen den 30-jährigen Nikolai H. Der arbeitslose, drogenabhängige, aus Kasachstan eingewanderte Mann hat mutmaßlich am Ostersonntag 2008 einen Holzklotz von einer Autobahnbrücke bei Oldenburg geworfen, der die Windschutzscheibe eines Pkw durchschlug und eine Frau tötete. Delikte dieser Art, die in den letzten Jahren immer wieder vorgekommen sind, haben auch etwas Amokartiges. In Erinnerung geblieben sind die Steinwürfe von einer Fußgängerbrücke auf eine Schnellstraße in Darmstadt im Jahr 2000. Jugendliche aus einer nahe gelegenen amerikanischen Siedlung hatten dabei zwei Frauen getötet und vier weitere Menschen verletzt. Sie hatten aus dem Steinewerfen eine Art Sport gemacht, den sie immer wieder betrieben, um ihre Langeweile zu beheben und sich einen »Kick« zu verschaffen.

Es ist wie Amok ein Verbrechen, das jeden treffen kann, zu jeder Zeit, ohne irgendeine Vorwarnung. Es gibt keinen Schutz, keine

Sicherheitsvorkehrung gegen einen, der im Dunkeln auf einer Brücke steht – mit einem Stein oder einem Holzklotz in der Hand. Es ist der pure Zufall, ob er trifft und, wenn ja, wen er trifft, es gibt keine Beziehung zwischen Täter und Opfer. Das Opfer stirbt einen vollkommen kontingenten, sinnlosen Tod. Der Täter steht unsichtbar oben und spielt Gott, ist für diesen Augenblick seiner sonstigen Ohnmacht entronnen und Herr über Leben und Tod. Was wäre denn, wenn solche Taten aus dem Grund begangen würden, ein einziges Mal Ursache von etwas zu sein? Menschen, die stets Mittel fremder Zwecke und Anhängsel von etwas Äußerem sind, von dem sie einfach nur mitgeschleift werden, wollen endlich einmal Ursache von etwas sein, und wenn es ein schweres Verbrechen ist. Der Täter sitzt nach seiner Tat vor dem Fernseher, sieht die Fotos von Tatort und Opfern und sagt sich: »Das war *ich*! Die ganze Aufmerksamkeit gilt einer Tat, die *ich* begangen habe!«

Vielleicht ist die ganze Motivsuche aber auch lediglich Ausdruck unseres überspannten Kausalitätsbedürfnisses, und es verhält sich so, wie Wilhelm Genazino vor Jahren einmal in einer Rede vor Schülern sagte: »Nach meiner Einschätzung wird die Gewalt in den nächsten Jahren erheblich zunehmen. Es wird gemordet werden, weil sich jemand im Fernsehen schlecht unterhalten fühlt; es wird gemordet werden, weil jemand plötzlich merkt, dass er sich nicht ausdrücken kann; es wird gemordet werden, weil jemand gerade kein Bier mehr hat; es wird gemordet werden, weil jemand seine Biographie nicht mehr versteht. Es wird aus neuen Gründen gemordet werden, und die neuen Morde werden schwerer zu begreifen sein als die alten.« (Fühlen Sie sich alarmiert. In: Der gedehnte Blick, München 2004, S. 29)

Nikolai H. habe, so wurde vom Gericht gemutmaßt, den Klotz aus Frust und Ärger darüber geworfen, dass es ihm am Ostersonntag nicht gelang, Heroin für den abendlichen Schuss aufzutreiben. Er sagte während des ganzen Prozesses kein Wort. Das Gericht konnte den motivationalen Hintergrund der Tat nicht aufhellen, befand ihn für schuldig und verurteilte ihn am 20. Mai 2009 wegen Mordes zu einer lebenslangen Freiheitsstrafe.

VII. »Was ist das, was in uns lügt, mordet, stiehlt?« Zur Psycho- und Soziodynamik zeitgenössischer Tötungsdelikte

An dieser Stelle scheint es mir angezeigt, einen intensiveren Blick auf die Struktur zeitgenössischer Tötungsdelikte zu werfen, deren »Zweckfreiheit« und scheinbare oder auch reale Motivlosigkeit Polizei, Justiz und forensischer Psychiatrie Rätsel aufgeben.[3]

»Verstehen kann das auch ein Psychiater nicht.«

Die Chefin einer sogenannten Drückerkolonne lässt einen Mitarbeiter, der nicht genug Abonnenten wirbt und »Scheine schreibt«, von einer Kollegin stundenlang foltern und schließlich mit einem Spaten erschlagen, mit dem das Opfer zuvor sein eigenes Grab hatte schaufeln müssen. Die Chefin überwacht die Hinrichtung mit Pistole und Kampfhund und fotografiert die Stadien der Tortur.

Zwei spanische Gymnasiastinnen locken eine Mitschülerin in einen Hinterhalt, stechen wie besessen auf sie ein und schneiden ihr schließlich die Kehle durch. »Wir wollten eine neue Erfahrung machen und bis an die Grenze gehen«, geben sie bei ihrer Vernehmung zu Protokoll.

Zwei junge »Deutschrussen« überfallen ein Juweliergeschäft, fes-

---

3 Das nun folgende Kapitel stellt die überarbeitete und erweiterte Fassung eines Textes dar, der bereits in Nummer 104 der Zeitschrift »psychosozial« (Gießen 2006) erschienen ist, die gleichzeitig eine Art Festschrift für den früheren Leiter der Justizvollzugsanstalt Butzbach, Klaus Winchenbach, zu dessen 65. Geburtstag darstellt.

seln und knebeln die beiden Angestellten, plündern den Laden und schneiden ihnen vor dem Verlassen des Ladens die Kehlen durch. »Neben ihrer fast unsäglichen Brutalität trägt die Tat Züge eiskalter, fast professioneller Durchführung eines Vernichtungsplans«, sagt der Richter in seiner Urteilsbegründung.

Zwei Männer entführen die Geschwister Tom und Sonja aus Eschweiler bei Aachen. Um das neunjährige Mädchen ungestört sexuell missbrauchen zu können, töten sie ihren elfjährigen Bruder: »Der L. hat gesagt, der Junge muss entsorgt werden«, sagt W. in der Gerichtsverhandlung. Nachdem sie sich an dem Mädchen vergangen haben, stülpt L. ihm eine Plastiktüte über den Kopf und erwürgt es. Als der Richter ihn fragt, in welchem Zustand er sich befand, als er das Kind erdrosselte, antwortet dieser: »Ich war locker drauf.«

Der neue türkische Freund einer in Deutschland lebenden Polin misshandelt und quält tagelang deren dreijährige Tochter Karolina, bis er sie gegen die Wand schleudert und dann sterbend und mit kahl geschorenem Kopf auf der Toilette eines Krankenhauses ablegt. Er hatte das nicht von ihm stammende Kind wiederholt als »Bastard« beschimpft, regelmäßig Zigaretten auf seinem Körper ausgedrückt und es systematisch gefoltert. Die Mutter unternahm nichts zur Rettung ihrer Tochter oder beteiligte sich gar an der Tortur. Das Paar sah in dem Kind offensichtlich ein Hindernis auf dem Weg zu seiner »Selbstverwirklichung«.

Ein 15- und ein 16-Jähriger treffen nachts nach einem Disco-Besuch in der Straßenbahn auf einen 46-jährigen Mann, der eine Bierflasche in Händen hält und sprachlich und motorisch beeinträchtigt ist. Sie pöbeln ihn an, beschimpfen ihn als »Penner« und »Hurensohn«. An der Endstation angekommen, sagt der eine: »Komm, jetzt machen wir's.« Sie schlagen und treten so lange auf den Mann ein, bis dieser sich nicht mehr rührt. Er stirbt an den Folgen der Schläge und Tritte. Sie fotografieren ihre blutverschmierten Schuhe und zeigen die Handybilder am nächsten Tag auf einer Geburtstagsparty wie Trophäen herum und brüsten sich damit, »einen plattgemacht« zu haben.

Die Liste solcher und ähnlicher Gewalttaten ist beliebig verlängerbar. Sie hinterlassen Öffentlichkeit, Gerichte und Angehörige ratlos. Letztere vor allem hoffen vergeblich auf Erklärungsansätze und Hinweise, die dem Tod eines ihnen nahen Menschen ein wenig Sinn verleihen, der ihnen das eigentlich Unerträgliche wenn nicht erträglich, so doch erträglicher macht. Sie wollen nicht nur, dass der Täter seine Strafe findet, sondern erwarten, dass sich das anfangs Unfassbare der Tat im Laufe der Gerichtsverhandlung in eine halbwegs plausible Erzählung verwandelt, die dem, was ihnen zugestoßen ist, wenigstens nachträglich einen Sinn geben könnte. Selbst wenn man ahnt, dass solche Erzählungen stets etwas von einer »Sinngebung des Sinnlosen« (Theodor Lessing) haben und den Versuch darstellen, nachträglich ein Muster in das Chaos des Blind-Kontingenten zu weben, können Menschen nicht darauf verzichten, Unbekanntes in leidlich Bekanntes zu verwandeln und Sinn in ihre Lebensläufe bringen zu wollen. Hilfestellung erwartet man sich an dieser Stelle vor allem von den psychiatrischen Sachverständigen, deren Aufgabe es wäre, den Schrecken dadurch zu bannen, dass man ihm einen Namen gibt: »Nun, es handelt sich hier um einen Fall von ...« »Aha, das ist es also«, sagen wir und lehnen uns erleichtert im Fernsehsessel zurück.

Immer häufiger müssen aber selbst die von den Gerichten zu Rate gezogenen forensischen Gutachter eingestehen, dass es ihnen nicht möglich ist, innerhalb der Grenzen ihres Faches einen Verständniszusammenhang herzustellen und den motivationalen Hintergrund der Tat aufzuhellen. Der renommierte Psychiater Norbert Leygraf hat die Schwierigkeiten seiner Zunft am Beispiel des Falles Ronny Rieken dargestellt. (Heinrich Thies: Ronny Rieken. Portrait eines Kindermörders, Springe 2005, S. 140 ff.) Armin M., der sogenannte Kannibale von Rothenburg, die Herren W. und L. aus Eschweiler, Magnus Gäfgen, der Jurastudent aus Frankfurt, der den Bankierssohn von Metzler entführt und getötet hat, Marc Hoffmann und Ronny Rieken, die jeweils zwei Kinder missbraucht und getötet haben – alles ganz normale, unauffällige Leute, an denen ihre Um- und Mitwelt vor der Tat nichts Ungewöhnliches entdecken konnte und bei denen nach der Tat die Psychiater auf keine Symptome einer gravierenden psychischen Störung oder gar psychiatrischen Erkrankung stoßen. Was in all diesen Fällen konstatiert wird, ist ein »emotionaler Defekt«, ein Mangel an Mitgefühl und der Fähigkeit zu Mitleid und Empathie, die aber nicht als Krankheitszeichen interpretiert werden und die Schuldfähigkeit infolgedessen nicht einschränken.

In den dunkelsten Phasen des Nachdenkens über solche Akte entgrenzter Gewalt beschleicht mich mitunter die Furcht, dass wir mit unseren Erklärungen und theoretischen Aneignungsversuchen der Entwicklung der Gewalt hoffnungslos hinterherhinken. Die zeitgenössischen Barbareien scheinen nicht länger im Kontext psychologisch-psychiatrischer Deutungsmuster interpretierbar zu sein, sondern allenfalls in Termini einer nahe an der Soziologie siedelnden »Dingpsychologie« (Günther Anders). Immer unvermittelter stoßen wir im Innern der Täter auf Gesellschaftliches, ihre Innerlichkeit ist bloße Reprivatisierung: die Herstellung einer Beziehung der Außenwelt zu sich selbst auf dem Wege einer flachen Verinnerlichung. Die Gesellschaft bemächtigt sich der Menschen mehr und mehr umweglos und scheint sich in ihnen als psychische Frigidität und Indifferenz zu reproduzieren. Der gewaltsame und menschenfeindliche Charakter von Gesellschaften, die sich als Ganzes der Markt- und Kapitallogik und ihrer alles durchdringenden Kälte unterwerfen, wird durch solche Taten gleichsam aus der Abstraktion gerissen und zur Kenntlichkeit gebracht. Wenn die Täter krank sind – und man hat Grund daran festzuhalten –, so sind sie nicht kränker als die Gesellschaft, in der sie (und wir) leben. Die zeitgenössischen Krankheitsbilder künden weniger von tragischen Triebschicksalen und aus der Kindheit mitgeschleppten und ungelöst gebliebenen innerseelischen Konflikten, sondern besitzen den Status von »Soziosen« (Hans Kilian), die unmittelbar auf die Störung des gesellschaftlichen Ganzen verweisen.

»Magnus und der Markenwahn«

Versuchen wir, den eben ausgesprochenen Verdacht am Beispiel des Magnus Gäfgen aus Frankfurt/Main zu konkretisieren, der im

Herbst 2002 den Bankierssohn Jakob von Metzler entführt und getötet hat. Der im Prozess als Gutachter bestellte Psychiater Leygraf, eine Kapazität seines Fachs, antwortete auf die Frage, wie es sein könne, dass ein junger Mann wie Magnus Gäfgen eine solche von Kälte und Indifferenz geprägte Tat begehen: »Das zu erklären, gelingt mir nicht.«

Magnus Gäfgen stammt aus einfachen Verhältnissen. Als Jurastudent findet er mit Anfang 20 Anschluss an einen Kreis von Kindern reicher Leute, die zwar jünger sind als er, aber dennoch in einer anderen Welt leben, die ihn fasziniert: Ein Fingerschnipsen genügt und der Kellner bringt Champagner, man pendelt zwischen Kitzbühel im Winter und Ibiza im Sommer, man trägt noble Klamotten, fährt schnelle Autos und umgibt sich mit attraktiven, coolen, selbstbewussten Frauen. Magnus beneidet seine reichen Freunde nicht nur um ihren Besitz, sondern um ihre Art des »In-der-Welt-Seins«, von der er sich ausgeschlossen fühlt. Sie haben Fähigkeiten, die er nicht hat, sie bewegen sich elegant und treten selbstbewusst auf, sie sind geschaffen, zu besitzen und deswegen glücklich zu sein. Der Kontakt zu diesen Freunden macht ihm seine eigene Herkunft und Mangellage schmerzlich bewusst. Magnus legt sich eine soziale Maske zu und tischt den anderen Lügen auf: Er sei zwar nicht von Hause aus vermögend, verfüge aber über einen gut bezahlten Job, der ihn instand setze, sich alles Erwünschte leisten und mithalten zu können. Die Lage spitzt sich zu, als er ein 16-jähriges Mädchen kennenlernt, deren Forderungen und Ansprüchen er mit seinen Möglichkeiten nicht gerecht werden kann und die er deswegen zu verlieren fürchtet. »Sie war sehr ehrgeizig, egoistisch, selbstbewusst, extrovertiert«, sagt er vor Gericht. Er hält sie hin, erfindet Geschichten, eine Lüge zieht die nächste nach sich, doch irgendwann muss der versprochene teure Wagen vorgezeigt werden. Der Offenbarungseid droht und damit der Verlust der Freundin. »Da habe ich zum ersten Mal über kriminelle Taten nachgedacht, um an das Geld zu kommen.« Er entführt ein Kind aus genau den Kreisen, denen seine Freunde entstammen, um mit dem Lösegeld seine Lebenslüge aufrechtzuerhalten. Da er das Kind kennt und seine Entdeckung fürchtet, bringt er es um. Im Banne narzisstischer Größen- und Allmachtsphantasien, die in jenem Milieu endemisch sind, nimmt er an, er sei so intelligent und gewieft, dass ihm niemand, und die tumbe Polizei schon gar nicht, auf die Schliche kommen könne. Mit der Leiche im Kofferraum fährt er an dessen Elternhaus vorbei und deponiert das Erpresserschreiben. Das tote Kind wird zu seinem Blanko-Scheck. Drei Tage nach der Tat sucht er mit seiner Freundin ein Autohaus auf und bestellt den versprochenen Luxuswagen. Am 30. September 02 wird er festgenommen. Unter Androhung von körperlicher Gewalt gesteht er schließlich die Tat und führt die Polizei zum Versteck der Leiche. Für den anfangs gehegten Verdacht, die Tat könne einen sexuellen Hintergrund besitzen, ergaben sich im Laufe der Ermittlungen und der Verhandlung keine Hinweise. Im Sommer 2003 wird er zu lebenlanger Haft mit »besonderer Schwere der Schuld« verurteilt.

Zweifellos ist Magnus Gäfgen im juristischen Sinne – und nicht nur in diesem – schuldig: Er hat die Tat begangen, das Kind aus »niedrigen Beweggründen, heimtückisch, grausam und zur Verdeckung einer anderen Straftat« getötet. Er hat getan, was er tun wollte, kein Wahn, keine Persönlichkeitsstörung mildern seine Schuldfähigkeit. Und dennoch nötigt uns dieser Fall, in besonderer Weise zu fragen, wie es um die Mitschuld einer Gesellschaft bestellt ist, die Erfolg und Karriere anbetet und deren einziger kategorischer Imperativ der der schnellen Bereicherung zu sein scheint. Freilich: Die Bedingungen tun nichts, aber die Tat wäre ohne sie nicht möglich. Immer noch besitzt das Diktum des französischen Rechtsmediziners Lacassagne Gültigkeit: »Die Gesellschaft bekommt die Verbrecher, die sie verdient.« Könnte es nicht sein, dass Täter wie Magnus Gäfgen wörtlich nehmen, was von den Gurus der »New Economy« propagiert wurde? Dass man Hindernisse, die dem eigenen Fortkommen im Weg stehen, rücksichtslos aus dem Weg räumen muss, dass man, wenn man zu den »Gewinnern« gehören will, seine »Beißhemmungen« ablegen und einen »Killerinstinkt« entwickeln muss; was ist dabei, die individuelle Nutzenmaximierung über alles zu stellen und für schnelle Gewinne »über Leichen zu gehen«?

Soziologische Taten?

Es wird höchste Zeit, über die verheerenden Folgen zu sprechen, die der Terror der Reklame und der Marken und der Kult des »winners« zeitigen. Die Jugendlichen sind der Flut der Werbesprüche und dem normativen Zynismus des neoliberalen Zeitalters ausgeliefert. Man kolonialisiert ihre Köpfe mit Bildern einer Welt des Luxus und der Mühelosigkeit, zu der man ihnen gleichzeitig den Zutritt verwehrt. Man weckt in ihnen Wünsche, deren Erfüllung sie zu Mitgliedern dieser Gesellschaft machen könnte, gleichzeitig fehlen ihnen aber die Mittel dazu. Sie leben in einem Zustand permanenter Frustration und fürchten, mangels vorzeigbarer Statussymbole und demonstrativen Konsums aus der Gemeinschaft der Gleichaltrigen und der durch sie repräsentierten Gesellschaft herauszufallen.

In diesem Kontext möchte ich an die fast vergessenen *Freibeuterschriften* von Pasolini erinnern, die Mitte der 70er Jahre erschienen sind. Dort erzählt er die Geschichte vom Bäckerjungen: »Früher war der Bäckerjunge einmal eine Gestalt, die immer und ewig fröhlich war: eine Fröhlichkeit, die ihm förmlich aus den Augen sprühte. Er machte pfeifend seine Runde durch die Straßen und ließ seine Sprüche los. Niemand konnte sich seiner Lebensfreude entziehen. Er war sehr viel ärmlicher gekleidet als heute: die Hosen voller Flicken, das Hemd oft nur noch ein Fetzen. Doch all das gehörte zu einem kulturellen Modell, das in seinem Milieu einen Wert, einen Sinn hatte. Und er war stolz darauf. Der Welt des Reichtums hatte er seine Welt, mit eigenen Werten, entgegenzusetzen. Er kam in die Häuser der Reichen mit einem *von Natur aus* anarchistischen Lachen, dessen Spott nichts ausließ; dennoch war er vielleicht voller Respekt. Doch war das eben der Respekt dessen, der aus einer anderen Welt kommt. Und überhaupt: entscheidend ist, dass dieser Mensch, dieser Junge fröhlich war.« Das bäuerliche und proletarische Leben hatte trotz aller materiellen Armut seine eigenen Werte und seine Würde, und diese werden im Zuge der Ausbreitung dessen, was Pasolini den Lebensstil des »hedonistischen Konsumismus« genannt hat, zerstört. Pasolini scheut sich nicht, im Kontext dieser

Kulturzerstörung von einem »Völkermord ohne Blutbäder und ohne Massenerschießungen« zu sprechen und wählte als Metapher für all diese Zerstörungen die des »Verschwindens der Glühwürmchen«. Der »Konsumismus« hat zynisch eine Welt vernichtet und sie in eine vollkommen irreale verwandelt, wo keine Wahl zwischen Gut und Böse mehr möglich ist. »Eine Entscheidung hat allerdings doch stattgefunden: die für die Versteinerung, für den Mangel an Mitleid. Es war das Fernsehen, das auf der praktischen Ebene das Zeitalter des Mitleids abgeschlossen und das hedonistische Zeitalter eingeleitet hat. Ein Zeitalter, in dem Jugendliche, die ebenso anmaßend wie frustriert sind aufgrund der Dummheit und gleichzeitigen Unerreichbarkeit der ihnen von der Schule und dem Fernsehen gebotenen Modelle, unaufhaltsam dazu neigen, entweder aggressiv bis zum Verbrechen oder passiv bis zum Unglücklichsein zu werden (was keine geringere Schuld ist).« Sie regredieren auf einen Zustand primitiver Stumpfheit und stoßen nur noch ab und zu obszöne Wortfetzen aus.

Der Konsumzwang erweist sich in den Augen Pasolinis als eine einzige anthropologische Katastrophe. Der Untergang des bäuerlichen und frühindustriellen Italien hat zu einer »anthropologischen Mutation« geführt: einer extremen Vereinheitlichung unter dem Zwang, zu konsumieren. »Es ist ein und derselbe Schoß, aus dem heute sämtliche Italiener kriechen.« Die Kinder des Konsumismus gleichen Monstern: bleiche Gesichter, erloschene, stumpfe Augen. Die Jugendlichen sind Masken eines einzigen fortschreitenden, bewusstlosen Integrationsprozesses, der kein Erbarmen kennt: »Ihre Augen irren umher, nicht der geringste Lichtschimmer mehr in ihren Augen: ihre Gesichtszüge sind Robotern nachgebildet – nichts Persönliches, nichts Eigenes ist mehr darin.« Der klassenübergreifende konsumistische Hedonismus zwingt die Jugendlichen, sich in ihrem ganzen Verhalten, ihrer Kleidung, ihren Schuhen, ihren Frisuren, ihrem Lächeln, ihren Bewegungen und ihren Gesten, ihrer Art, sich zu küssen und zu umarmen, dem anzupassen, was ihnen die mediale Welt und besonders die Werbung vorgeben. (Freibeuterschriften, Berlin 1978)

Haben wir – 30 Jahre später und mit Blick auf zeitgenössische Jugendliche, auf *Koma-Saufen* und *Happy Slapping* – Grund, dem pessimistischen Gehalt der Pasolini'schen Analysen zu widersprechen?

Man benötigt also zunächst kein Gran Psychologie, um die jugendliche Devianz zu begreifen, die in gewisser Weise devianter Konformismus ist. Die Jugendlichen wollen, was die Mehrheit will und die Gesellschaft ihnen als oberste Ziele vorgibt, wobei sie ihnen gleichzeitig die Mittel verweigert, diese Ziele auf gesellschaftlich lizenziertem Weg zu erreichen. Das hatte Ulrich Endres, der Verteidiger von Magnus Gäfgen, wohl vor Augen, als er sagte, das Vernehmungsprotokoll eigne sich als Vorlage für einen Roman mit dem Titel »Magnus und der Markenwahn.«

Das mag ja in Bezug auf kleine und mittlere Eigentumskriminalität zutreffen und traf für die Massenkriminalität der »kleinen Leute« schon immer zu, aber geht man deswegen auch über Leichen? Mehr denn je droht eine erschreckende These, die Horkheimer und Adorno bereits in der »Dialektik der Aufklärung« formuliert haben, wahr zu werden: Aus einer zu ökonomisch-instrumenteller Rationalität geschrumpften Vernunft und einer utilitaristischen Moral lässt sich kein grundsätzliches Argument gegen den Mord vorbringen. Vollends der als »Ich-AG« konzipierte zeitgenössische Mensch braucht zu seinem Fortkommen keine Moral, höchstens ein Ethik-Modul, das ihn über jenes Minimum an Spielregeln informiert, dessen Beachtung gerade noch vor strafrechtlicher Verfolgung schützt. Wer heute noch nach moralischen Grundsätzen handelt, macht sich zu einem »Idiot der Ehrlichkeit« (W. Genazino), der schwere private Standortnachteile in Kauf nehmen muss. Moral wird zu einer Kategorie des individuellen Nutzens oder einer bloßen Geschmacksfrage. Im Zuge der kapitalistischen Vergesellschaftung frisst sich der »Kältestrom« (E. Bloch), der aus der Grundschicht der bürgerlichen Gesellschaft – letztlich der Tauschabstraktion – entspringt, durch alle Schichten des Gesellschaftsbaus hindurch, zehrt sozial-moralische Traditionsbestände auf und dringt schließlich bis ins Innere der Menschen vor, das er in eine Gletscherlandschaft eingefrorener Gefühle und psychischer Prozesse verwandelt. Die sich universalisierende »bürgerliche Kälte« (Adorno) schafft das Mitleid ab, das über weite Strecken der Moderne das Prinzip der Individuation mit der Fähigkeit verschränkte, sich in andere und deren Leiden einfühlen zu können und so dem »Krieg aller gegen alle« gewisse Grenzen setzte. Der von der Wirtschaft propagierte »flexible Mensch« soll alle Hemmungen ablegen, damit er zu allem fähig werde. Der Niederschlag dieser Prozesse im einzelnen Subjekt wird von der forensischen Psychiatrie als »emotionaler Defekt« wahrgenommen und als »Eigenschaft« dem isolierten Täter schuldhaft zugerechnet.

»Die vorbürgerliche Welt kennt Psychologie noch nicht, die total vergesellschaftete nicht mehr«, schrieb Adorno bereits 1955. Er verwies damit auf den Umstand, dass Psychologie davon lebt, dass die Vergesellschaftung im Subjekt ihre Grenzen findet und einen Bereich der Innerlichkeit ausspart, der zumindest partiell einer anderen Logik folgt als der einer »gefühllosen ›baren Zahlung‹« (Marx). Wenn auch die Tendenzen zur »totalen Vergesellschaftung« unübersehbar voranschreiten und sich immer tiefer in die Subjekte hineingraben, befinden wir uns doch noch in einem Übergangszustand, der es uns erlaubt, ja uns nötigt, auf psychologisch-psychoanalytische Deutungsmuster und Kategorien zurückzugreifen. Allerdings muss eine »Kritische Theorie des Subjekts« dem Umstand seiner wachsenden Vergesellschaftung dadurch Rechnung tragen, dass sie ihren Gehalt an Soziologie vergrößert. Die Menschen scheinen sich nur noch dadurch am Leben erhalten zu können, dass sie sich als Individuen aufgeben oder sich erst gar nicht zu solchen entwickeln. In dem Maß, wie diese Prozesse voranschreiten, verliert Psychologie ihren Gegenstand und taugt immer weniger zum Begreifen zeitgenössischer Phänomene.

Frei flottierender Hass und »zweckfreie« Kriminalität

»Ist denn da keiner und niemand und nichts? Was muss ich tun, damit jemand kommt und sich meiner Angst und Wut annimmt, die mich zu zerreißen drohen?«, könnten viele heutige Kinder, die in ihren hochtechnisierten Kinderzimmern hocken wie Platons Höhlenbewohner, fragen. Sie leben in einer »Echowelt« (D. Dieckmann), die ihnen immer nur die eigene Stimme zurückwirft. Selbst wenn das Interesse der Erwachsenen die Form von Strafe oder gar Schlägen annähme, wäre das immer noch leichter zu ertragen als vollkommene Indifferenz und eine berührungslose Leere, die sich im Innern der Kinder als narzisstische Wüste breitmacht. Gewalt kann unter diesen Bedingungen zum verzweifelten Versuch avancieren, »zum Anderen vorzudringen« (J. Benjamin). Wenn alle noch tastenden kindlichen oder jugendlichen Hilferufe ins Leere gingen, stellt sich ein Gefühl des Existierens irgendwann nur noch ein, wenn »es kracht« oder gar Blut fließt.

»Heute entscheidet in der Erziehung weniger die väterliche Brutalität ..., sondern eine bestimmte Art von Kälte und Beziehungslosigkeit, die die Kinder in ihrer frühen Kindheit erfahren«, schrieb Adorno. Von nichts und niemandem manifest unterdrückt und doch um das Wesentliche betrogen, wachsen psychisch frigide Menschen heran, die nicht wissen, wer an ihnen und ihrem namenlosen Unglück schuld ist und wohin sie sich mit ihrer gestauten Wut wenden sollen. Hass und diffuses narzisstisches Unbehagen stammen heute überwiegend nicht aus missglückten Objektbeziehungen und von strengen Eltern zugefügten Wunden, sondern aus einem menschlichen und erzieherischen Nirwana, das auch und vielleicht gerade in den Mittelschichten verbreitet ist. Nichts und niemand gibt den Trieben der Kinder und Jugendlichen Dauer und Form, ihr Selbstgefühl kann sich an der Waren- und Geldsubjektivität ihrer Umgebung nicht erwärmen. Das Resultat der erzieherischen Verwahrlosung und der Einsamkeit vor den Bildschirmen kann ein subjekt- und objektloser Hass sein, der vollkommen »rein« ist und vermehrt frei flottierende blinde Gewalt und »zweckfreie« Kriminalität hervortreibt, die Opfern, Polizei, Justiz und forensischen Gutachtern Rätsel aufgibt. Ihre Suche nach erkennbaren Motiven fördert nichts Greifbares zu Tage. Was aber, wenn genau dies Fehlen greifbarer Motive das Motiv wäre? Wie die klassische Beziehungstat – der Mord aus Eifersucht oder in Hass umgeschlagener Liebe – aus der Erwärmung des familiären Binnenklimas und neu-

rotischen Bindungen hervorwuchs, so entstehen Hass und Amoklauf aus Kälte, fehlenden Objektbeziehungen, um sich greifender
Indifferenz und Entleerung. Indifferent eliminiert der Amokläufer
und zeitgenössische Mörder ebenso indifferente Wesen.

Der destruktive Wahn, der individuelle Täter zu ihren Taten treibt,
ist Teil und Ableger eines Wahns, von dem das gesellschaftliche
Ganze befallen ist. Je direkter dieser sich in jenem ausdrückt, je
offensichtlicher der Täter also das Ensemble seiner und unserer
gesellschaftlichen Verhältnisse ist, desto lauter der Aufschrei der
Empörung und desto vehementer der Wunsch nach individueller
Schuldzuschreibung und harter Bestrafung.

Grenzen der juristischen Wahrheitsfindung

Das Strafverfahren erfüllt eine wichtige Funktion innerhalb des
Systems sozialer Kontrolle und Integration. Verbrechen wie die des
Magnus Gäfgen erschüttern das stets prekäre Gleichgewicht des gesellschaftlichen Zusammenlebens. Das Strafverfahren und die im
Urteil ausgesprochene Strafe sollen es wiederherstellen. Noch der
zivilisierten Form der Bestrafung haftet etwas von ihrem archaischen Kern an: Sie ist und bleibt Rache. Das, was man den Gesellschaftsvertrag nennt, basiert auf einem stillschweigenden Tausch-
handel: Im Prozess der Zivilisation tauschen die Menschen ursprüngliche Glücks- und Befriedigungsmöglichkeiten gegen
Sicherheit und gedämpfte Leidenschaften ein. Wenn der Staat
Sicherheit als Gegenleistung für erbrachte Verzichtsleistungen nicht
mehr garantieren kann, gerät die Geschäftsgrundlage des alltägli-
chen Lebens ins Wanken. Die Ausbildung einer legitimierten, an
gesetzliche Regelungen gebundenen und der Hitze von Näheverhältnissen entrückten staatlichen Strafinstanz stellt den Versuch
dar, eine archaische Strafwut zu bändigen und Rachegelüste zu
zivilisieren. Justiz ist also einerseits entsagende Rache, darf aber
andererseits, darauf hat D.W. Winnicott wiederholt hingewiesen,

die Straf- und Rachebedürfnisse der Gesellschaftsmitglieder nicht aus den Augen verlieren. Unbestrafte Übertretungen und Verbrechen oder Bestrafungen, die in der Wahrnehmung des Publikums zu mild ausfallen, »lassen das Reservoir der unbewussten öffentlichen Rachsucht anschwellen, und wenn diese Rache nicht in gewissen Abständen ihren Ausdruck findet, dann wird sie in irgendeiner üblen Form herauskommen. Die wichtigste Funktion des Strafverfahrens ist die Prävention von Lynchjustiz, die immer hinter der nächsten Straßenecke lauert, … Die Öffentlichkeit braucht ihre Rache.« (Die spontane Geste, Stuttgart 1995, S. 50) Diesen Aspekt der Strafe hatte Nietzsche vor Augen, als er notierte: »Der gestraft wird, ist nicht mehr der, welcher die Tat getan hat. Er ist immer der Sündenbock.« Und: »Die Strafe hat den Zweck, den zu bessern, welcher straft.« Die Strafe sichert den Nachtschlaf der »anständigen Leute«, befriedigt ihre Vergeltungs- und Rachebedürfnisse und hält sie bei der Stange der gesellschaftlichen Normalität.

Obwohl die richterliche Wahrheitsfindung trotz aller Indizien, Beweise und Geständnisse immer Züge eines Konstruktes trägt, gilt das Urteil als »Ort der Wahrheit« (Hans-Georg Gadamer). Nur so bietet die forensisch gefundene Sprachregelung allen Beteiligten und der Gesellschaft Schutz vor der unendlichen Auslegbarkeit des menschlichen Lebens. Kamen während der Verhandlung noch konkurrierende Versionen und Erwägungen zu Wort, reduziert das Urteil das unendliche Rauschen der Totalität auf eine Stimme und stellt eine wie immer problematische, für die Aufrechterhaltung der Rechtsordnung aber unverzichtbare Eindeutigkeit her.

Der Täter ist gefasst, das Urteil gesprochen, das Unrecht scheint gesühnt, der Fall gilt, wie man so sagt, als abgeschlossen. Und dennoch bleiben die Motive des Täters häufig im Dunkeln, wo sie »wie Fledermäuse umherschwirren« (Wolfgang Spielvogel) und auf der Nachtseite des wiederhergestellten Friedens weiter für Beunruhigung sorgen.

Die Formalien der juristischen Prozedur und das Korsett der Strafprozessordnung entscheiden darüber, was vor Gericht Gehör findet und was nicht. Alles wird auf die Person des isolierten Täters und seine individuelle Willensfreiheit und Schuld reduziert, die Fragen nach den biographischen und gesellschaftlichen Bedingungen der Möglichkeit seiner Tat, nach den Tendenzen und Kräften, die durch den Täter hindurch wirksam werden und ohne die seine Tat nicht möglich gewesen wäre, gelten vor Gericht als etwas, »das nicht zur Sache gehört«. Im Strafvollzug angelangt, wenden sich rechtskräftig verurteilte Täter, die, wenn sie sich einen Rest Gewissen bewahrt haben, die Strafe als wie immer problematisches Äquivalent ihrer Schuld akzeptieren, in der Hoffnung an Seelsorger, Sozialarbeiter und Psychologen, nun endlich die wahren Gründe der Tat herauszufinden.

An ihnen ist es, den vom Gericht nicht verwerteten Rohstoff aufzugreifen und zu versuchen, den abgebrochenen Aufklärungsprozess jenseits der Zwänge der juristischen Verfahrenslogik weiterzutreiben. Auch wenn man die Gesellschaft in die Suche nach den Ursachen eines monströsen Verbrechens einbezieht, darf man nie so weit gehen, den Tätern ihre Eigenverantwortung abzusprechen. Kein Mörder kann sich unter Verweis auf seine schwere Kindheit und/oder erfahrene gesellschaftliche Benachteiligungen aus seiner Schuld davonstehlen, es sei denn, er habe im Bann eines blinden Mechanismus gehandelt, der sich dem Zugriff seines Bewusstseins entzieht und über den er nichts vermag. Im Zustand eines vollkommenen lückenlosen Determinismus – also eines akuten Wahns zum Beispiel – verlieren Kriterien von Gut und Böse ihren Sinn. Das Verhältnis von Freiheit und determinierendem Zwang ist nicht ein für allemal dogmatisch zu entscheiden, sondern muss in jedem Fall unter Berücksichtigung der je besonderen Umstände neu bestimmt und herausgearbeitet werden. Es gehört zu den von der Boulevardpresse und entsprechenden Fernsehmagazinen kolportierten Gerüchten, dass ein vermindert schuldfähiger oder gar schuldunfähiger Täter nach wenigen Monaten oder Jahren Klinikaufenthalt »automatisch wieder rauskommt« und so Gelegenheit erhält, sein unheilvolles Tun auf Kosten erneuter Opfer fortzusetzen. Im Maßregelvollzug bleibt der psychisch kranke oder gestörte Straftäter, bis interne Fachleute und externe Gutachter der Meinung sind, die Behandlung habe Früchte getragen und der Patient könne als geheilt betrachtet werden.

Jede Gesellschaft produziert Codes, die festlegen, wen wir als »Unsereiner«, als »zu uns« gehörig begreifen und wen nicht, in wen man sich einfühlt und in wen nicht. Seit dem Fall Dutroux und einigen nachfolgenden spektakulären Sexualmorden hat sich – vorangetrieben vor allem durch die privaten Fernsehanstalten und die Boulevardpresse – die Tendenz durchgesetzt, Straftäter vom Kaliber Schmökel, Zurwehme, Meiwes, Gäfgen etc. als nicht »zu uns« gehörend zu betrachten und zu »vermonstern«. Das »Monster« ist entweder derart böse oder krank oder beides zugleich, dass man es nur wegsperren und den »Schlüssel wegschmeißen«, keinesfalls aber verstehen, therapeutisch behandeln und für die Gesellschaft zurückgewinnen kann. Bestimmte Kategorien von Straftätern werden außerhalb des Menschlichen situiert, was uns dazu berechtigt, ihnen jedes Mitgefühl und Verständnis aufzukündigen.

Dabei hat sich vor gar nicht so langer Zeit eine breite Öffentlichkeit dafür interessiert, wie einer zum Mörder wird und warum, und was mit einem Mörder nach seiner Verurteilung geschieht. Die Differenz zwischen den beiden Prozessen gegen Jürgen Bartsch – der erste fand 1967 statt, der zweite 1971, dazwischen lag die antiautoritäre Revolte der Schüler und Studenten – ist Beleg für die grundlegende Änderung, die sich in jenen Jahren vollzog: Das Monströse galt nicht länger als das aus der Gesellschaft Auszumerzende, sondern als der »Ernstfall der Humanität« (Gerhard Rehn), an dem diese sich zu bewähren hat. Mit einem gewissen Erschrecken erkannte man im Straftäter einen Menschen: Seine Verbrechen und unsere Tugenden sind austauschbar. Er ist unsere Wahrheit, so wie wir die seine sind! Sartre brachte das in seiner Genet-Biographie auf die Formulierung: »Man muss schon wählen: Wenn jeder Mensch der ganze Mensch ist, muss dieser Abweichler entweder nur ein Kieselstein oder *ich* sein.« Auf die Frage aus dem Fragebogen von Max Frisch: »Gesetzt den Fall, Sie haben noch nie einen Menschen umgebracht: Wie erklären Sie es sich, dass es dazu nie gekommen ist?«, hätten damals viele Menschen geantwortet: »Ich habe Glück gehabt und konnte innere Instanzen und Gegenkräfte entwickeln, die mir immer dann, wenn ich das Verlangen spürte, jemanden umzubringen, in den Arm gefallen sind. Meine ›Morde‹ haben bislang stets auf der Probebühne der Phantasie stattgefunden.«

Im Banne eines neuen kriminalpolitischen Konsens haben wir uns inzwischen anders entschieden und beschlossen, Straftäter wie Wesen von einem fremden Stern zu behandeln und einer möglichst perfekten und dauerhaften Exklusion zu unterwerfen. Statt über die wirkliche Verbreitung von Verbrechen und ihre Ursachen aufzuklären, wird populistisch aus einer diffusen sozialen Dunkelangst, die man gezielt in Kriminalitätsfurcht überführt, Kapital geschlagen. In jüngster Zeit gibt sich die politische Welt den Gefühlen der Opfer gegenüber ungewöhnlich feinfühlig, aber die Fokussierung der öffentlichen Aufmerksamkeit auf die Rolle der Verbrechensopfer hat nicht dazu geführt, ihre Lage nachhaltig zu verbessern und sie zu rehabilitieren. Man kann sich des Eindrucks nicht erwehren, dass es denjenigen, die ständig die »Sensibilität für die Opfer« im Munde führen, in erster Linie darum geht, die Exklusion der Täter zu rechtfertigen, härtere Strafen durchzusetzen und jeden Ansatz des Verstehens von Straftätern mit einem Tabu zu belegen. Dabei liegt es durchaus im wohlverstandenen Interesse der Opfer und ihrer Angehörigen, wenn der Versuch unternommen wird, sich in Täter einzufühlen und hinter der Strafe und der Straftat einen Zugang zu den Motiven und zum verschütteten Gemüt des Täters zu finden. Solange Straftäter auf Zeit eingesperrt werden und nicht, wie immer lauter gefordert wird, »für immer«, besteht der wirksamste Opferschutz in den Bemühungen um die Resozialisierung der Täter. Der Weg dahin führt über Einfühlung und den Versuch des Verstehens.

Je vehementer und intensiver sich eine Gesellschaft mit *ihrer* Kriminalität und *ihren* Kriminellen auseinandersetzt, je intensiver der Wechselprozess zwischen ihren homogenen und heterogenen Teilen ist, je mehr das finstere Universum der Gefängnisse und die Gesellschaft draußen sich austauschen, desto intakter und lebendiger ist sie. Alle Versuche, das Verbrechen mit »Stumpf und Stiel auszurotten« und die Verbrecher zum Verschwinden zu bringen, tragen den Keim zu eigenen Verbrechen schon in sich. »Wer mit dem Verbrechen kurzen Prozess machen will, macht«, wie Friedrich Hacker bemerkte, »bald gar keinen mehr.«

VIII. »Ich weiß nicht, wie das passieren konnte.« Über Kindesmisshandlungen und -tötungen

Familie als Tatort

Die tägliche Zeitungslektüre lehrt einen das Fürchten: Seit einigen Jahren geht eine Welle von brutalen Kindesmisshandlungen mit zum Teil tödlichem Ausgang über das Land und beschäftigt Polizei, Gerichte und vorübergehend auch eine alarmierte Öffentlichkeit. Den traurigen Höhepunkt bildet der Fall jener 39-jährigen Frau aus Brieskow-Finkenheerd in Brandenburg, die neun ihrer 13 Kinder gleich nach der Geburt getötet und in Blumenkübeln versteckt hat. Aber die Kindstötung ist kein ostdeutsches Phänomen, wenngleich es dort häufiger vorkommt als im Westen. Im Dezember 2007 tötete eine 31-jährige Mutter aus Darry in Schleswig-Holstein ihre fünf Söhne im Alter zwischen drei und neun Jahren. Auch hier stoßen wir bei Kommentatoren, Gutachtern und Richtern auf dieselbe Rat- und Hilflosigkeit bei dem Versuch, Erklärungen für das monströse Geschehen zu finden, wie sie uns schon bei den oben geschilderten Mordfällen begegnet ist. Wieder ist es so: Das Urteil wird gesprochen, die Täter/innen landen hinter Gittern, und die Fragen nach ihren Motiven »flattern herum wie Fledermäuse«. So ist es dem Landgericht Memmingen auch nach vierwöchiger Verhandlungsdauer nicht gelungen zu klären, was die Mutter von Karolina (s.o.) veranlasst haben mag, der Tortur ihrer dreijährigen Tochter beizuwohnen und nichts zu ihrer Rettung zu unternehmen, obwohl sie mehrfach Gelegenheit dazu gehabt hätte.

Die Täter, die Kinder zu Tode foltern und prügeln oder sie verhungern lassen, sind die eigenen Eltern oder nächsten Bezugspersonen. Jährlich sterben durchschnittlich circa 100 Kinder durch die Hand ihrer eigenen Eltern, durch Schläge mit Stuhlbeinen, Fäusten, Kleiderbügeln und Lederriemen, durch Verbrennungen, Ersticken oder Verhungern. Trotz des 2003 von der rot-grünen Bundesregierung verabschiedeten »Gesetzes zur Ächtung der Gewalt in der Erziehung« hat die Gewalt gegen Kinder in den letzten Jahren eher zugenommen. Es gibt nach wie vor für Kinder und Frauen keinen gefährlicheren Ort als die Familie. Kinderaufzucht und Erziehung finden im Bereich des »Privaten« statt, der sich staatlichem Zugriff weitgehend entzieht, und werden weit mehr von unbewussten Motiven und der sozialen Lage der Eltern bestimmt, als von staatlichen Verboten und Appellen, mit Kindern nachsichtig, gewaltfrei und liebevoll umzugehen. »Vor allem aber«, bemerkte Adorno, »kann man Eltern, die selber Produkte dieser Gesellschaft sind und ihre Male tragen, zur Wärme nicht animieren.«

Warum werden Kinder zu Opfern ihrer eigenen Eltern oder nächsten Bezugspersonen? Peter Brückner, auf dessen Buch »Sozialpsychologie des Kapitalismus« (Gießen/Hamburg 2004, S. 65 ff.) ich mich im Folgenden beziehe, hat die Gründe im prekären Status des Erwachsenen in dieser Kultur ausgemacht. Dieser ist ein Produkt nicht nur von Reife, sondern vor allem von Repression, Ich-Einschränkung und Wunschvernichtung. Das Glück, das kleine Kinder in guten Augenblicken umgibt, erinnert Erwachsene daran, dass ihre Existenz auf Verzichten aufbaut. Indem sie ihr Kind ermahnen, strafen, züchtigen, zerstören sie in sich selbst die Erinnerung an ein Glück, das auch ihnen einst versprochen war und um das man sie dann im Fortgang eines freudlosen Lebens betrog. Das reiche, sinnliche Universum des Körpers ist ihnen längst abgestorben, und ihre beschädigte, ruinenartige Existenz kann in der Folge zu einer Quelle von Hass und Ressentiment gegen jedes Mehr an Lust und Unabhängigkeit werden, das außer bei verfemten Minderheiten auch an Kindern zu Tage tritt. Jeder Erwachsene ist ein erwachsen gewordenes Kind, das in ihm den Kampf um das kindliche Lustprinzip fortsetzt, und das er, indem er das prinzipienlose Suchen seines Kindes nach lustintensiven Konstellationen bekämpft, erneut zum Verschwinden bringt. Erziehung wird weit stärker vom Juckreiz unterdrückter Gefühle bestimmt, den das

Kind im Erwachsenen hervorruft, als von bewussten pädagogischen Maximen, die unter dem Ansturm der unbewussten Mechanismen schnell kapitulieren. Solange diese grundlegende Konstellation das Verhältnis der Erwachsenen zu Kindern prägt, wird Erziehung immer von Gewalt durchdrungen sein, die die Kindstötung als extremste Möglichkeit in sich trägt.

In Krisenzeiten steigen das Bedürfnis nach Sündenböcken und die »Wut auf die Differenz« (Horkheimer/Adorno) sprunghaft an, und der gesellschaftliche Code, der festlegt, wen wir als »unsereinen« wahrnehmen, wird rigider. Auch ein Kind kann nun leicht aus einem sich entwickelnden Subjekt zu einem unvollständigen Objekt werden, das nicht »meinesgleichen« ist. Es sind gerade die Zeichen von Angst und Ohnmacht, die in den Erwachsenen, die ihre eigene Schwäche verleugnen müssen, eine blinde Wut entfesseln können. Die Reprivatisierung sozialer Konflikte, die immer noch der vorherrschende Modus der Konfliktbewältigung in diesem Land ist, wird so zu einer mächtigen Quelle innerfamiliärer, verhäuslichter Gewalt. Die Idylle, in die die Individuen sich gegen die Kälte draußen zurückziehen, wird von dieser angenagt und verwandelt sich häufig in eine einzige Szenerie von Feindseligkeit, Indifferenz und Kälte. Soziale Deklassierung, Arbeitslosigkeit, Entgesellschaftung und die mit ihnen verbundenen Selbstwertkrisen entladen sich nicht in streitbarem Widerstand gegen die Verursacher der Misere, sondern versickern in stummer Verzweiflung, Alkoholismus und Resignation oder explodieren in Orgien häuslicher oder rassistischer Gewalt.

Flexibilität und Gewalt

Viele Eltern sind normunsicher und orientierungslos und wissen längst nicht mehr, woran sie sich in puncto Erziehung halten sollen. Verbindliche, auf konsistente normative Orientierungen bezogene Handlungsmuster haben sich zersetzt, die Ressourcen eines von

Generation zu Generation weitergegebenen lebenspraktischen Wissens über die Grundtatsachen des Lebens scheinen verbraucht. Dennoch kommen Eltern nicht umhin, ihre Kinder zu erziehen, ihren Trieben eine Form zu geben und ihr Über-Ich zu prägen. Diese anomische Situation wird zu einer Quelle von Stress und Unsicherheit und ruft das Gefühl einer chronischen Überforderung hervor. Mancher Wutausbruch gegen Kinder stellt den hilflosen Versuch dar, eine allzu komplexe Situation magisch vereinfachen zu wollen. Über weite Strecken wird Erziehungsverweigerung und Rückzug praktiziert, und dann plötzlich erfolgt wie aus heiterem Himmel ein Durchbruch von Erziehungsgewalt, der den hilflosen Versuch darstellt, sich wieder als Herr der Lage zu inthronisieren.

Was im Sinne der herrschenden ökonomischen Vernunft keinen Nutzen hat – noch nicht oder nicht mehr –, dessen Status ist in dieser Gesellschaft prekär und stets latent bedroht. Kinder bildeten früher die Altersversicherung ihrer Eltern. Seit der Staat für die Renten zuständig ist, Krankenkassen im Krankheits- und Pflegefall einspringen und kein Bauernhof oder Handwerksbetrieb mehr an die Kinder vererbt werden muss, haben Kinder ihren ökonomischen Nutzen und damit ihren »Sinn« eingebüßt. Wer den Anforderungen des flexiblen Kapitalismus Priorität in seiner Lebensplanung einräumt, tut gut daran, kinderlos zu bleiben. Kinder schränken – wie andere Bindungen auch – die Mobilität und Flexibilität ein und gelten als Ursache von Verzicht, ja beinahe als eine Art von Behinderung. Nach dem Mauerfall haben gewisse Ost-Eltern die Zeichen der Zeit erkannt und ihre Kinder der Selbstverwirklichung und der Flexibilität geopfert. Etwa 100 Kinder wurden von ihren Eltern einfach zurückgelassen und ausgesetzt, wie man früher lästige Haustiere am Ferienanfang irgendwo an einer Autobahnraststätte zurückließ.

Wer heute dennoch Kinder bekommt, erwartet häufig wenigstens einen narzisstischen Surplus. Eltern, die ein Kind grob misshandeln, üben manchmal unbewusst Rache dafür, dass das gewünschte Kind nicht so ist, wie sie es haben wollen oder wie sie es brauchen, um ihre eigene narzisstische Bedürftigkeit zu befriedigen und Gefühle von Sinnlosigkeit und Leere zu vertreiben. Zwischen den

Motiven, die den Kinderwunsch gespeist haben, und der nachge-
burtlichen Realität des Ein-Kind-Habens liegen oft Welten: Man
sehnte sich danach, geliebt zu werden, und merkt nun, dass das
Kind viel Zuwendung fordert und braucht; man wollte »etwas
ganz für sich allein haben« und registriert nun, dass man vom Kind
»gehabt« und vereinnahmt wird. Plötzlich stellt sich die Erkenntnis ein, dass man mit dem Kind eine langwierige Verpflichtung eingegangen ist und eine enorme Verantwortung auf sich geladen hat.
Enttäuschungen sammeln sich an, Wut und Ablehnung stellen sich
ein. Je mehr der Hass- und Ablehnungspol der Ambivalenz ver-
leugnet und aus der sprachlichen Kommunikation ausgeschlossen
wird, desto katastrophaler droht er sich eines Tages zu entladen.
Wenn die Misshandlungstat geschehen ist, sagen Täter, Freunde
und Nachbarn: »Ich weiß nicht, wie das passieren konnte.«
Mitunter stellen sich Kinder aus Unachtsamkeit ein, als ungewollte
langfristige Folgen flüchtiger Beziehungen, die zum Zeitpunkt der
Geburt bereits nicht mehr existieren oder kurz darauf zerbrechen.
Ein Kondom hätte, wie Sartre in Bezug auf Genet sagte, genügt
und es gäbe diese Kinder nicht. « Mutterliebe ist nicht angeboren«,
schreibt Gisela Friedrichsen anlässlich des Prozesses gegen die Eltern der kleinen Jessica, die Anfang des Jahres 2005 in Hamburg
verhungert und verdurstet aufgefunden worden war. Ein Mensch
muss zu Beginn seines Lebens wenigstens ein Minimum an Zuwendung, Fürsorge und Bindung erfahren und verinnerlicht haben, damit er später eine angemessene Beziehung zu seinen Kindern und anderen Menschen entwickeln und sich in sie einfühlen
kann. Frühe Trennungs- und Verlusterfahrungen und andere
schwere Traumatisierungen können die Bindungsfähigkeit dauerhaft schädigen oder gar vernichten. Auch eine nicht tragfähige oder
zerbrochene Bindung an den Partner kann es einer Mutter schwer
werden lassen, eine Bindung zum Kind zu entwickeln. Wie oft
wurde einem Kind, dessen Erzeuger die werdende Mutter sitzen-
ließ, in Gedanken nach dem Leben getrachtet, bevor es das Licht
der Welt dann doch erblickte? Wie soll eine verlassene Mutter sich
davor schützen, dass sich Wut auf und Enttäuschung über den ehemaligen Partner auf das Kind übertragen? Das Kind im Bauch ver-

wandelt sich aus der Inkarnation der Hoffnung auf eine gemeinsame Zukunft zu einem bösen, feindlichen Introjekt. Der Termin für die Abtreibung wird aus Gründen der Scheu, Indolenz oder allumfassender Resignation versäumt, und das unerwünschte Dasein des Kindes kann nun zu einer einzigen Tortur aus Ablehnung, Quälerei und Gewalt werden, einer Art gestreckten postnatalen Abtreibung. »Ich war einfach sauer, dass sein Vater weg war und er da«, zitiert der *Stern* (34/2005) eine Mutter, die ihren zweijährigen Sohn verhungern ließ. Die bereits überwunden geglaubte Praxis der Kindsaussetzung kehrt unter unseren Augen ebenso wieder wie die Kindstötung unmittelbar nach der Geburt, auch sie ja oft eine nachholende Abtreibung.

Besonders gefährdet scheinen in Beziehungen eingebrachte Kinder zu sein. Der neue Partner will »Spaß mit der Mutter haben« und empfindet deren Kinder als mitgeschleppte Altlast. Er fühlt sich mitunter durch die bloße Existenz der »Bankerts« gekränkt und erblickt in ihnen die lebende Erinnerung daran, dass es vor ihm bereits andere Männer im Leben der neuen Freundin gegeben hat. Ungeliebte und bindungslos liegen gelassene Kinder neigen dazu, sich ihre bodenlose Angst und Verzweiflung von der Seele zu schreien. Dieses Schreien erweist sich als enormer Risikofaktor für Misshandlungen durch überforderte und genervte Eltern und Stiefväter.

All diese Umstände mögen im Sinne eines im Einzelfall vage bleibenden gesellschaftlichen Stimmungshintergrunds dazu beitragen, dass Gewalt gegen Kinder grassiert. Auch hier gilt: Die *gesellschaftlichen Umstände* tun nichts, aber sie gehören zu dem Bedingungsgefüge, ohne das die in Rede stehenden Taten kaum möglich wären. Viele Kindstötungen sind Kindesmisshandlungen mit irreversiblem Ausgang, und der Täter gehörte noch kurz vor der Tat zu jenen, die sagen: »Ich könnte das nicht!« Die fließenden Übergänge zwischen verbreiteter alltäglicher Gewalt gegen Kinder – man denke nur an die stumpfen, traurigen Augen vieler Kinder – und den aus ihr hervorwachsenden »Spitzenleistungen« stiftet eine verschwiegene Komplizenschaft, die der Grund für die Dezenz ist, mit der die Öffentlichkeit sich des Themas annimmt.

Warum wird denn der Schrei nach *low and order* nicht auch hörbar, wenn das misshandelte und getötete Kind das eigene und Sexualität nicht sichtbar im Spiel ist? Die rund 100 bis 150 Kinder, die jährlich durch die Hand ihrer Eltern sterben, machen erheblich weniger Schlagzeilen und füllen weit weniger Sendezeit als jene zwei bis sieben Kinder, die in jüngster Zeit pro Jahr einem Sexualverbrechen zum Opfer fallen. Mit Privateigentum darf man willkürlich verfahren, das ist der Grund. Das Elternrecht ist ein Derivat bourgeoiser Eigentumsverhältnisse, ist Privateigentum, angewendet auf das Kind. Das Possessiv-Verhältnis – »mein« und »eigen« – scheint die Situation der Kinder eher zu verschlechtern, während das fremde Kind – als eben nicht mir gehörend – durch die Grenze des Privateigentums dem Zugriff ein Stück weit entrückt ist. Eltern sind also nach wie vor Herren über Tod und Leben *ihres* Kindes, wenn es hart auf hart kommt, und die Nachbarn schweigen aus Indifferenz, Trägheit oder Respekt vor anderer Leute Eigentum: »Was geht mich das an?«

Hinter dem seltenen Ereignis des Mordes am eigenen Kind – »ich könnte das nicht« – liegen vermasste Tendenzen zu Feindseligkeit, Rohheit und Quälerei. Je kürzer der Prozess sein soll, der dem sogenannten Kinderschänder gemacht wird – »Rübe runter, Schwanz ab« –, desto länger ist seine Vorgeschichte. Der Ruf nach Todesstrafe oder lebenslanger Sicherungsverwahrung ist Brückner zufolge insofern ein gigantisches »Haltet den Dieb!« – vom Dieb gerufen.

Die Demontage des Sozialstaates oder: Glück ist, wenn der Pfeil den Nebenmann trifft.

Es gibt gesellschaftliche Großwetterlagen, die im Sinne eines öffentlichen Klimas Gewalt treibhausmäßig gedeihen lassen und ihre Durchbrüche begünstigen. Zu denken wäre da nicht nur an die weltweit zu beobachtende Tendenz zur Rückkehr roher Gewaltförmigkeit in die Regelung politischer und sozialer Konflikte, sondern vor allem an die im Zeichen des Neoliberalismus betriebene Planierung und Plünderung des Sozialstaates. Wie die Haager Landkriegsordnung und die Genfer Konvention Regeln und Grenzen für den Krieg zwischen Nationen zu formulieren und durchzusetzen versuchen, so versucht der Sozialstaat den innergesellschaftlichen »bellum omnium contra omnes« einzuhegen. Er setzt ihm Begrenzungen und formuliert Regeln, die die schlimmsten Auswirkungen des Kapital- und Marktprinzips mildern und für die Betroffenen abfedern sollen. Er fördert in den seltenen Phasen, wo er nicht nur propagiert, sondern praktiziert und gelebt wird, Tugenden wie Pflichtgefühl, Verantwortungsbewusstsein, gegenseitige Hilfe und Solidarität. Umgekehrt begünstigt seine Schleifung und Planierung die in der Grundstruktur der kapitalistischen Gesellschaft verankerten Tendenzen zu Aggression, Feindseligkeit und zwischenmenschlicher Gleichgültigkeit. Die Individuen werden genötigt, ihre psychischen und kognitiven Energien im Kampf um ihre Existenz, ihren Status und ihre privaten Standortvorteile zu verausgaben und in einem Universum permanenter Verteidigung und Aggression zu leben. So gesehen sind die Gesellschaften des losgelassenen, entfesselten Marktes gigantische Brutalisierungsmaschinen. Es macht einen nicht zu unterschätzenden Unterschied, ob man in einer Gesellschaft aufwächst und lebt, in der Schwachen und nicht oder weniger Leistungsfähigen solidarisch beigesprungen und unter die Arme gegriffen wird, oder in einer, in der sie der Verelendung preisgegeben und als sogenannte *Loser* zu Objekten von Hohn und Spott werden. Unter günstigen lebensgeschichtlichen Bedingungen erworbene Hemmungen gegen Aggression und Destruktivität und Fähigkeiten wie die, sich in andere einfühlen zu können und sich von ihrem Leid berühren zu lassen, bedürfen dauerhafter äußerer Stützung, sonst bilden sie sich zurück und zerfallen schließlich. Die Eigenschaften und Haltungen, die einen in der Konkurrenz weiterbringen: kalte Schonungs- und Skrupellosigkeit, Wendigkeit, eine gewisse Gewieftheit etc. überwuchern diejenigen, die dem im Wege stehen und die man bislang als die eigentlich menschlichen angesehen hat. Der andere, der Mitmensch, wird unter solchen Bedingungen zum feindlichen Konkurrenten, zum Überzähligen, schließlich zum Gegen- oder Nicht-Mensch, dem jede Einfühlung verweigert und Unterstützung aufgekündigt wird. Man gewöhnt sich daran, dass das Glück der einen mit dem Leid der anderen zusammen existiert: Glück ist, wenn der Pfeil den Nebenmann trifft.

Nicht nur der soziale Verkehr in einer über den Markt integrierten Gesellschaft, auch Erziehung und Sozialisation haben laut Peter Brückner die permanente Kriegsdrohung zu ihrem verborgenen Kern werden lassen. Die im Kälteschatten des Neoliberalismus sich entwickelnde »Kultur des Hasses« (E. J. Hobsbawm) ermuntert die Gewalt, aus der Latenz hervorzutreten und manifest zu werden. Gefährdet sind Kinder, Obdachlose und überhaupt all jene, die schwach sind und auffallen ohne Schutz.

ALLTAGSAMOK – AMOKALLTAG: ZUM STAND DER KINDERERZIEHUNG

Eine junge Frau schiebt einen Kinderwagen durch die Fußgängerzone. Darin sitzt ihr vielleicht eineinhalb- oder auch schon zweijähriges Kind und lutscht an einem Keks herum. Als sie eine Bekannte trifft, bleibt sie stehen. Sie stecken sich Zigaretten an und beginnen, miteinander zu reden. Das Kind langweilt sich und wird unruhig. Da es bereits laufen kann, schickt es sich an, den Kinderwagen zu verlassen, um sich ein bisschen umzusehen. Als es vollends aus dem Wagen herausgeklettert ist, kippt der Wagen zum Griff hin um, weil die Mutter dort ihre vollen Einkaufstüten aufgehängt hat. Die Sachen rutschen aus den Taschen und liegen verstreut am Boden. Sie reicht die halb gerauchte Zigarette ihrer Bekannten zur Aufbewahrung und schreit: »Bleib gefälligst sitzen. Da siehst du, was du angerichtet hast!« Sie zieht das Kind am Ärmel heran und verpasst ihm eine Ohrfeige. Das Kind weint und klammert sich an die Beine seiner Mutter, die es wegstößt, um ihre Einkäufe vom Boden aufzusammeln und wieder in den Tüten zu verstauen. Dabei schreit sie weiter auf das Kind ein. Grob packt die Mutter schließlich das Kind unter den Achseln und setzt oder besser: wirft es in den Wagen zurück. »Da bleibst du jetzt und rührst dich nicht vom Fleck, sonst kriegst du Haue!«

231

So viel zum Zustand der Kindererziehung in Deutschland, sechs Jahre nach dem Verbot der körperlichen Züchtigung.

Rückblick 5: Alles mitreißen in den Untergang. Überlegungen angesichts des Amoklaufs an der Virginia Tech University

»Wenn die Gesellschaft den Menschen der heranwachsenden Generation eine kreative Sinnerfüllung versagt, dann finden sie schließlich ihre Erfüllung in der Zerstörung.«

Norbert Elias

Nachdem ich den Begriff »going postal« als amerikanischen Slangausdruck und Synonym für »Amok« in einem Brief von Lothar Baier zum ersten Mal gehört hatte, stieß ich nach dem Amoklauf des Cho Seung-Hui an der Virginia Tech University in Blacksburg, bei dem 32 Menschen und er selbst starben, erneut auf diesen Begriff. Er fiel im Kontext eines Interviews der Wochenzeitung *Freitag* mit dem amerikanischen Schriftsteller Mark Ames, das in der Ausgabe vom 27. April 2007 erschien. Dort vertrat Ames die These, dass Amok eine Form des Widerstands darstelle und gleichsam die »Sklavenrebellion des 21. Jahrhunderts« sei. Ich las dieses Gespräch im Urlaub in Holland, und die Thesen von Ames provozierten und ärgerten mich derart, dass ich mich praktisch noch am selben Tag hinsetzte und eine Erwiderung zu schreiben begann. Diese erschien ebenfalls im *Freitag,* und zwar in der Ausgabe vom 25. Mai 2007. Sie folgt hier in einer überarbeiteten und erweiterten Fassung.

*

Früher, heißt es im Vorwort Sartres zu Paul Nizans Roman »Aden«, sagten aufmüpfige oder auch nur unglückliche Bürgerkinder plötzlich »Scheiße« zu ihren Eltern, erhoben sich vom Mittagstisch, verließen das Haus und »gingen mit Sack und Pack zur Linken«. Dort fand ihr diffuses Unbehagen seine Begriffe und strategische Codierung. Ihre in mehr oder weniger gewaltförmigen Sozialisationsprozessen akkumulierte Wut und ihr »existenzieller Ekel« an bürgerlich-kleinbürgerlichen Formen des zwischenmenschlichen Verkehrs gingen in Kommunikationsprozesse ein und fanden ihre politisch-rationalen Ausdrucksformen. Marx und Rimbaud kamen in der weltweiten Protestbewegung der späten 60er Jahre endlich zusammen, die Veränderung der Umstände und die Selbstveränderung schlossen sich für ein paar glückliche Jahre nicht mehr aus: Der Protest gegen kleinbürgerliche Tisch- und Kleidersitten, gegen den Haarschnitt, den einem der Vorstadtfriseur alle paar Wochen auf Geheiß des Vaters verpasste, die Revolte gegen sinnentleerte Formen des Verzichts und Gehorsams und eine rigide Sexualmoral, die Befreiung der pädagogisch verschwiegenen und versteiften Körper im Rhythmus der neuen rebellischen Musik verschmolzen mit dem Kampf gegen Ausbeutung und Unterdrückung im eigenen Land und dem der Befreiungsbewegungen in der sogenannten Dritten Welt.

Daniel Cohn-Bendit berichtet in seinem Buch »Der große Basar« von der heilsamen Kraft der Tage und Nächte auf den Barrikaden des Pariser Mai 1968: »Die Stimmung auf den Barrikaden wird für mich immer ein unvergessliches Erlebnis bleiben. Das gemeinsame Handeln materialisierte sich im Aufreißen des Straßenpflasters und im Bau der Barrikaden. Hier wurden die Grundlagen für das Entstehen neuer emotionaler Beziehungen gelegt. Diese Barrikadengemeinschaft verkörperte den großen Einbruch der Zukunft in die Gegenwart. Diese Nacht hat viele Psychoanalytiker arbeitslos gemacht. Tausende von Leuten verspürten die Lust, miteinander zu reden und zu lieben. Seht Euch die Fotos dieser Nacht an und Ihr werdet bei vielen das Erstaunen darüber bemerken, dort zu sein. In dieser Nacht wurde mein Optimismus in Bezug auf die Geschichte geboren. Nachdem ich diese Stunden erlebt habe, werde ich nie mehr sagen: Es ist unmöglich!« (München 1975, S. 35)

Charakterliche Verkrustungen brechen auf, eingefrorene Lebensprozesse tauen in der Hitze des Kampfes auf, der ganze todmüde

Alltag und seine Routine werden aufgesprengt, noch nicht gelebte Möglichkeiten des Lebens tun sich auf. Bereits abgestorbene Teil-personen werden wiederbelebt und das fast schon versunkene le-bensgeschichtliche Atlantis taucht aus dem Meer des Vergessenen und Verdrängten wieder auf. Das Glück solcher Situationen be-steht darin, dass die Wirklichkeit der Revolte mit dem Kampf der Lebenstriebe zusammenfällt, wie es Italo Calvino für seine Gene-ration und ihr Verhältnis zum antifaschistischen Widerstand be-schrieben hat: »Die Logik der Resistenza fiel mit der unseres Le-benstriebs zusammen.« Durch ein »Bündnis aller Spuren mit allen Spuren, durch eine plötzliche Ankunft mehrerer Flaschenposten in einem glücklichen Hafen« (Alexander Kluge) finden gesellschaft-liche und persönliche Veränderungen statt. Ernst Bloch hat dieses Glück, das vielen um 1968 herum zuteil wurde, als das Zusammen-fallen von Jugend und Zeitenwende beschrieben: »Fällt Jugend gar in revolutionäre Zeiten, also in Zeitwende, und steht ihr nicht, wie heute im Westen so oft, der Kopf, durch Betrug, im Nacken, so weiß sie erst recht, was es mit dem Traum nach vorwärts auf sich hat. Er geht dann vom vagen, vor allem privaten Ahnen zum mehr oder minder sozial geschärften, sozial beauftragten über.« (Das Prinzip Hoffnung, Frankfurt/Main 1969, S. 133)

Die radikale Linke, das kann ich aus eigener Erfahrung sagen, war auch ein Sammelbecken für allerhand skurrile Gestalten, Sonder-linge und Käuze, die ihre psychischen Macken und biographischen Beschädigungen in die Bewegung mit einbrachten und teilweise auch ausagierten, wobei die Gruppe und die sie tragenden Ideen in der Regel als Korrektiv wirkten und dafür sorgten, dass der Privat-wahn und die Idiosynkrasien Einzelner nicht tonangebend und richtungsweisend wurden und das Band zwischen Gewalt und Vernunft, Mitteln und Zwecken nicht zerriss. »Aus der Krankheit eine Waffe machen« war eine weit über das »Heidelberger Patien-tenkollektiv« hinaus verbreitete Parole, und mancher neurotische lebensgeschichtliche Knoten löste sich in der gemeinsamen befrei-enden Praxis. Erst als die »fusionierenden Gruppen« (J.-P. Sartre) der Revolte zerfielen und sich das in ihnen glücklich Eingeschmol-zene und Gebündelte wieder entmischte und sekten- und parteiförmig gegeneinander verselbständigte, traten private Obsessionen in den Vordergrund und konnten sich mehr oder minder ungehemmt austoben. Wie Paul Parin mir gesprächsweise davon berichtete, dass während der »Züricher Jugendunruhe« von 1980 viele Junkies »clean« wurden und der künstlichen Himmelfahrten der Drogen nicht mehr bedurften, so findet man in Zeiten sozialer Bewegungen auch keine Amokläufe. Der 18-jährige Sebastian B., der im November 2006 in seiner ehemaligen Schule in Emsdetten – dem Epizentrum seiner Demütigungen – Amok lief und fünf Personen durch Schüsse und weitere 32 durch Rauchbomben verletzte, bevor er sich selbst tötete, wäre in den späten 60er oder frühen 70er Jahren womöglich im »Club Voltaire« oder in einer »Basisgruppe« der Schülerbewegung Menschen begegnet, mit denen er über seinen diffusen Weltekel hätte reden können und die ihm einen kollektiven Ausweg aus seiner scheinbar privaten Misere gewiesen hätten. Er hätte gelernt, seine Ablehnung einer Normalbiographie, die er mit fünf Buchstaben abkürzte: »S.A.A.R.T. – Schule, Ausbildung, Arbeit, Rente, Tod« – politisch auszubuchstabieren und in den Kampf für eine qualitativ andere und bessere Gesellschaft einfließen zu lassen. Die Bemerkung aus seinem Abschiedsbrief: »Jemand wird geboren, hat sechs Jahre lang ein schönes Leben, wird dann aber eingeschult«, hätte in jede Schülerzeitung der damaligen Zeit gepasst und wäre von vielen verstanden worden. Das Bewusstsein, einem kämpferischen und solidarischen Kollektiv anzugehören, hätte seinen Frust aufgefangen und seine aggressiven Energien den Lebenstrieben dienstbar gemacht. So aber, ganz auf sich zurückgeworfen und durch Kränkungen und Ausgrenzungen zum Außenseiter geworden, geraten seine destruktiven Tendenzen mehr und mehr unter die Hegemonie eines unbändigen und uferlosen Hasses. Er übernimmt das Zeichensystem der Außenseiter, trägt nur noch schwarze Klamotten und Sonnenbrille, zieht sich in die Parallelwelt seiner Computerspiele und Halloween-Videos zurück und identifiziert sich mit Harris und Klebold, die im April 1999 an der Colombine-Highschool in Littleton/Colorado zwölf Mitschüler und einen Lehrer erschossen hatten. Im Internet hinterlässt er einen düsteren Abschiedsbrief, in dem er seinen Ekel vor den Menschen und seinen Hass gegen alle Welt verkündet: »Bevor ich gehe, werde ich euch einen Denkzettel verpassen, damit mich kein Mensch mehr vergisst. Ich hasse euch und eure Art! Ihr müsst alle sterben.«

Was aber sollen Jugendliche machen, fragte Sartre schon damals in jenem Vorwort, »wenn die Väter links sind«, Marx und Marcuse im Regal stehen haben und abends nach getaner Arbeit die Rolling Stones und Bob Dylan auflegen? Dann ist den Kindern der Fluchtweg nach links versperrt, und manch rebellisches Bourgeosie-Früchtchen ließ sich nun den Schädel rasieren und wandte sich der extremen Rechten zu. Inzwischen müssen wir die Sartre'sche Frage zuspitzen: Was aber, wenn es gar keine radikale Linke gibt, auf deren Seite man sich schlagen kann? Dann eignen sich entweder die Rechten den ganzen Rohstoff von rebellischen Energien und Leidenserfahrungen an, um ihn für ihre Ziele nach rückwärts in Gang zu setzen, oder er bleibt brachliegen. Die heute dominierenden Jugendkulturen bilden keine Gegenkultur mehr, sondern sind mit dem Erwachsenensystem auf eine frappierende Weise kurzgeschlossen. Die Jugendlichen wollen, was die Erwachsenen wollen, aber bitte subito! »Das Jugendliche« sensu Ernst Bloch, das wohlgemerkt nicht identisch ist mit den empirisch antreffbaren Gestalten jugendlichen Bewusstseins, sondern für ihn so etwas wie ein Synonym für Utopie und das Ferment der Hoffnung darstellt, bricht sich am faden Realismus der Gegenwart den Hals oder beschränkt sich darauf, sich innerhalb der herrschenden Verhältnisse amüsieren und »Spaß haben« zu wollen. »Big fun in good life«, lautet das Lebensprogramm dieser Generation, aber der Spaß geht daneben, weil er von Ohnmacht und Unterwerfung unter einen zutiefst unversöhnten gesellschaftlichen Zustand zeugt. Eingesponnen in einen Kokon aus optimistischer Verleugnung, kann heutigen Jugendlichen die Aneignung des eigenen Scheiterns nicht gelingen, und so kommt es zur Ausbildung eines unappetitlichen Zugleich von Anpassung und Aggression, einer konformistischen Bösartigkeit, aus der auch Gewalt gegen Sündenböcke erwachsen kann, denen man die Schuld für das eigene Scheitern anlastet. Utopien mögen für realitätstüchtige Erwachsene wenig Bedeutung haben, für Kinder und Jugendliche sind sie indessen lebenswichtig. Kinder und Jugendliche, die gesellschaftlich-geschichtlicher Ideale beraubt sind, werden nicht nur in ihrem Wachstum behindert, sondern auch in ihren Lebenseinstellungen entmutigt und auf Ersatzgefühle gedrängt. Diffuse Gewalt, das rebellische Um-sich-Schlagen gegen Begrenzungen, welche die herrschende Ordnung bestimmen, können laut Oskar Negt »Ausdruck einer Lebenskraft sein, der die gesellschaftlichen Ideale fehlen«. Die jugendlichen Suchbewegungen gehen ins Leere, die Wut dreht sich im Kreis, wendet sich gegen die eigene Person oder entlädt sich richtungslos. Hinter den wohlgeordneten und glitzernden neoliberalen Fassaden gedeihen Vandalismus und Amok. Da der Weg zu einer kollektiven Wiederaneignung von Lebensbedingungen verrammelt und verriegelt scheint, entwickelt sich eine wertabstrakte Militanz, die sich verhält wie Aggressionsgeld: Sie zerstört die politischen Gebrauchswerte und abstrahiert von jeglichem Inhalt. Der Vandalismus kann als Antwort darauf verstanden werden, dass seinen Akteuren der Weg zur Produktion und damit zu Vermittlung und Sublimierung versperrt ist. Die Aggression wird nicht sozialisiert und büßt deswegen die Rationalität ihres Ausdrucks ein. Sie ist und bleibt roh. Blind und bewusstlos schlagen die Herausgefallenen und für überflüssig Erklärten auf die gesellschaftliche Fassade ein. Die Wut der Vandalen verbraucht sich in ihrem eigenen Ausdruck, sie beschränkt sich auf den Versuch, mit einem Baseballschläger auf den Nebel einzuschlagen, der über den Verhältnissen liegt und den Einblick in ihre Strukturen versperrt. Das, was man Vandalismus nennt, ist eine Wut, die ihr Objekt eingebüßt und sich in frei flottierenden Hass verwandelt hat. Fast wehmütig erinnert man sich an traditionelle Klassenauseinandersetzungen, die inzwischen wie Formen vergangener bürgerlicher Leidenschaften anmuten. Klassenkämpfe zwischen ökonomisch-sozialen Klassen bewegen sich in der Regel im Bezugsrahmen einer von beiden Seiten geteilten Rationalität und sind auch insofern immer relative Kämpfe, als das spezifische Klasseninteresse nicht darin bestehen kann, die Arbeitsvermögen des Klassengegners und damit diesen selbst vollständig zu vernichten.

Herta Müller lässt in ihrem Roman »Reisende auf einem Bein« eine – wie die Autorin selbst – aus Rumänien nach Berlin emigrierte Frau sagen: »In dem anderen Land habe ich verstanden, was die Menschen so kaputt macht. Die Gründe lagen auf der Hand. Es hat sehr wehgetan, täglich die Gründe zu sehen. ... Und hier, sagte Irene. Ich weiß, es gibt Gründe. Ich kann sie nicht sehen. Es tut weh, täglich die Gründe nicht zu sehen.« (Berlin 1989, S. 130)

»Die Bösen sind wir los, das Böse ist geblieben«, so könnte man mit den Worten von Peter Brückner einen Prozess charakterisieren, in dessen Verlauf unmittelbare Herrschaft und manifeste Gewalt sich zurückziehen, ohne indessen in einen herrschafts- und gewaltfreien Zustand zu münden. Die »Peitsche des Aufsehers« wird vom »stummen Zwang der ökonomischen Verhältnisse« (Karl Marx) abgelöst und durch subtilere und lautlose Mechanismen der Kontrolle ersetzt. Herrschaft hat sich entpersonalisiert und anonymisiert, sie tarnt sich immer perfekter als Technik und tritt den Menschen gegenüber als sogenannter Sachzwang auf. Gegen wen oder was soll die akkumulierte Wut sich wenden, wen können wir zur Verantwortung ziehen? Wer ist Schuld an unserem diffusen Unbehagen und unserer Misere? Wir werden von unsinnlichen Abstraktionen und um die Erde zirkulierenden Geldströmen beherrscht. »Aber«, fragte der Regisseur Peter Stein kürzlich in einem Gespräch mit dem Nachrichtenmagazin *Der Spiegel*, »was ist das, ein Geldstrom? Ich habe noch niemals eine Hand in einen Geldstrom gehalten.« Die Dispersion und Anonymisierung der Verantwortung führt zur »Herrschaft durch Niemanden« (Hannah Arendt), die ihre Opfer in die Lage jenes Pächters aus John Steinbecks Roman »Früchte des Zorns« bringt: Das Land des Pächters ist verkauft worden, und ein Angestellter des neuen Besitzers naht mit einem Traktor, um sein Haus abzureißen. Der Pächter stellt den Fahrer zur Rede und droht, ihn zu erschießen, wenn er an seinem Vorhaben festhält. Der Fahrer sagt: »Ich kann nichts dafür. Ich verliere meine Arbeit, wenn ich's nicht mache. ... Du bringst nicht den Richtigen um.« »Ja, ja«, sagt jetzt der Pächter, »wer hat dir den Befehl gegeben? Dann werde ich mich an den halten. Er ist der, wo umgebracht werden muss.« – »Du hast Unrecht. Er hat auch nur seinen Befehl von der Bank. Die Bank hat ihm gesagt: ›Schmeiß die Leute raus, oder du fliegst‹.« – »Ja, aber es gibt doch einen Präsidenten von der Bank. Es gibt doch Direktoren. Da fülle ich eben mein Gewehrmagazin und gehe in die Bank.« Darauf sagt der Fahrer: »Jemand hat mir erzählt, die Bank hat Befehl aus dem Osten gekriegt. Und der Befehl war: ›Sorgt dafür, dass das Land was abwirft, sonst machen wir euch die Bude zu.‹« – »Aber, wo hört das denn auf? Wen können wir denn erschießen? Ich habe keine Lust zu verhungern, eh' ich den Mann ungebracht habe, der wo mich aushungert.« – »Ich weiß es nicht. Vielleicht ist da überhaupt niemand zu erschießen. Vielleicht ist das Ganze überhaupt nicht von Menschen gemacht«, sagt der Fahrer. (München 1985, S. 46 ff.)

Warum habe ich diese Passage so ausführlich zitiert? Weil sie uns darüber belehrt, dass ein Mensch, der Opfer eines abstrakten, gesichtslosen »Systems« wird, auf seiner Wut sitzen bleibt. Wenn das, was den Zorn auslöst, außer Reichweite und unsichtbar ist, sucht sich die Wut Ersatzopfer, einen Sündenbock, der die Wut auf sich zieht, weil er verletzlich und gerade greifbar ist. Vom gerade verstorbene Jean Baudrillard stammt die prägnante Formulierung: »Wenn die Gewalt aus der Unterdrückung aufsteigt, dann der Hass aus der Entleerung.«

*

Der große, »nekrophile« Bruder des Vandalen ist der Amokläufer. An dieser Stelle möchte ich Marc Ames entschieden widersprechen, der nach dem Massaker an der Virginia Tech im Gespräch mit dem *Freitag* vom 27. April 2007 die These vertreten hat, der Amoklauf sei eine zeitgenössische Form der Revolte und des Widerstands, gleichsam die »Sklavenrebellion des 21. Jahrhunderts«. Die Gründe für die Amokläufe lägen, so Mark Ames, weder in der Persönlichkeitsstruktur der Täter noch in Computerspielen oder fehlenden christlichen Werten. Sie seien da zu suchen, wo die Massaker passieren: in unseren Büros und in unseren Schulen. Der Reichtum habe sich bei wenigen konzentriert, die Firmenchefs verdienten das Vielfache eines Angestellten. »Die Leute werden immer mehr ausgepresst – warum sollen sie sich nicht wehren?« Freilich, aber heißt Sich-Wehren an seinen aktuellen oder verloren gegangenen Arbeitsplatz zurückzukehren und auf seine (ehemaligen) Kollegen zu schießen? Muss man, wenn man unter der Unwirtlichkeit der Schulgebäude und dem Leistungsdruck leidet, wenn man sich – wie die sogenannten Columbine-Kids – ausgegrenzt und von »Arschlöchern« umzingelt fühlt, das Feuer auf seine Mitschüler und Lehrer eröffnen? Das Einzige, worüber Jugendliche wie Klebold und Harris verfügen, ist subjektloser Hass, für den alle Versprachlichungen – mögen sie Hitler, »Arschlöcher« oder sonst wie heißen – nur Chiffren sind. Außerdem kann, wer behauptet, von lauter »Arschlöchern« umgeben zu sein, sich ja in der Position des Geisterfahrers aus dem berühmten Witz befinden, also mithin selbst das »Arschloch« sein.

Ist der Amoklauf, wie Ames formuliert, tatsächlich »ein Modell dafür, wie man sich wehren kann«, oder ist er nicht vielmehr Ausdruck der Tatsache, dass es den Menschen an Modellen des solidarischen Sich-zur-Wehr-Setzens fehlt? Wenn Gesellschaften ihre Fähigkeit der sozialen Integration einbüßen, ihre tragenden Gerüste und Institutionen sich zersetzen, ihre Werte und Normierungen erodieren und von vielen nicht mehr geteilt werden, dann werden neben Angst auch Formen von Aggression, Feindseligkeit und Gewalt freigesetzt, die dringend der intellektuellen und moralischen Kontrolle bedürfen und in eine aufklärerische Richtung gelenkt werden müssen, weil sie sonst ungeahnte Destruktionspotenziale entbinden, die nicht nur diese, sondern jede Gesellschaft zerstören könnten. Amok ist also kein Akt des Widerstands, sondern ein Symptom der Selbstzerstörung der spätbürgerlichen Gesellschaft und des gleichzeitigen Fehlens von sozialen Gruppierungen und Strategien, die diesem Zerfall eine emanzipatorische Wendung geben könnten.

Wie sich zu Beginn des 16. Jahrhunderts in Frankreich, Spanien und Italien das »Duell der Ehre« herausbildet und in der Folge in ganz Europa als »Modell des Fehlverhaltens« (Devereux) ausbreitet, das einem »Mann von Ehre« genau vorschreibt, wann er gezwungen ist, jemanden »zum Duell zu fordern« und wie die

Wahl der Waffen zu geschehen hat, so scheint es, als würde sich unter unseren Augen das School Shooting und der Amoklauf als grausige »Ventilsitte« für (junge) Männer etablieren, die einen nicht zu verkraftenden Gesichtsverlust, eine außerordentliche Kränkung, ein schweres Trauma erlitten haben und sich in ihrem Stolz verletzt fühlen und deswegen »einen Hass haben«.

In dem lesenswerten Roman von Lionel Shriver, der auf Deutsch unter dem Titel »Wir müssen über Kevin reden« erschienen ist, versucht die Mutter eines School Shooters die Vorgeschichte der Tat ihres Sohnes zu rekonstruieren. Wir erfahren aus dem Mund dieses Sohnes, inwiefern wir – das empörte Publikum – von Taten wie der seinen profitieren. Er sitzt inzwischen im Gefängnis und gibt dort einem auf die Vermarktung von Verbrechen spezialisierten privaten Fernsehsender ein Interview, wobei er sich »im Focus der Kamera wie im Schein einer UV-Lampe« sonnt. »Meine Geschichte«, so sagt er, »ist vielleicht ein bisschen blutrünstig, aber, gebt es zu, *ihr liebt sie doch alle. Ihr habt sie* verschlungen. Verrückt, ich sollte auf der Gehaltsliste der Regierung stehen. Ohne Leute wie mich würde das ganze Land von der Brücke springen, weil das Einzige, was sie in der Glotze sehen, irgendeine Hausfrau bei *Wer wird Millionär* ist, die 64 000 Dollar einstreicht, weil sie weiß, wie der Hund des Präsidenten heißt.« (Berlin 2006, S. 499 f.) Wir sitzen im Fernsehsessel und konsumieren echten Horror. Alles zeigen, alles ausbreiten, alles präsentieren, am besten, die Tat geschieht vor laufenden Kameras. Der Aufschrei der Empörung, der spektakulären Amokläufen folgt, kann den Umstand nicht verdecken, dass wir alle vampiristisch von ihnen zehren und uns insofern am Ende unseres eigenen Gewehrlaufs befinden.

Das Buch von Lionel Shriver belehrt uns auch darüber, dass die Top-Ten-Logik und der Ranking-Wahnsinn, gegen die der Amokläufer laut Ames angeblich aufbegehrt, auch den »Extrem-Sport« Amok selbst beherrschen: Wer in die *Hall of Fame* der großen Bösewichter eingehen will, muss den bis dato in der »Bestenliste« Führenden in puncto Opferzahl und Art des Terrors überbieten. Nach dem Columbine-Massaker mit 15 Toten gab es 32 Schießereien an amerikanischen Schulen, aber keine brachte es auf die Titelseiten, weil sie nicht brutal genug waren. Innerhalb dieser perversen Logik, die aber nur das übersteigerte Leistungsprinzip dieser Gesellschaft ex negativo spiegelt, wäre die Tat des Cho Seung-Hui vom April 2007, als er an der Virginia Tech Universitiy in Blacksburg 32 Menschen und sich selbst erschoss, mit dem Rekord von Bob Beamon von 1968 zu vergleichen, der damals in Mexiko den Weitsprungweltrekord auf einen Schlag um 55 Zentimeter auf 8 Meter 90 verbesserte und eine ganze Generation von Weitspringern entmutigte. So gesehen hätte die Tat des Cho womöglich einen ungeahnten präventiven Aspekt.

Aber selbst wenn der Amoklauf zum »Modell des Fehlverhaltens« avancieren würde, sollten wir uns hüten, im Zusammenhang von blinder Gewalt und Massenmord von Widerstand gegen die herrschenden gesellschaftlichen Verhältnisse zu sprechen. Hier ist unser, der Linken, Unterscheidungsvermögen gefragt, und wir müssen darauf beharren, dass jede auf Befreiung zielende Aktion die Angemessenheit der Mittel im Bezug auf das zu erreichende Ziel zu reflektieren hat. Es gibt Formen der Gewalt, die noch nicht einmal eine revolutionäre Situation rechtfertigen kann, weil sie gerade den Zweck negieren, wofür die Revolution ein Mittel sein soll: die Erweiterung des Spielraums menschlicher Freiheit und Glücksmöglichkeiten. Dieser Art sind willkürliche Gewalt, Grausamkeit und unterschiedsloser, blinder Terror. Der vandalische Akt der Zertrümmerung von Telefonzellen oder Autos in Brand zu stecken enthält möglicherweise noch die Spur einer »Intention auf das Richtige« (Georg Lukács) und kann in eine historische und politische Perspektive integriert werden. Der Amokläufer ist in allen grundsätzlichen Belangen das genaue Gegenbild des Revolutionärs: Wenn dieser die Entwicklungsbedingungen des Lebendigen und des Menschlichen durch Überwindung ihrer geschichtlich-gesellschaftlichen Blockierungen verbessern will, so fühlt sich jener mehr vom Toten als vom Lebendigen angezogen und ist darauf aus, Lebendiges in Totes zu verwandeln: »Außen soll sich nichts bewegen und innen kein Gefühl sein.« (Klaus Theweleit)

Amok beruht auf einer tödlichen Produktionsweise und ist in der Anwendung des Vernichtungsprinzips totalitär. In der Folge von

Enttäuschungen und Misserfolgen sind beim zukünftigen Amok-läufer die Tentakeln der Objektlibido ins Ich zurückgezuckt wie die Fühlhörner einer Schnecke. Dabei löst sich Aggression aus Verschränkungen mit libidinösen Objektbesetzungen. Eine Re-gression setzt ein, deren Falltiefe vom spezifischen Triebschicksal, frühkindlichen Beziehungserfahrungen und der psychischen Or-ganisation abhängig ist. Noch sieht nach außen alles wie Ruhe und Selbstbeherrschung aus, aber innerpsychisch bahnt sich bereits ein folgenschwerer Führungswechsel an. Energien, die in frühkind-lichen Ambivalenzen von »nur gut« und »nur böse« eingefroren waren, tauen auf, uralte Spaltungsneigungen werden aus Gründen des Selbstschutzes aktiviert. Die Innenwelt verwandelt sich in ein Kaleidoskop durcheinanderwirbelnder Fragmente, die sich zu im-mer skurrileren und ängstigenderen Bildern zusammenfügen. Psy-chotische Persönlichkeitsanteile, die wir alle in uns tragen, schieben sich in den Vordergrund und erringen eine Art von psychischer Hegemonie. Ein archaischer Hass auf verfolgende innere und äußere Objekte macht sich breit, die Wahrnehmung trübt sich ein, die Welt verdunkelt sich, bis schließlich alles zum »bösen, verfol-genden« Objekt wird. Jetzt funktionieren Ruhe und Selbstbeherr-schung nur noch mühsam; sie brüten etwas aus. Paranoide Phan-tasien beginnen, das gesamte innere Blickfeld auszufüllen. Jetzt bedarf es nur noch eines letzten Anstoßes, und die Unglücksmecha-nik kommt ins Rollen. Die im Innern tobende Schlacht wird nach außen verlagert, die Übermacht der inneren verfolgenden Objekte verwandelt sich in die Masse der draußen Umzubringenden. Letzt-lich ist das treibende Motiv seines wahnsinnigen Handelns, im Ban-ne eines bösartig gewordenen frühkindlichen Narzissmus alles in seinen grandios inszenierten Untergang mitzureißen. »Statt darauf zu warten«, heißt es in Lothar Baiers letztem Buch »Keine Zeit«, »dass die Welt das eigene Leben verschlingt, soll die Welt in der Selbstvernichtung verschlungen werden, damit auf diese Weise Weltzeit mit Lebenszeit zusammenfällt.« Auch Hitler teilte die Obsession, die eigene Lebensgeschichte mit der Weltgeschichte zur Deckung bringen zu wollen. Dem Luftwaffenadjutanten Nicolaus von Below hatte Hitler nach dem Scheitern der Ardennenoffensive

mitgeteilt: »Wir kapitulieren nicht, niemals. Wir können unterge-
hen. Aber wir werden eine Welt mitnehmen.« Hans Blumenberg,
dessen Buch »Lebenszeit und Weltzeit« dieses Zitat entstammt, bezeichnet die Haltung, die Verfehlung des eigenen Lebensziels zu
der des Weltsinns zu machen, in Anlehnung an Freud als »absoluten Narzissmus«. Nicht zufällig zählen prominente Amokläufer
Hitler zu ihren Heroen und Vorbildern. So begingen Eric Harris
und Dylan Klebold das Massaker an der Columbine-Highschool
ganz bewusst an Hitlers 110. Geburtstag. In den von Joachim
Gaertner gesammelten Aufzeichnungen von Klebold und Harris
findet sich folgender Eintrag von Eric Harris, in dem die Nähe zu
Hitlers Wahn von der Kongruenz von Lebenszeit und Weltzeit
prägnant zum Ausdruck kommt: »Irgendjemand wird die Frage
stellen: Was haben sie sich dabei gedacht? Ich werde euch sagen,
was ich denke. Mein Ziel ist es, so viel wie möglich zu zerstören. Ich
will die Welt verbrennen. Ich will jeden töten. Wenn du das hier
liest, hast du Glück gehabt, dass du meiner Wut entkommen bist,
denn ich wollte dich töten.« Um dieses Ziel zu erreichen, planten
Harris und Klebold ursprünglich, nach dem Massaker an der Schule ein Flugzeug zu entführen und über New York zum Absturz zu
bringen.

Mit Hitlers Verschwinden ist allem Anschein nach keineswegs der
Impuls zur kollektiven Selbstzerstörung aus der Welt verschwunden, und er ist kein Privileg von Amokläufern. Dieses Fortdauern
bezeichnet Lothar Baier als »Hitlers Modernität«. Die Apokalypse
ist längst keine Metapher mehr, sondern eine vom »Wahnsinn der
rasenden Industrie« (Max Horkheimer) und des entfesselten Marktes heraufbeschworene reale Möglichkeit. Sie scheint, so mutmaßt
Urs Widmer in seinen Frankfurter Poetikvorlesungen, deswegen
eine so reizvolle Option zu sein, »weil am letzten Tag *alle* sterben,
Sie auch, nicht nur ich, allein, von keinem der für einmal noch
Überlebenden besonders beachtet.« Auch der Autor Günter Steffens hat der Verschwiegenheit seines Tagebuchs das »Verlangen
nach der tellurischen Katastrophe« anvertraut. Angesichts des Ster-
bens der geliebten Partnerin schien ihm »die Zeit gekommen für's
Ende aller Zeiten, weil die Zeit für ihr Ende gekommen schien.

Jedes Leben sollte erlöschen mit dem ihren. Man braucht kein gescheiterter Tyrann zu sein, um – dennoch triumphierend in einem Sieg über allen Siegen – die ganze Welt mitreißen zu wollen in den Untergang der eigenen.« (Köln 1976, S. 80) Hitler erweist sich als Prototyp des zeitgenössischen kapitalistischen Subjekts, das durch seine Praxis (oder seine Untätigkeit) sehenden Auges den kollektiven Untergang heraufbeschwört.

Seit Mitte der 90er Jahre ist ein stetiger Anstieg der Zahl von Schulschießereien und Amokläufen zu verzeichnen. Offenbar schlägt die von den Metropolen des globalen Kapitalismus ausgehende neo-imperiale, kriegerische Gewalt in Gestalt einer Verrohung und Brutalisierung der Verkehrsformen in die Mutterländer zurück. Die nach dem 11. September entstandene schizoide Großwetterlage begünstigt kollektive und individuelle Regressionen auf archaische Spaltungsneigungen. In einem Klima, das mit Spannungen und Ambivalenzen aufgeladen ist, gedeiht eine heimliche Katastrophenbereitschaft, die einen erschreckenden Mitnahmeeffekt erzeugt: Verzweifelte, in eine abseitige Position geratene Menschen steigen auf den Zug der weltweit entflammten Paranoia auf und lassen sich durch sie zu irgendwelchen Wahnsinnstaten anregen.

Der afrokaribisch-französische Schriftsteller und Politiker Aimé Césaire hat in seinem 1955 erschienenen Buch »Über den Kolonialismus« bereits angesichts des Algerienkrieges davon gesprochen, dass die koloniale und imperiale Gewalt in die Mutterländer zurückschlage und dort zu einer »Rebarbarisierung« und »Verwilderung« des gesellschaftlichen Klimas führe, eine Erfahrung, die sich später in den USA im Kontext der Kriege in Vietnam, Afghanistan und im Irak bestätigte. Die Veteranen leben in einer Welt aus Scheidung, Alkohol, Drogen, Verbrechen, Polizei, Gefängnis und Depression. Noch fast 30 Jahre nach der Rückkehr aus Vietnam kann Lester Farley, ein Vietnamveteran, dem wir in Philip Roth's Roman »Der menschliche Makel« begegnen, kaum eine Nacht richtig schlafen, ist unruhig, trinkt, neigt zu Gewalttätigkeiten und terrorisiert Frau, Kinder und seine ganze Umgebung. Er empfindet sich als ein Mann, der in Vietnam »gestorben ist« und seither als »Untoter« mit anästhesierten Gefühlen weiterlebt. Jede Soldateneinheit, die aus einem Kriegseinsatz zurückkehrt, kann man als lebendige Quelle von Gewalt begreifen. Immer wieder wird davon berichtet, dass amerikanische Kriegsheimkehrer nicht ins zivile Leben zurückfinden und ihre Familien und sich selbst umbringen. Laut *Frankfurter Allgemeine Zeitung* vom 12. November 2009 wird seit 2001 auf Militärstützpunkten ein Anstieg der häuslichen Gewalt um 75 Prozent verzeichnet. Während die Gewaltkriminalität in vergleichbaren Städten zurückgeht, stieg sie in Garnisonsstädten seit 2001 um 22 Prozent an. »Der Krieg ist darin schlimm, dass er mehr böse Menschen macht, als er davon wegnimmt«, wusste bereits Kant.

In diesen Kontext gehört auch die Tat des 39-jährigen amerikanischen Militärpsychiaters Nidal Malik Hasan, der am 6. November 2009 auf dem Militärstützpunkt Fort Hood in Texas das Feuer auf seine Kameraden eröffnete und 13 von ihnen erschoss und circa 40 weitere verletzte, bevor er selbst von vier Kugeln getroffen und schwer verletzt wurde. Zu den Aufgaben des Psychiaters, der als scheuer Einzelgänger geschildert wird und unter anderem an der »Virginia Tech« studiert hat, gehörte die Betreuung von Soldaten, die nach Einsätzen in Afghanistan oder im Irak mit den Folgen von Traumatisierungen zu kämpfen hatten. Allein im Jahr 2008 haben sich 128 US-Soldaten das Leben genommen, eine Zahl, die 2009 noch steigen wird. Auf dem Stützpunkt Fort Hood suizidierten sich seit Beginn des Afghanistan-Krieges 75 Soldaten. Hasan wusste also, was ihn erwartete, wenn er zu einem Auslandseinsatz abkommandiert würde, und war laut Aussage eines Cousins über seine bevorstehende Entsendung nach Afghanistan »zu Tode erschrocken«. Wenige Tage vor seiner Versetzung, die ihn als amerikanischen Staatsbürger und gläubigen Muslim seelisch und körperlich vor eine Zerreißprobe gestellt hätte, löste er dieses Dilemma gewaltsam, indem er die Seite wechselte und den Krieg in die Heimat verlagerte. Hätte er vier Wochen später in Afghanistan um sich geschossen, wäre es entweder eine Heldentat oder ein bedauerlicher Fall von »friendly fire« gewesen, so wurde es ein Amoklauf, der Amerika unter Schock setzte und ratlos machte.

Verfolgt man die Diskussion über das Massaker, gewinnt man

den Eindruck, dass man sich vereinfachend und entlastend auf den Umstand bezieht, dass der Todesschütze Nidal Malik Hasan heißt und der Sohn palästinensischer Einwanderer ist. Er könnte aber auch Jimmy Jones oder Bob Schmidt heißen. Die Spekulationen über einen möglichen religiösen oder gar terroristischen Hintergrund der Tat dienen der Ausblendung der oben skizzierten Zusammenhänge aus der öffentlichen Debatte. Selbst wenn der Tat eine religiöse und ideologische Radikalisierung von Hasan vorausging und er sich schließlich als »Soldat Allahs« begriff, müsste man sich die Frage vorlegen, warum dieser Mann diese Entwicklung genommen hat.

Wer Einwanderer oder Kind von Einwanderern und nicht sichtlich *Unsereiner* ist, steht häufig unfest in der Kultur seines neuen Heimatlandes und lebt in einem Zwischenland. Durch erfahrene Ablehnung und Ausgrenzung kann man ihn in die Arme von Leuten treiben, die seiner Ablehnung Sinn und der darüber angesammelten Wut eine Richtung geben. Nach Aussagen von Familienmitgliedern ist Hasan nach dem 11. September 2001 wegen seiner muslimischen Religionszugehörigkeit in der Armee immer wieder Opfer von Mobbing-Attacken und Demütigungen von Seiten seiner Kameraden geworden. Es besteht immer die Gefahr, dass sich der Stigmatisierte eines Tages das ihm von außen angeheftete Stigma und die ihm angetragene Rolle zu eigen macht und nach dem Motto verfährt: »Wenn ihr unbedingt einen fanatischen Muslim und potenziellen Selbstmordattentäter in mir sehen wollt: Bitte, hier habt ihr ihn!«

*

Das, was man »medialen Narzissmus« nennt, scheint in jüngster Zeit bei der Planung und Durchführung von Amokläufen eine stetig wachsende Rolle zu spielen. Als »Rampage-killing« bezeichnet man laut Martin Altmeyer in den USA jenen neuen Typus öffentlichen Mordens, »bei dem sich eine atavistische private Wut mit der zeitgenössischen Sehnsucht nach medialer Spiegelung zu einer explosiven Mischung zu verbinden scheint«. Wir müssen uns fragen, ob es sich nicht um pathologisch entgleiste Muster zeitgenössischer Identitätsfindungsprozesse handelt, die wir im Tatprofil des Amoklaufs und der mit ihm zum Beispiel im Fall von Emsdetten und Blacksburg/Virginia verbundenen »Öffentlichkeitsarbeit« erkennen können? Pointiert ausgedrückt: Wer bei »Deutschland sucht den Superstar« nicht landen kann, kann sich für die maligne Variante des medialen Narzissmus entscheiden und als School Shooter Berühmtheit erlangen.

Wir möchten uns im Spiegel von Amoklauf und Terror nicht selbst erkennen und neigen dazu, die entgrenzte Gewalt zu betrachten, als stamme sie von einem fremden Stern. Dabei ist der Terror der Nicht-Unterscheidung, der uns an Amokläufern und Terroristen erschreckt, durchaus von dieser Welt. Der gewaltsame und menschenfeindliche Charakter einer basal auf Kälte, Konkurrenz und Gleichgültigkeit gestimmten Gesellschaft und ihre Tendenz zur Selbstzerstörung werden vom Amokläufer gleichsam aus der Abstraktion gerissen und zur Kenntlichkeit gebracht. Unserer gesamten abendländischen Kultur wohnt eine amokartige Tendenz inne, die immer deutlicher zu Tage tritt. Der Selbstmordattentäter und der Amokläufer erweisen sich als die logische Verlängerung des einsamen Individuums in der universalen Konkurrenz unter den Bedingungen der Aussichtlosigkeit. »Was hier zum Vorschein kommt«, schreibt Robert Kurz, »ist der Todestrieb des kapitalistischen Subjekts.« Je unmittelbarer die Täter das Ensemble ihrer und unserer gesellschaftlichen Verhältnisse sind, desto lauter unser Aufschrei der Empörung und desto intensiver unser Bemühen, den Zusammenhang zwischen Amok und der herrschenden Ordnung zu verleugnen.

Das wahnsinnig anmutende Bestreben des Amokläufers, in den eigenen Untergang möglichst viele Unbeteiligte mit hineinzureißen, weist eine mehr als nur formale Analogie zum Vorgehen der Global Player der Geldwelt auf, die sich mitunter wie Gurus von Selbstmord-Sekten verhalten. Sind die Strategen der »New Economy« nicht nach einem amokartigen Muster vorgegangen, als sie in ihren absehbaren Untergang möglichst viele Leichtgläubige mit hineinrissen? Stellt die zeitgenössische Finanzblasen-Ökonomie nicht einen einzigen Amoklauf des Geldes dar? Gerade haben uns die amerikanischen Immobilien- und Hypothekenmanager ein aktuelles Beispiel geliefert: Millionen Amerikaner verlieren derzeit ihre Häuser, eine immer noch unklare Anzahl von Milliarden Dollar an Hypotheken sind faul und lassen einen Tsunami von platzenden Hypotheken durchs Land und um den Globus rollen. Das Motto der herrschenden ökonomische (Un-)Vernunft lautet: Nach uns die Sintflut!

Da werden im Namen des kurzfristigen Gewinns soziale Strukturen planiert, die über Jahrzehnte gewachsen sind und den Menschen Schutz vor den schlimmsten Auswüchsen des Kapitalprinzips boten. Da wird flexibilisiert, dereguliert und privatisiert, da werden Kosten gesenkt ohne Rücksicht auf soziale und ökologische Folgen. Rund 200 Jahre industrieller Kapitalismus und Raubbau an der Natur haben den Globus sturmreif geschossen. Von den hochentwickelten Ländern werden Rohstoffe und natürliche Ressourcen weiterhin in ungebremstem Tempo verbraucht, und außer Kosmetik unternehmen sie nichts gegen die irreversible Schädigung der Biosphäre. Von der wertzynischen Motorik des Geldes werden sozial-moralische Polster und Traditionsbestände verzehrt, ohne die ein Gemeinwesen nicht existieren kann.

Ein hemmungslos und wild gewordener Kapitalismus ist im Begriff, seine und unser aller Existenzvoraussetzungen zu zerstören. Wenn alles Hemmende beseitigt ist, wird es auch nichts mehr geben, das trägt und zusammenhält. Eine durch und durch kapitalistische Welt wird sich als nicht lebbar, ja nicht einmal funktionsfähig erweisen. Wenn es uns, den heute lebenden Menschen, nicht gelingt, das Steuer herumzureißen und den Wahnsinn des losgelassenen Marktes zu stoppen, drohen wir am Ende Zeugen eines marktwirtschaftlichen Amoklaufs zu werden, von dem wir alle betroffen sind, nämlich als Opfer.

ALLTAGSAMOK – AMOKALLTAG: DER BLUTFLECK ALS MENETEKEL

Ein paar Meter von meiner Haustür entfernt ist in einer der letzten Nächte auf dem Gehweg ein großer Blutfleck entstanden. Jemand muss mit dem Kopf auf dem Sims aufgeschlagen sein, der den Übergang vom Keller ins Erdgeschoss markiert. Von dort ist das Blut die Hauswand heruntergetropft, hat auf dem Bürgersteig eine die gesamte Breite ausfüllende Lache gebildet und ist dann in den Rinnstein geflossen. Seit Tagen gehen die Passanten über diesen inzwischen eingetrockneten, rostroten Fleck hinweg, als wäre er das Produkt einer ausgelaufenen Ketchup-Flasche oder eines umgekippten Farbeimers. Eine Begebenheit auf der Autobahn Frankfurt-Kassel kommt mir in der Sinn. Vor vielen Jahren war dort nachts ein Mensch überfahren worden, liegen geblieben und im Laufe der Nacht von Tausenden von Lastwagen und Pkws überrollt worden. Im Inneren der Wagen stelle ich mir Dialoge wie den folgenden vor: »Schatz, was war das eben«, fragt eine von der Erschütterung aufgeschreckte Frau ihren am Steuer sitzenden Mann. »Ach nichts, Liebling, was soll das schon gewesen sein? Irgendetwas wird von einem Lkw heruntergefallen sein. Schlaf weiter!«

Seit Tagen beschäftigt mich dieser Blutfleck, und zwar in doppelter Hinsicht. Einmal frage ich mich, wie er entstanden ist, ob jemand im Vollrausch gestürzt und gegen den Sims geprallt ist oder ob es sich um die Folge eines Gewaltaktes handelt? Ich stelle mir vor, dass jemand nachts auf dem Heimweg den falschen Leuten begegnet ist. Sie kamen ihm entgegen, er ist zur falschen Seite ausgewichen oder gar nicht rechtzeitig ausgewichen oder sie fühlten sich von ihm »komisch angeguckt«. Ein Wortgefecht entstand, das in ein Gerangel überging, schließlich wird er mit großer Wucht gestoßen, stolpert und schlägt mit dem Schädel gegen den Sims und bricht auf dem Gehweg zusammen. Wie ist er von dort weggekommen? Was ist aus ihm geworden?

Dann frage ich mich, warum die Menschen, die in dem Haus wohnen, den Blutfleck nicht entfernen? Man muss kein Anhänger der aus den USA stammenden »Broken-Windows-Theorie« sein, die in einer zerbrochen Fensterscheibe oder einer stehen gebliebenen Uhr den Beginn des Zerfalls der öffentlichen Ordnung und den Nährboden des Verbrechens erblickt, um an einem eingetrockneten Blutfleck Anstoß zu nehmen. Es ist die vollkommene Gleichgültigkeit gegenüber der Ursache, die Gewöhnung an Spuren der Gewalt, das achtlose darüber Hinweggehen, die mich erschrecken und ängstigen.

Der Blutfleck vor dem Nachbarhaus wird mir zum Menetekel.

Apropos Winnenden 4:
Hauptlehrer Wagner und Tim K.

Auf einem abendlichen Spaziergang begegne ich Armin. Armin ist Studienrat und befindet sich gerade mitten im Abitur-Stress. In irgendeinem Stress befinden sich Lehrer immer. Bergeweise Arbeiten lägen auf seinem Schreibtisch und müssten dringend korrigiert und bewertet werden, sagte er, als er meinen leicht spöttischen Blick bemerkte. »Na ja, vielleicht kannst du ja eine Amokdrohung lancieren und schon fällt das Abitur aus«, versuchte ich ihn aufzumuntern. Ich solle mit so etwas bitte keine Scherze treiben, sie hätten an ihrer kleinstädtischen Gesamtschule gerade einen Bedrohungsfall gehabt, berichtet Armin. Die Nachbeben von Winnenden seien immer noch spürbar. Jemand habe an eine Tafel geschrieben: »Am soundsovielten Soundsovielten findet in der Turnhalle ein Amoklauf statt.« Da das angegebene Datum aber ein Samstag gewesen sei, habe man lange herumgerätselt, ob der Bedroher sich verschrieben und welchen Termin er gemeint haben könnte. Das ganze Grübeln habe sich dann aber erübrigt, weil man relativ schnell herausgefunden habe, wer der Absender der Drohung gewesen sei. Die Schrift und eine Vorliebe für gewisse Fehler hätten in eine bestimmte Richtung gewiesen. Der Verfasser gelte intellektuell nicht gerade als »der Erfinder des tiefen Tellers« und seine Absicht, sich auf diese Weise ein klein wenig Aufmerksamkeit zu sichern, sei jedem sofort klar gewesen. Dennoch hätte sich die Elternvertretung für einen Schulverweis ausgesprochen, den die Schule nun auch beantragt habe und der gerade vom Schulamt geprüft werde. Er habe sich in dieser Frage mit seiner Meinung nicht durchsetzen können, dass man es bei einer »schulinternen strafenden Zuwendung« – genau das waren Armins Worte – hätte belassen können und dass man dem Jungen wegen einer dümmlichen Aktion nicht gleich die ganze Zukunft verbauen dürfe.
»Apropos Winnenden und Amok«, fuhr Armin nach einer kleinen Pause fort, »weißt du, was wirklich merkwürdig ist? Der älteste dokumentierte und der jüngste Amokfall in Deutschland berühren

sich in Winnenden. Der Hauptlehrer Ernst August Wagner hat im September 1913 seine Frau und seine vier Kinder erstochen und sich dann von Degerloch nach Mühlhausen an der Enz begeben, um dort nachts Feuer zu legen und im Schein dieses Feuers mit seiner Mauserpistole neun weitere Menschen zu töten und elf zum Teil schwer zu verletzen. Und das alles, weil er angenommen hatte, alle Welt wisse von einer zehn Jahre zurückliegenden sodomitischen Verfehlung. Dabei wusste kein Mensch davon, und es ist fraglich, ob sie überhaupt je stattgefunden hat. Wagner war durchdrungen von der Vorstellung, dass hinter seinem Rücken alle über seine Verfehlung sprächen und seine Schande verbreiteten. Am Ende seines Wütens wurde er – selbst schwer verletzt – überwältigt. Da die zu Rate gezogenen Psychiater bei ihm einen Verfolgungswahn diagnostizierten, wurde er vor Gericht exkulpiert und lebenslänglich in eine psychiatrische Anstalt eingewiesen. Und das war eben die ›Heil- und Pflegeanstalt Winnenthal‹ in Winnenden. Er erhielt eine Einzelzelle und betätigte sich als Schriftsteller und Dramatiker, bis er 1938 an Tuberkulose starb. Das hat zwar auf den ersten Blick und auch auf den zweiten überhaupt nichts mit dem aktuellen Amoklauf zu tun, aber vielleicht existieren unterirdische, im kollektiven Unbewussten verlaufende Verknüpfungen, von deren Existenz und Wirkungsweisen wir nichts ahnen. Immerhin war ja auch Tim K. in Winnenden vorübergehend in psychiatrischer Behandlung und sollte sich angeblich wegen einer Angststörung in ein psychiatrisches Krankenhaus begeben. Das tat er dann nicht, erschoss aber auf seiner Flucht einen Handwerker, der in dieser Klinik arbeitete. Und auch wenn das alles gar nichts zu sagen hat und purer Zufall ist, ist es doch einfach interessant, oder?«, schloss Armin seine Ausführungen, nicht ohne mich auf ein Buch hinzuweisen, dem man die Geschichte des Hauptlehrers Wagner entnehmen könne und das »Wagner. Lehrer Dichter Massenmörder« heiße. »Dass Hermann Hesse sich in seiner Novelle ›Klein und Wagner‹ zum Fall Wagner geäußert hat, weißt du als alter Amokforscher sicher«, fügte er noch süffisant hinzu.

Wir verabschiedeten uns dann. Ich wandte mich dem Wald und er sich seinen Abituraufsätzen zu.

Apropos Winnenden 5:
Der Abschlussbericht der Ermittler

Inzwischen haben die Ermittler ihren Abschlussbericht zum Amoklauf von Winnenden vorgelegt, der allerdings genauso dürftig ausgefallen ist wie der nach dem Erfurter Massaker. Tim K., so erfahren wir da, sei ein zurückhaltender, stiller, freundlicher Junge gewesen, ein überdurchschnittlicher Tischtennisspieler und eher durchschnittlicher Schüler. Seine Freizeit habe er vor dem Computer verbracht, auf dem er in Ballerspielen das Töten trainiert und zu den Amokläufen von Erfurt und Columbine recherchiert habe. Tim K. sei an der Schule gehänselt worden, diese Hänseleien hätten aber nicht das »jugendtypische« Maß überstiegen. Aus dem Umstand, dass elf von den zwölf Toten an der Albertville-Realschule weiblich gewesen seien, könne man nicht auf »Frauenhass« schließen, wie man verschiedentlich kurz nach der Tat gemutmaßt hatte. Ein Tatmotiv konnten die Ermittler trotz aller Bemühungen und Recherchen nicht finden. Halt so das Übliche. Überhaupt konnte man nach Winnenden jede Menge Déjà-vu-Erlebnisse verbuchen. Die Expertenrunden waren austauschbar wie die Neujahrsansprachen von Helmut Kohl, und der Erkenntnisgewinn ging damals wie heute gegen null.

Auf das eingangs erwähnte Interview in der *Augsburger Allgemeinen* hin habe ich einen Brief von einer älteren Dame aus dem Allgäu bekommen, in dem sie mich darauf hinwies, wie gefährlich der Elektrosmog sei und mich bat, doch bitte in Zukunft in meine Überlegungen zum Amoklauf den Zusammenhang von Elektrosmog und steigender Gewalt mit einzubeziehen. Zunächst habe ich diese Zuschrift unter der Rubrik »Privatwahnsinn« abgebucht, dann aber ging mir auf, dass ihre These nicht absurder ist als die vieler sogenannter Experten, die auch immer gerade das als Ursache von Amokläufen benennen, worüber sie sich schon seit geraumer Zeit ärgern.

Unlängst war im *Deutschlandfunk* ein kurzer Beitrag von Alexander Schuller zum Massaker von Winnenden zu hören, der sich erfreulich von dem unterschied, was sonst zu hören, zu lesen und zu sehen gewesen ist. Viele wichtige Fragen, so führte der Autor sinngemäß aus, werden nicht gestellt, weil wir im Innersten wissen, dass ihre Beantwortung schmerzhaft wäre. Das Problem sind die Erwachsenen. Zu häufig haben sie in ihrem Leben keinen Raum mehr für Kinder. Man legt sich ein Kind oder Kinder zu, weil das einen bestimmten Lebensstil komplettiert und einfach dazu gehört. Zwischen beruflicher und persönlicher Selbstverwirklichung, zwischen Urlaub und Geldverdienen werden Kinder dann vielen zur Zumutung. Mann und Frau haben Besseres zu tun, als eine Familie zu betreiben. Familie braucht Orte, Zeiten und Rituale, in und an denen sie Gestalt annimmt und sich materialisiert, sonst ist sie nur ein Wort, eine leere Hülse. Wo wird noch gemeinsam gekocht, gegessen, geredet und gespielt? Manchmal freiwillig, meist aber mehr notgedrungen entziehen Eltern den Kindern Heimat und Häuslichkeit und ersetzen sie durch Wohlstand, Konsum und Technik. Die Spielkonsole ersetzt die Bindung an die Eltern. Weder in Erfurt noch in Winnenden wussten die Eltern, was sich in den Nächten und in den Seelen ihrer Kinder abspielte. Eltern sind am glücklichsten, wenn sie ihren Nachwuchs möglichst früh abschieben können. Allerdings müssen wir als Folge solcher Praktiken der Kindsaussetzung nun immer damit rechnen, dass ein stiller, unauffälliger Junge eines Tages seinen schwarzen Kampfanzug anzieht, sich mit der Waffe seines Vaters rüstet und sich vor aller Öffentlichkeit rächt für seine bodenlose Einsamkeit und erlittenen Demütigungen.

Solche Überlegungen wird man natürlich in einem polizeilichen Abschlussbericht nicht finden. Die Polizei denkt nicht im Sinne von Herrn Schuller, sondern sammelt Fakten und Spuren, rekonstruiert Tatabläufe: Es wurden 113 Patronenhülsen gefunden und 171 nicht abgefeuerte Patronen, man ging 400 Spuren nach und führte 530 Vernehmungen durch. So etwas listet der Bericht auf. Dass die Polizei sich an Fakten hält und nicht denkt, haben wir unlängst am Beispiel des »Phantoms von Heilbronn« vorgeführt bekommen, nach dem man jahrelang mit riesigem Aufwand gefahndet hat und das sich dann als eine Arbeiterin aus der Fabrik

herausstellte, in der die Wattestäbchen für die DNA-Tests hergestellt und abgepackt wurden. Die Ermittler haben sich in den Fall-
stricken ihrer fetischisierten wissenschaftlichen Methode verfangen
und gegen jeden Zweifel immunisiert. Wie Kapitän Ahab in das
Phantom des weißen Wals, von dem er annimmt, dass er ihm bei
einer früheren Begegnung ein Bein geraubt hat, haben sich die
Fahnder und Profiler in das Phantom einer »unbekannten weiblichen Person« verrannt, die in Heilbronn ihre Kollegin erschossen
und dann quer durch Europa weitere Straftaten ganz unterschied-
licher Art begangen hat.

Die Landesregierung von Baden-Württemberg hat nach dem
Amoklauf einen »Expertenkreis Amok« zusammengestellt, der
Ende September mit Vorschlägen zur Prävention an die Öffentlichkeit trat. (*taz* und *Süddeutsche Zeitung* vom 1.10.2009) Mehr
Ganztagsbetreuung und Sozialarbeit an Schulen, um die »Früherkennung von Problemschülern« zu verbessern, die bessere Vernet-
zung der mit problematischen Jugendlichen befassten Institutionen, Entwicklung von Medienkompetenz bei Schülern, Warnsignale an Schulen und Türknäufe für die Klassenräume, die ein
Verschließen von innen ohne Schlüssel möglich machen, eine bessere Ausrüstung und Vorbereitung der Polizei und vor allem mediale
Zurückhaltung bei der Berichterstattung, wünschen sich die Mitglieder der Kommission. Für eine, vor allem von den Angehörigen
der Opfer von Winnenden geforderte Verschärfung des Waffenrechts im Sinne eines Verbots großkalibriger Waffen in privaten
Haushalten will sich das Land Baden-Württemberg nicht einset-
zen. Realistischerweise geht die Arbeitsgruppe davon aus, dass sich
auch bei Befolgung all ihrer Empfehlungen Amokläufe letztlich
nicht verhindern lassen.

Wer sich über den Amoklauf von Winnenden »Gedanken macht«,
wird sich fragen, welch arktischen Kältegrade in diesem Elternhaus geherrscht haben mögen, diesem Stein gewordenen schwä-
bischen Bausparvertrag mit weißen Wänden, rotem Spitzdach,
Wintergarten und Teich davor? Tim bewohnte darin ein zwei-
stöckiges »Maisonette-Ensemble«. Das obere Zimmer war der
»Spaßraum«, der mit Kicker und Sofa ausgestattet war. Tim besaß

die neuesten Computer und war mit allerhand elektronischem Gerät bestens ausgerüstet. Es fehlte ihm, wie man so sagt, an nichts. Manche Eltern »steinigen ihre Kinder mit Küssen«, wie Robert Walser gesagt hat, andere mit Konsum- und Luxusgütern. Dabei wird Tim das Wichtigste entbehrt haben: leibliche und wahrhaftige Anwesenheit und Zuwendung der Eltern. Diese waren wahrscheinlich bis zur vollkommenen Abwesenheit mit dem Aufbau und Erhalt ihrer Firma beschäftigt, und die Kinder blieben mehr oder weniger sich selbst und den endlosen Weiten postmoderner Beliebigkeit ausgeliefert. »Sie sind so nebeneinander durch die Zeiten gelaufen«, hat Jürgen Bartsch über seine Eltern gesagt, die ihn zunächst adoptiert hatten, aber dann weggegeben haben wie eine Aktie ins Depot. Auf viele heutige Kindheiten fällt ein derart rabiater Kälteschatten, dass wir uns nicht wundern dürfen, wenn mehr und mehr psychisch frigide Psycho- und Soziopathen heranwachsen. Wenn man solche »weichen« und spekulativ-deutenden Anmerkungen bei der Polizei oder vor Gericht machen würde, würde man nur Kopfschütteln und den Hinweis ernten, *das gehöre nicht zur Sache*, und dennoch kommen sie der Wahrheit wahrscheinlich näher als die Erbsenzählerei dieser »Abschlussberichte«.

Der Tanz ums »goldene Kind« (III)

Eine Großmutter kauft in Begleitung ihres Enkels ein. Während sie den Einkaufswagen durch die Gänge schiebt und mit allerhand sogenannten Lebensmitteln belädt, verschwindet ihr vielleicht fünfjähriger Enkel in der Zeitschriften- und Videoecke. Als die Oma sich der Kasse nähert, ruft sie ihren Enkel herbei. Dieser bringt ein Comic-Heftchen mit und verlangt in rüdem Kommando-Ton, dass die Oma es ihm kaufen solle. Die Oma weigert sich und sagte: »Leg das wieder weg, das kaufen wir nicht!« Daraufhin beginnt der Enkel, sich wie Rumpelstilzchen aufzuführen: Er tobt, springt herum, schreit wie am Spieß. Und obwohl er seine Großmutter in eine äußerst peinliche Lage bringt – die Augen aller Kunden sind auf die Szene gerichtet – bleibt sie standhaft und macht den Tanz ums »goldene Kind« nicht mit. Der Junge rast und tobt weiter, schmeißt das Heft zu Boden, stößt die Eingangstür auf und tobt draußen weiter. Er schlägt mit Fäusten gegen das Schaufenster, so dass man sowohl um die Scheibe als auch um seine Hände fürchten muss. Die Oma hebt das Heftchen auf, bringt es an seinen Platz zurück und bezahlt. Sie folgt ihrem Enkel nach draußen und packt den immer noch schreienden und tobenden Jungen bei der Hand. Dieser schlägt nach ihr und reißt sich los. Als ich ebenfalls den Laden verlassen habe und mein Rad besteige, sehe ich sie den Platz vor dem Geschäft überqueren und in einer Seitenstraße zwischen den Häusern verschwinden. Noch immer ist das Kind nicht zu bändigen, reißt am Arm der Oma und schreit, als ginge es um sein Leben. Ein älterer Mann, der ebenfalls Zeuge der Szene geworden war, schüttelt den Kopf und sagt: »Wenn das unsere Zukunft sein soll, na dann Prost!«

»Mein Kopf gehört mir«.
Eine E-Mail an den Verleger

Letzte Woche habe ich das bisher Geschriebene an jenen Verleger geschickt, dem wir eingangs des Textes bereits begegnet sind und der Interesse signalisiert hatte, mit mir ein Buch zum Thema Amok zu machen. Ich wollte wissen, ob das bisherige Resultat meiner Bemühungen seinen Erwartungen entspricht oder ob er abwinkt und sagt: »Nein danke, so haben wir nicht gewettet. Machen Sie dieses Buch, mit wem Sie wollen, aber nicht mit mir!« Er riet mir keineswegs, meine Schreibbemühungen einzustellen, sondern ermunterte mich weiterzuschreiben. Es lasse sich im Großen und Ganzen gut an. Allerdings gab er mir einige Anregungen, die ich fürderhin berücksichtigen solle. Da ist vom potenziellen Kunden und dessen Erwartungen die Rede. Auf der Rückseite des Buches müsse das bereits vom Titel geweckte »Kaufinteresse« noch dadurch verstärkt werden, dass auf die besondere Kompetenz des Autors hingewiesen werde: »Er ist der Beste, der muss es wissen!« Das Inhaltsverzeichnis dürfe nicht »kryptisch« sein (wie mein vorläufiges zum damaligen Zeitpunkt) und den Leser verwirren und irritieren. Der Leser wolle nicht irritiert, sondern in »seinen Grundannahmen bestätigt« werden. Das Vorwort oder der Beginn des Buches müsse »eine nochmalige Steigerung von Kompetenzanmutung (sic!) und nochmalige Erhöhung des Produktversprechens« liefern. Und auf keinen Fall dürfe der Eindruck eines bloß »kulturkritischen Lamentos« entstehen!

Bis hierhin habe ich die lange E-Mail gelesen, dann verspürte ich einen wachsenden Widerwillen, wandte mich befremdet ab, druckte die Mail aus und ließ sie übers Wochenende liegen.

Heute morgen brach ich beim Frühstück ein neues Honigglas an, das ich zum Geburtstag geschenkt bekommen habe und das wohl aus dem örtlichen Naturkostladen stammt. Auf dem Etikett las ich: »Unsere Honigbienen bereiten aus den Sommerblüten des Buchweizens ein gehaltvolles Produkt ... Sonne, Regen, Luft, Pflanzen und Tiere arbeiten gut zusammen, bis der Honig in der Wabe reift.« Ich stutzte und wusste zunächst gar nicht genau, warum und worüber. Dann drang der Grund meines Erstaunens langsam ins Bewusstsein: Die Bienen sind einfach Bienen und stellen kein »Produkt« her. Die Arbeitsbienen schwärmen aus, stecken ihre Rüssel in irgendwelche Blütenkelche rein und saugen den Nektar ein, ihr Magen wandelt ihn in das um, das wir Honig nennen, sie erbrechen ihn und lagern ihn in Waben ein, wo er dem Nachwuchs als Nahrung dient. Das Erzeugen von Honig fällt mit dem Leben der Arbeitsbienen zusammen, ist gleichsam ihre natürliche Bestimmung. Dass sie durch das Einsammeln des Nektars die Blüten bestäuben, so dass daraus ein Frucht entstehen kann, und dass der Mensch die Waben schleudern und daraus einen delikaten Brotaufstrich und ein Mittel zum Süßen gewinnt, ist keineswegs die Intention der Bienen. Die Menschen nehmen ihnen den Honig weg, schleudern ihn und füllen ihn in Gläser und machen ein Produkt und eine Ware aus ihm. Sonne, Regen, Luft, Pflanzen und Tiere »arbeiten«

nicht und schon gar nicht zusammen. Menschen müssen »arbeiten« und neigen dazu, aus ihrem täglichen kapitalverwertenden Unglück eine Tugend zu machen, die sie jedem unterstellen und überall am Werke sehen. »Arbeit« ist, entgegen einer landläufigen Annahme, keineswegs eine Naturkategorie, sondern bezeichnet in dieser Abstraktion ein gesellschaftliches Verhältnis. Eine ökologische Krise und Umweltverschmutzung existieren auch auf dem Feld der Sprache. Etwas von der Sensibilität, die der Imker ohne Zweifel für den Inhalt der Gläser aufbringt, sollte er auch für die Sprache aufbringen, in der er ihn anpreist.

Und während ich das Glas noch drehte und wendete, konnte ich plötzlich benennen, was mich an der E-Mail des Verlegers so befremdet hatte. Er behandelt mich, wie der Honighändler die Bienen. Auch ich schwärme aus, sammele Erfahrungs- und Nachrichten-Nektar, speichele ihn ein, schlucke ihn runter, wandele ihn um und würge ihn aufs Papier oder auf die Tastatur. Das ist ein wesentlicher Teil meines Lebens, meine Lebenstätigkeit, und wenn das, was ich da herauswürge, noch andere Menschen interessiert und sie Lust auf mein »Erbrochenes« bekommen, freut es mich. Aber es ist nicht meine Intention, ein »Produkt« herzustellen, das die Grundannahmen irgendwelcher potenziellen Käufer bestätigt, dass der Verlag einen Bestseller lanciert und sich dumm und dämlich verdient. Und schon gar nicht möchte ich, dass irgendjemand herausbrüllt, ich sei »der Beste« und der Kompetenteste und wüsste über den Amoklauf Bescheid. Ich will schreiben und schreibend versuchen, bestimmten Dingen auf den Grund zu gehen, das ist alles.

IX. Die Zerstörung der Kindheit: vom »Zappelphilipp« zum Straftäter

Zum Schluss wollen wir uns anhand einer Fallgeschichte noch einmal genauer anschauen, wie Kinder in diesem Land aufwachsen und was es bedeutet, unter heutigen Bedingungen Kind und Jugendlicher zu sein.

Ein unerwünschtes Kind: zum Beispiel Kevin

Nennen wir ihn Kevin. Kevin kommt 1984 als zweiter Sohn eines deutsch-amerikanischen Ehepaars in einem hessischen Dorf zur Welt. Der Vater arbeitet nach seinem Abschied von der US-Army in einem chemischen Betrieb. Die Mutter trinkt und hat Mühe, den Haushalt aufrechtzuerhalten. Der Arzt hatte ihr nach der schwierigen Geburt des ersten Kindes zu einer längeren Kinderpause geraten. Doch bald ist sie wieder schwanger. Sie trägt sich mit dem Gedanken, das Kind abtreiben zu lassen. Sie versäumt die Frist und trägt die Schwangerschaft aus. Beinahe wäre Kevins Geburt mit seiner verspäteten Abtreibung zusammengefallen: Er kommt mit einer mehrfachen Nabelschnurumschlingung zur Welt und wäre um ein Haar erstickt. Er überlebt, aber die Schlinge, die sich um seinen Hals gelegt hatte, wird sich nie ganz lösen. Die Umstände seiner Geburt bilden die Ur-Szene einer Verneinung, die ihn durch ein Leben begleitet, das sich zu einer gestreckten postnatalen Abtreibung entwickelt.

Die Mutter hat dieses Kind nicht gewollt, ein Präservativ hätte ausgereicht, und es gäbe Kevin nicht. Wie soll sie ihn nun, da er sich eingestellt hat, bemuttern oder gar lieben? Sie empfindet das Kind als Last und begegnet ihm mit einer tiefen Ambivalenz. Einer späteren Gutachterin schildert die Mutter Kevin als »liebes Baby«, das wenig weint und viel schläft. Beide Eltern berichten aber auch vom

»leeren Blick« des Kindes und seiner emotionalen Unerreichbarkeit. Kevin tut sich schwer mit dem Spracherwerb. Zu Hause wird er deswegen »unser Blödmann« genannt. Stundenlang sitzt er an einem nahe gelegenen Bach und stiert ins Wasser. Mit dem Eintritt in die Schule beginnt er plötzlich, zu zappeln und um sich zu schlagen. Es ist, als müsse er der Gefahr eines autistischen Rückzugs aus der Welt mit einer übertriebenen Lebhaftigkeit begegnen. Man nimmt das Kind wegen seiner »Hyperaktivität« aus der Schule heraus und schickt es in eine Vorklasse. Ein Jahr später – also 1991 – wird Kevin erneut eingeschult, doch bald häufen sich Klagen über die zunehmende Aggressivität und verschiedene andere Verhaltensauffälligkeiten. Zum ersten Mal werden professionelle Helfer zu Rate gezogen. Eine kinder- und jugendpsychiatrische Ambulanz stellt fest, dass sich aus einer einfachen »Aktivitäts- und Aufmerksamkeitsstörung« eine »Störung des Sozialverhaltens mit emotionaler Symptomatik« entwickelt hat, gegen die man Kevin Ritalin verordnet. Die Familie bekommt vom Jugendamt einen Erziehungsbeistand bewilligt. Dennoch ist die gesamte Grundschulzeit durchzogen von Klagen über Schulschwänzen, Diebstähle, Spielen mit Feuer, mangelnde Mitarbeit und Aggressivität gegenüber Sachen, Tieren und Menschen. Eines Tages zerquetscht er auf dem Schulhof ein aus dem Nest gefallenes Vögelchen. Er rettet sich vor dem Gewahrwerden des eigenen Elends, indem er eigene Traumata in einen Triumph über die hilflose Kreatur verwandelt, die in Wahrheit er selbst ist.

Nach einem Schulwechsel nehmen die Probleme drastisch zu. Da er begonnen hat, zu rauchen und Alkohol zu trinken, stiehlt er vermehrt und bricht in eine Gaststätte ein. Der Vater reagiert auf das Verhalten seines Sohnes mal mit ohnmächtiger Wut und körperlicher Gewalt, dann wieder bietet er ihm Zigaretten an und lässt ihn an seinem Joint ziehen.

»Wenn doch jemand käme
und mich mitnähme«

Mit 13 Jahren wird Kevin zum ersten Mal in einem Heim untergebracht. Aber auch dort ist er nicht zu halten. Er schließt sich einem
erwachsenen Obdachlosen an und begeht mit ihm Einbrüche. Er
unternimmt einen Suizidversuch. Für drei Monate landet er statio-
när in der Kinder- und Jugendpsychiatrie. Man verabreicht ihm
sedierende Medikamente und empfiehlt, ihn für eine Weile aus seinem offensichtlich pathogenen Umfeld herauszunehmen. 1998/99
nimmt er an einer erlebnispädagogischen Maßnahme teil und lebt
für eineinhalb Jahre mit einer kleinen Gruppe von Jugendlichen
und Betreuern in Nordschweden. Dieser Aufenthalt ist wie eine
Auszeit im antisozialen Agieren: Er lernt zu angeln und kommt in
der reizarmen Umgebung und bei intensiver kontinuierlicher Betreuung etwas zur Ruhe. Nach der Rückkehr nach Deutschland
wird er erneut in einem Heim untergebracht. Prompt brechen die
alten Probleme wieder auf: Er reißt aus, stiehlt, beschädigt Autos,
bricht in eine Grillhütte ein und verhält sich anderen Heimzöglin-
gen gegenüber aggressiv und gefährdend. Erneut landet er in der
Kinder- und Jugendpsychiatrie, wo er mit Neuroleptika behandelt,
das heißt ruhiggestellt wird. Anschließend schickt man ihn in eine
vollstationäre Jugendhilfeeinrichtung in Thüringen. Kevin ent-
weicht wiederholt und schlägt sich zu den Eltern durch. Dort
kommt es nach wenigen Tagen zu handgreiflichen Auseinandersetzungen. Die Mutter wirft ihn aus dem Haus. Auf dem Bahnhof
der nächsten Kleinstadt erleidet Kevin einen ersten Krampfanfall,
der ihn für acht Tage in eine Klinik bringt. Die Mutter – nach wie
vor ambivalent und auch voller Schuldgefühle – holt ihn dort ab
und nimmt ihn wieder zu Hause auf. Prompt schiebt sich die andere Seite der Ambivalenz wieder in den Vordergrund, und innerhalb von drei Tagen eskaliert die Lage gewaltförmig. Die Mutter
setzt ihren Sohn vor die Tür und wirft ihm seine Jacke und die
krampflösenden Medikamente hinterher, verbunden mit der Aufforderung, sich mit ihrer Hilfe »doch endlich wirklich umzubrin-

gen«. Tatsächlich schluckt er den ganzen Packungsinhalt, geht dann allerdings zur Großmutter, die den Notarzt ruft. Wieder folgt eine Aufnahme in die Kinder- und Jugendpsychiatrie, wo den Ärzten erneut nichts anderes einfällt, als den Problemen mit Neuroleptika zu Leibe zu rücken. Man schickt ihn nach Thüringen zurück. Die Krampfanfälle häufen sich und führen zu einer Einweisung in die dortige Kinder- und Jugendpsychiatrie. Die Anfälle werden als »psychogen« oder, etwas weniger vornehm und fachlich ausgedrückt, als »gespielt« erkannt. Wie Charcots Hysterikerinnen ihre Anfälle nach dem Vorbild der Epileptikerinnen zu gestalten lernten, die in der Salpetrière auf der Station neben ihnen untergebracht waren, so greift Kevin bei der Gestaltung seiner konvulsivischen Paroxysmen auf seine Erfahrungen aus der Kinder- und Jugendpsychiatrie zurück, wo er verschiedentlich Zeuge echter epileptischer Anfälle geworden war. Die Anfälle sind sein Modus, allzu komplexe Situationen magisch zu vereinfachen und sich vorübergehend »aus einem Spiel zu nehmen«, dessen Regeln er nicht beherrscht und bei dem er infolgedessen ständig verliert. Dazu fällt ein beträchtlicher »sekundärer Krankheitsgewinn« an: Kevin ist der Ungeliebte, der Ungelegene und Überflüssige, der sich auf diese Weise ein wenig Aufmerksamkeit und Zuwendung durch Ärzte und Pflegepersonal verschafft. Außerdem bieten die auf die Anfälle folgenden Krankenhausaufenthalte den handfesten Vorteil, die Geldbörsen der Mitpatienten plündern zu können.

Im Thüringer Heim geht er aggressiv und bedrohlich gegen eine Mitarbeiterin vor. Er wird aus der Einrichtung entlassen und erneut von den Eltern aufgenommen. Kevin schlägt seine Mutter, diese würgt ihn im Gegenzug. Nur das Auftauchen des Vaters verhindert Schlimmeres. Im nächsten Heim zündet Kevin eine Scheune an und verschwindet. Er lebt auf der Straße und kommt in einer nahe gelegenen Großstadt mit harten Drogen in Berührung. Von Ärzten zeitig an den Modus der pharmakologischen Moderation der Gefühle und des Verhaltens gewöhnt, nimmt er nun die Medikamentierung in eigene Regie und schluckt alles, was er kriegen kann. Wenig später stellt er im Bahnhof seines Heimatortes einen Schuhkarton ab, auf den er eine Warnung vor Milzbrand-Erregern geschrieben hat. Als niemand von der Schachtel Notiz nimmt, informiert er selbst die Polizei, die ihn noch in der Nähe der Telefonzelle antrifft und festnimmt. »Ich wollte ein bisschen Aufsehen erregen mit der ganzen Sache«, sagt er bei der polizeilichen Vernehmung. Wegen Brandstiftung und Vortäuschung einer Straftat wird Kevin 2001 zu einer Jugendstrafe von zwei Jahren verurteilt, die er bis zum letzten Tag verbüßt. Seine Eltern holen ihn an der Gefängnispforte ab und nehmen ihn mit nach Hause. Dort gerät er mit seinem älteren Bruder aneinander und landet nach einer Woche wieder auf die Straße. Er weiß nicht wohin, irrt hilflos und verloren umher. Der Angst- und Panikpegel steigt, irgendetwas muss passieren. Schließlich springt das in seinem Innern lodernde Feuer nach außen über, und er legt in einer nahe gelegenen Kleinstadt in einer Nacht drei Brände. Nach dem Motto: »Wenn doch jemand käme und mich mitnähme« ruft er schließlich bei der Polizei an und erklärt, Opfer eines Raubüberfalls geworden zu sein. Doch dieser hat in Wirklichkeit nicht stattgefunden. Man überstellt ihn in eine psychiatrische Anstalt und bestellt eine Gutachterin, die ihn für die bevorstehende Gerichtsverhandlung auf seine Schuldfähigkeit untersuchen soll. Die Gutachterin erklärt ihn für »dissozial« und »schuldfähig« und stellt ihm eine düstere Prognose. Das Gericht folgt ihrem Votum und verurteilt ihn zu einer Jugendstrafe von drei Jahren. Im Jugendgefängnis erleidet er in immer kürzeren Abständen »epileptische« Anfälle, welche die Mitarbeiter auf Trab halten. Nachdem er einen Zellengenossen fälschlich beschuldigt hatte, ihn gewürgt, gefesselt und vergewaltigt zu haben, bekommt er Stress mit den Mitgefangenen und ist für den Jugendvollzug nicht länger tragbar.

Er wird in ein Gefängnis für Erwachsene verlegt. Dort begegne ich ihm eines Tages im Rahmen einer sogenannten Krisenintervention. Er höre Stimmen und sehe irgendwelche Tiere über den Boden seiner Zelle krabbeln, hatte er dem Stationsbeamten mitgeteilt, der mich alarmiert. Wir beginnen, Gespräche zu führen. Ich muss erst lernen, damit umzugehen, dass in seiner Erzählweise Phantasie und Realität wie zu einem Zopf verflochten sind. So will er, als er sich realiter in Schweden aufhielt, als Söldner in Afghanistan gewesen sein, nach einem schweren Autounfall sieben Monate im Koma gelegen, in einem Zirkus als Assistent eines Messerwerfers gearbeitet und in Tschechien auf »Zigeunerart« eine wesentlich ältere Frau geheiratet und mit ihr zwei Kinder bekommen haben. Er prahlt mit schwerwiegenden, nicht aktenkundigen Taten und Abenteuern, besten Kontakten zur Unterwelt und dem Besitz eines riesigen Waffenarsenals. Er übertreibt seinen Drogenkonsum und seine Neigung zur Selbstverletzung und auch die psychotischen Symptome wirken wie ein Fake. Die »pseudologische« Ausgestaltung seiner Biographie zu einer über weite Strecken fiktiven Erzählung entspringt dem Wunsch, Insuffizienz und Nichtigkeit in Grandiosität zu überführen. Die münchhausenartigen Geschichten schützen ihn vor der narzisstischen Katastrophe und der psychischen Dekompensation.

Die Verfechter der Willensfreiheit, die das, was Menschen wie Kevin zustößt, den Einzelnen als Schuld und Versagen zurechnen, werden es schwer haben angesichts eines solchen Lebenslaufs. Haben Menschen wie Kevin wirklich die Wahl? Kann man sagen, dass er sich – an einer Weggabelung stehend – »brüsk für das Böse entschieden« hat, wie es in einer klassischen juristischen Formulierung im ersten Urteil gegen Jürgen Bartsch heißt? Könnte er, wenn er »sich zusammennähme« und »am Riemen risse«, ein an gesellschaftlichen Normen orientiertes, straffreies Leben führen? Gerhard Mauz hat anlässlich des Prozesses gegen den Dutschke-Attentäter Josef Bachmann etwas geschrieben, das auch auf Kevin zutrifft: »Man weiß, dass traumatische Erlebnisse in der Kindheit, ja schon im vorgeburtlichen Zustand Einfluss auf die Entwicklung eines Kindes haben. Doch man ist nicht bereit, Konsequenzen aus diesem Wissen zu ziehen. Man sagt: ›Das arme Kind. Was wird aus ihm werden?‹ Doch wenn aus ihm geworden ist, was zu erwarten war – dann macht man aller Erkenntnis zum Trotz das Kind für sein Fehlverhalten verantwortlich.« Bei Philip Roth heißt es, wie wir bereits gehört haben, kurz und knapp: »Die Ursache kommt ungestraft davon, die Wirkung muss ins Gefängnis.« Wobei zu den Ursachen, wie wir noch sehen werden, keineswegs nur die Eltern und das familiäre Umfeld zählen.

Die Biologisierung und Medizinalisierung eines sozialen Problems

Bevor wir Kevins Geschichte als krassen Ausnahmefall beiseiteschieben, sollten wir uns fragen, ob an der Entwicklung dieses Jungen trotz aller individuellen Zuspitzungen und Besonderheiten nicht etwas für unsere Gesellschaft Typisches zu Tage tritt. Als Gefängnispsychologe weiß ich, dass viele Straftäter bereits im Kindergarten und in der Schule auffällig waren. Sie traten zunächst durch eine kaum zu bändigende Unruhe und Impulsivität, später durch gezielte Regelverstöße, Schulversagen und delinquent-aggressives Verhalten in Erscheinung. Inzwischen ist es üblich geworden, frühe Auffälligkeiten mit dem Etikett »Aufmerksamkeits-Defizit-Syndrom« (ADS), in Kombination mit Hyperaktivität »ADHS« zu versehen. Bei 40 bis 60 Prozent der Kinder geht ADHS mit einer »Störung des Sozialverhaltens« einher, aus der sich unter ungünstigen Bedingungen eine »dissoziale Persönlichkeitsstörung« entwickeln kann. Der in einer Kinder- und Jugendpsychiatrie tätige Sozialarbeiter und Soziologe Heiko Boumann hat zu diesem Themenkomplex unter dem Titel »Diagnose: Störung des Sozialverhaltens« (Gießen 2008) ein kluges und gut informiertes Buch vorgelegt. Die betreffenden Kinder werden wegen ihrer Auffälligkeiten stigmatisiert und in eine Außenseiterposition gedrängt. Eines Tages machen sie sich das negative Fremdbild des Störenfrieds zu eigen: »Ihr sagt, dass wir unausstehlich sind, okay: Das könnt ihr haben!« Die Jugendlichen bilden eine Negativ-Identität aus, schließen sich mit anderen Außenseitern zu Cliquen zusammen und beziehen ihre Anerkennung daraus, Ärgernis zu erregen und Verfolgung auf sich zu ziehen. Negative Anerkennung ist besser als gar keine! Festnahmen, Strafen und Gefängnisaufenthalte verschaffen Prestige in der delinquenten Peergroup, und man heftet sie sich stolz wie Skalps an den Gürtel.

In jüngster Zeit werden die kindlich-jugendlichen Auffälligkeiten in ein medizinisches Deutungsmuster gepresst und als neuro-biologisch bedingte Störungsbilder begriffen, gegen die man mit psychoaktiven Substanzen vorzugehen versucht. Vor mehr als 20 Jahren präsentierte die amerikanische Pharmaindustrie ein Therapeutikum gegen diese Störung: Methylphenidat. Seine Einnahme soll – so wird behauptet – dazu führen, dass unkonzentriert-auffällige Kinder sich so verhalten, wie von Eltern und Lehrern gewünscht. Die Ritalinproduzenten waren die ersten, die mit Hochglanzbroschüren Ärzte, Lehrer und Psychologen darüber aufklärten, dass es eine neue kindliche Störung zu entdecken gebe, gegen die ein neues Wundermittel bereits bereitstehe: das hyperkinetische Syndrom. Edward Shorters »Geschichte der Psychiatrie« ist zu entnehmen, dass dieses Verfahren in jüngster Zeit keine Ausnahme darstellt. Es gibt immer mehr psychische Störungen, auf die man überhaupt erst aufmerksam wurde, nachdem irgendein Pharmakonzern behauptete, ein Medikament dagegen gefunden zu haben. Erst danach breitete sich die Störung epidemisch aus. Weil einerseits das Methylphenidat, das unter dem Namen Ritalin auf den Markt kam, nun einmal da war und seinem Hersteller Profit bringen sollte, und es andererseits manchmal anstrengend ist, Jungen im Klassenzimmer zur Ruhe zu bringen, stürzte man sich auf die »Hyperaktivität« und begann, die Knabenpsyche zu pathologisieren. Dabei kann man, wie aus den Erinnerungen des im Juli 2009 gestorbenen irisch-amerikanischen Schriftstellers Frank McCourt an seine Zeit als Lehrer an New Yorker Schulen zu lernen wäre, unruhigen und rebellischen Kindern durchaus auch ohne Pillen helfen und etwas beibringen. Der unbezahlbare Zaubertrank, den er stattdessen seinen Schülern verabreichte, heißt Begeisterung. Ohne Enthusiasmus und ein Moment der Faszination und persönlichen Übertragung hat produktives Lernen bei schwierigen Schülern, wahrscheinlich bei Schülern überhaupt, keine Chance. Das Wort für Begeisterung in der Sprache des alten Griechenland lautete *enthousiasmós* und bedeutete so viel wie »die Götter in sich tragen«. Auch wenn wir eine säkularisierte Fassung des Begriffs vorziehen und ihn mit »von einer Idee durchdrungen sein und für sie einstehen« übersetzen, verweist seine Etymologie darauf, dass wir es mit etwas zu tun haben, dass sich Lehrern nicht durch ministerielle Erlasse und Curricula verordnen lässt und sich jeder Standardisierung, Modularisierung und Evaluierung entzieht. Lehrer, die sich mürrisch

Papierschlangen aus dem Hals ziehen und routiniert ihr Pensum abspulen, werden schwerlich Schüler hinter dem Ofen von Desinteresse und Verweigerung hervorlocken.

Wenn man eines Tages die Bedeutung des »Enthusiasmus« für das Gelingen pädagogischen Handelns erkannt hat, wird man natürlich genau das versuchen. In diesem Fall kann man sich nur so verhalten, wie Jean Piaget in einer Episode, von der Negt/Kluge in »Geschichte und Eigensinn« berichten. »In einem Vortrag vor Behavioristen in den USA erläuterte Jean Piaget den Satz: ›Wenn Sie das Kind etwas lehren, so hindern Sie es daran, es selber zu entdecken, Sie stiften Schaden.‹ In der Diskussion sagte daraufhin ein Behaviorist: ›Es fällt mir wie Schuppen von den Augen. Meine Frage: Wie kann man diesen Vorgang beschleunigen?‹ Hierauf lacht Piaget. Er antwortet nicht.«

Auf ein anderes Beispiel stoßen wir bei Jörg Blech, der in seinem Buch »Die Krankheitserfinder« (Frankfurt/Main 2004) die Geschichte eines jungen Engländers erzählt, der am Ende des 19. Jahrhunderts zur Schule ging und nach heutigen Maßstäben wohl als »hyperaktiv« eingestuft und mit Ritalin behandelt worden wäre. Um seine überschüssige Energie abzubauen, vereinbarte der unruhige Junge mit seinen Lehrern, dass er nach jeder Stunde einmal um das Schulgebäude rennen durfte. Tatsächlich entspannte sich die Lage dadurch und der Schulalltag wurde für beide Seiten erträglich. Später hat der erwachsen gewordene junge Mann gänzlich auf Sport verzichtet und diese Haltung fast zum Programm erhoben. Sein Name: Winston Churchill.

Die Biologisierung und Medizinalisierung eines im Kern sozialen Phänomens, einer Beziehungsstörung, konnte sich aber nur deshalb so flächendeckend durchsetzen, weil auch viele Eltern sich entlastet fühlen, wenn ihnen durch Fachleute vermittelt wird, dass die Verhaltensauffälligkeiten ihres Kindes auf einer Erkrankung des Gehirns beruhen und nicht das Resultat falscher Erziehung oder eines systematisch gestörten familiären Umfelds sind. »Aha, das ist es also! Unser Kind ist krank, es fehlen Botenstoffe im Gehirn«, sagen sich Eltern, »aber gegen diese Krankheit gibt es glücklicherweise ein probates Mittel.« Die medikamentöse Therapie erziele in 70 bis 80

Prozent der Fälle sehr gute Erfolge, wird besorgten Eltern von Lehrern, Schulpsychologen und Kinderärzten versichert.

In den USA werden 6 bis 9 Millionen Kinder und Jugendliche im Sinne einer zeitgenössischen Schulspeisung täglich mit Ritalin »behandelt«, laut *stern* (29.10.2009) geht das Robert-Koch-Institut davon aus, dass in Deutschland 600 000 Kinder zwischen sechs und 18 Jahren an ADHS erkrankt sind, vier Mal mehr Jungen als Mädchen, viel mehr in Großstädten als auf dem Land. Der Absatz von psychoaktiven Substanzen ist zwischen 1990 und 2007 um das 150-Fache gestiegen, Experten schätzen, dass in Deutschland bereits einem Fünftel der Grundschüler solche Präparate häufig oder regelmäßig verabreicht wird – wie unsereinem früher Lebertran oder »Rotbäckchen«. Dabei ist über die langfristigen Wirkungen von Ritalin so gut wie nichts bekannt, und Experten warnen eindringlich vor unkalkulierbaren Neben- und Spätfolgen.

Normgerechtes Verhalten wird gegenwärtig zu einer Frage der »Einstellung« – auf das richtige Medikament und die richtige Dosis. Der Pharmaindustrie scheint im gesellschaftlichen Modernisierungsprozess die Aufgabe zuzufallen, die Anpassung der Individuen an die Verhaltenszumutungen des »flexiblen Kapitalismus« (Richard Sennett) chemisch-pharmakologisch zu erleichtern und lästige Hemmungen und Hindernisse zu überwinden. Das als Kleinstunternehmen konzipierte Subjekt muss bei Strafe des Untergangs lernen, sein als Störfaktor auftretendes Seelenleben mittels Drogen und Medikamenten zu regulieren und auf Vordermann zu bringen. An die Stelle autonomer Ich-Leistungen oder verinnerlichter Selbstzwänge des Individuums tritt der Gang zum Arzt oder Apotheker.

*

Bertrand Russell hat einmal gesagt: »Dort, wo man in sozialen Belangen auf die Biologie zurückgreift, ist das ein Beweis dafür, dass das Denken aufhört.« Wir sollten es in puncto Biologie und »Anlagen« mit Gerhard Mauz halten, der in seinem Buch »Die Justiz vor Gericht« schrieb: »Doch angesichts der nicht endgültig zu erschließenden Rolle der Anlagen haben wir um den Einfluss der Umwelt

auf die menschliche Entwicklung so zu ringen, als sei ohne jedes
Gewicht, in welchem Umfang mit schwer, mit kaum und gar nicht
entrinnbaren Anlagefaktoren gerechnet werden muss.« (München
1990, S. 13) Unser Hauptaugenmerk sollten wir also auf den Umstand lenken, dass sich unsere Gesellschaft und Kultur und damit
auch die Lebenswelt der Kinder in einer Weise gewandelt haben,
die ihnen – und nicht nur ihnen – nicht guttut und ihre Mensch-
werdung auf neue Weise hintertreibt.

Wie ein ins Milchglas gefallener Frosch

Eine Ahnung von dem, was sich da gewandelt hat, bekommen wir,
wenn wir in älteren pädagogischen Büchern blättern. In Hans Zul-
ligers Buch »Schwierige Kinder« von 1951 stoßen wir auf den Satz:
»Die Familie ist der Ruhepunkt für das Kind, dort erhält es seine
Sicherheit; sie ist seine Heimat«. Viele heutige Familien, auch solche, die nach außen vollkommen normal aussehen, sind innen eine
einzige Szenerie von Gleichgültigkeit und Kälte, das bloße Nebeneinander von Einsamkeiten. Wie frierende Stachelschweine drängen sich die heutigen Elementarteilchen aneinander und laufen
Gefahr, sich dabei zu verletzen. In Rafael Chirbes' Buch »Der Fall
von Madrid« wird das zeitgenössische Sehnsuchts-Angst-Dilemma
so formuliert: »Einsame Leute wurden, wenn sie Gesellschaft fanden, zu Tieren ohne Haut, da schmerzte jede Zärtlichkeit.«
Wie sollen heutige Markt- und Geldsubjekte überhaupt zueinander
finden? Der Markt, den sie anbeten, hat sie gelehrt, allen Bindungen
zu misstrauen und an nichts mehr zu glauben außer an den eigenen
Erfolg. Eine wahrhafte Liebe ist in den Zeiten der Flexibilitäts-Cho-
lera eine Art von Behinderung, welche die Mobilität einschränkt
und Marktchancen schmälert. Das schließt die Liebe zum eigenen
Kind ein und durchtränkt sie mit neuartigen Ambivalenzen und
einer Tendenz, sich der Kinder möglichst früh zu entledigen und sie
auf eine zeitgenössische Weise auszusetzen und wegzugeben.

Viele Eltern wissen selbst nicht mehr, was richtig und was falsch ist und woran sie sich in puncto Erziehung halten sollen. Auf einer Karikatur in einer Zeitschrift, die ich im Wartezimmer des Zahnarztes durchgeblättert habe, sieht man eine heutige junge Frau im Wochenbett, die ihr Neugeborenes im Arm hält. »Hast du 'ne Ahnung, wie man ein Kind erzieht?«, fragt sie den neben dem Bett stehenden Kindsvater, und der erwidert: »Ich dachte, *du* wüsstest Bescheid.«

Erziehen ist strapaziös und fordert die Erwachsenen mit Haut und Haaren. Eltern haben oft nicht den Nerv, das durchzuhalten, und ziehen sich aus dem Feld der Erziehung zurück. Sie überlassen ihre Kinder sich selbst und der medialen Dauerbeeinflussung. Man sperrt sie in Kinderzimmer, die überquellen von Spielzeug und elektronischem Gerät. Die Kinder sitzen so lange vor Bildschirmen, bis die Welt für sie einen rechteckigen Rahmen hat und ihre Innenwelt von fragwürdigen und mehr oder weniger destruktiv-dissozialen Computerspiel-Heroen bevölkert ist. Computerspiele befriedigen Phantasien von Grandiosität und Allmacht, denen in der Realität meist wenig entspricht. Die Kluft zwischen einer äußeren Realität, in der sich Niederlage an Niederlage reiht, und der inneren Welt infantiler Allmachts- und Größenphantasien wird immer tiefer und kann schließlich die Gefahr eines narzisstischen »Super-GAUs« heraufbeschwören. Gegen den drohenden Kollaps der Selbstwertregulation ist Kampf mit allen Mitteln geboten. Die Ereignisse am Erfurter Gutenberg-Gymnasium bleiben in diesem Zusammenhang ein blutiges Menetekel.

Die Kinder stürzen aus dem Mutterleib unvermittelt in die Welt des entfesselten Marktes und der elektronischen Medien, ohne dass der »Airbag Familie« diesen Aufprall abfedern würde. Selbst Eltern, die ihre Erziehungsaufgabe wahrnehmen wollen, werden schnell darüber belehrt, dass sie das Monopol auf Prägung ihres Nachwuchses längst eingebüßt haben und mit vielen anderen mächtigen Instanzen um seine Beeinflussung konkurrieren müssen. Ihr Erziehungsvorsatz schrumpft angesichts der medialen und konsumistischen Übermacht vielfach auf ein bloßes »Wir möchten gern …« zusammen.

Nicht die Familie hat die Gesellschaft im Stich gelassen, sondern umgekehrt: Die Gesellschaft hat die Familie ihren Funktionsimperativen geopfert. Gemessen an den gewandelten Erwartungen von Industrie und Markt erwies sich die Familie irgendwann als rückständig und ihre Produkte als dysfunktional. Was sie an Orientierungen vermittelte, geriet in Widerspruch zu Anforderungen des ökonomischen Systems. Eine Kluft tat sich auf zwischen den familiär vermittelten Prägungen und den gesellschaftlich verlangten Eigenschaften. Aus »asketisch produzierenden Knechten« sollten süchtige Konsumenten werden. Die Rückbildung des Pflichtgefühls, der Schwund väterlicher Autorität und der durch sie erzwungenen Verhaltensweisen wie Disziplin und Gehorsam werden von denselben konservativen Politikern und Unternehmern in ihren Sonntagsreden bedauert, die sie wochentags durch ihre Praxis mit produzieren. Schlimmer als der Verfall der alten Tugenden wäre fürs Kapital die Rückkehr zu disziplinierten Formen des Konsums und zur hegenden Pflege des einmal Erworbenen. Die Autorität des Vaters und Mannes ist in großen Bevölkerungsgruppen im Schwinden begriffen, nicht weil die antiautoritäre Bewegung und die sogenannten 68er sie kritisiert und angenagt haben, sondern weil die gesellschaftliche Entwicklung der Vaterfigur die Substanz entzogen hat. Das Ende der bürgerlichen Moral und der sie tragenden Normen und Werte, das jetzt bedauert wird, weil es verheerende Konsequenzen zeitigt, ist das Produkt der Ausdehnung der Logik des Geldes und der »gefühllosen ›baren Zahlung‹« (Marx) auf gesellschaftliche Bereiche, die von ihr freigehalten werden müssen. Derjenige, der in seinem Kaufhaus damit begonnen hat, Plakate mir der Aufschrift »Erst kaufen – später zahlen!« aufzuhängen, hat den Erosionsprozess der »protestantischen Ethik« und anderer bürgerlicher Tugenden eingeleitet, und nicht die 68er, die seit einiger Zeit als Sündenböcke für alle möglichen gesellschaftlichen Fehlentwicklungen herhalten müssen.

Die Gesellschaft nimmt die Sozialisation umweglos in Regie und modelt die Kinder nach ihrem Bilde. Die wild gewordene Weltzeit dringt in die Kinderzimmer ein und überlagert und zerstört die Zeitmaße, in denen ein Kind heranwächst, also den Zeitrhythmus, der erforderlich ist, um das Sprachvermögen eines Kindes, seine moralische Urteilsbildung und seine sozialen Fähigkeiten zu entwickeln. Das, was Margaret Mahler als »psychische Geburt des Menschen« gefasst hat, ist ein komplizierter und höchst störanfälliger Prozess, dessen Gelingen von räumlicher und zeitlicher Konstanz und zuverlässigen emotionalen Bindungen abhängig ist. Die Trennung der Eltern gehört im Leben heutiger Kinder und Jugendlicher fast schon zur Normalität. Eines Tages fragte der zehnjährige Sohn von Bekannten seine verblüfften Eltern beim Abendessen, warum er eigentlich noch immer mit beiden Eltern zusammenwohne, während seine Freunde fast alle in neu zusammengesetzten Konstellationen lebten. Es klang beinahe so, als fürchte er, es könnten ihm aus dieser neuartigen Ausnahmestellung Nachteile erwachsen. Und eine Art von objektiver Ironie sorgt dafür, dass dieser Verdacht nicht ganz von der Hand zu weisen ist. Nach einer Trennung bei einem Elternteil verbliebene Kinder erleben unter Umständen das mehrfache Auswechseln in der Vater- oder Mutterrolle und lernen so zeitig, dass nichts von Dauer ist und es keinen Sinn hat, sich an irgendetwas oder irgendjemanden emotional zu binden. Als ich unlängst aus einem Einkaufszentrum herauskam, hörte ich aus einer Gruppe Jugendlicher, die dort herumstanden und etwas tranken, den resigniert klingenden Satz eines vielleicht 16-jährigen Mädchens: »Meine Mutter hat 'nen neuen Lover.« Das Irritierende dieses Satzes besteht zunächst einmal darin, dass er gewissermaßen seitenverkehrt ist. Es ist ein mütterlich-erwachsener Satz, der aus dem Mund einer Tochter kommt. Er verweist auf völlig verdrehte Verhältnisse: Die Kinder müssen sich Sorgen um das Beziehungsverhalten ihrer Eltern machen. Mangelnde Stabilität und Verlässlichkeit in den Familien beraubt sie eines für ihre Entwicklung wichtigen Schonraums und lässt sie – wie Alice im Wunderland in das Kaninchenloch – vorzeitig kopfüber in die Erwachsenenwelt stürzen. Sie müssen sich selbst erziehen, wodurch man ihnen sowohl das Kindsein als auch die Chance zum Erwachsenwerden verweigert.

Unter solchen Bedingungen wird die Fähigkeit, soziale Bindungen von Fall zu Fall lösen und sich auf permanent veränderte Situatio-

nen einlassen zu können, die im Kontext moderner Arbeitsverhält-
nisse durchaus erwünscht ist, dem Kind von früh an demonstriert
und auch abverlangt. Um den Funktionsimperativen des »flexiblen
Kapitalismus« gerecht werden zu können, sollen die Menschen
moralischen und psychischen Ballast abwerfen und sich in allseits
kompatible und fungible Sozialatome und Nomaden verwandeln.
Stabile Objektbeziehungen und kontinuierliche emotionale Bindungen hinterlassen bleibende Spuren im Subjekt, die sich als Sand
im High-Tech-Getriebe erweisen und mehr und mehr den Status
von Behinderungen annehmen.

Marx sollte mit seinen Prognosen recht behalten: Der Kapitalismus
erweist sich als die Kraft der permanenten technisch-industriellen
Revolution. Sein »Werwolfshunger nach Mehrarbeit« treibt ihn
zum rastlosen Überschreiten aller Begrenzungen und zwingt ihn
zu ständigen Innovationen. In seinem rastlosen Bestreben, seine
eigene Logik, die eine Geld- und Kapitallogik ist, auf alle Lebensbereiche auszudehnen, schreckt er auch vor der Zerstörung jener
Teile der vorkapitalistischen Vergangenheit nicht zurück, die für
seine eigene Entwicklung notwendig waren und sind. Die kapitalistische Gesellschaft der Gegenwart ist dabei, einige der Äste abzu-
sägen, auf denen sie selber sitzt: Sie zerstört nicht nur die natür-
lichen Lebensgrundlagen, sondern auch die Formen, in denen
»Kultur« – nach der Auflösung des »ursprünglichen Gemeinwe-
sens der agrarischen Hausgemeinschaft« – sich die menschliche
»Natur« angeeignet hat. Ein gewisses Mindestmaß an familiärer
Sozialisation – also an Stabilität und Verlässlichkeit von persönlichen Bindungen und leidlich geglückten Beziehungserfahrungen – scheint unerlässlich zu sein, damit der Mensch seine »psychische Geburt« vollenden und sich zum Menschen entwickeln kann.
Wird dies unterschritten, dann lösen sich jene Reste von Identität –
also leib-seelischer Stabilität und Kontinuität – auf, die für den
Fortbestand jeder Gesellschaft, also auch der kapitalistischen, un-
abdingbar sind. Von Warensubjekten und wie eine Ware ist
menschliche Identität nicht herstellbar. Die Kostenseite, die erscheint, wenn man versucht, Kinderaufzucht, Pflege und Erziehung zu rationalisieren und dem Modus der »gefühllosen ›baren

Zahlung‹« zu unterwerfen, besteht in der Zunahme von psychischen und psychosomatischen Störungen, Drogenkonsum, Selbstverletzungen, Frühinvalidität und anderen »Dysfunktionen« wie AD(H)S.

*

Das Denken, das Russell anstelle einer Biologisierung des Sozialen proklamiert, führt uns also zu der Erkenntnis, dass heutige Familien *sensu Zulliger* längst kein stabiler Heimathafen und Ruhepol mehr sind, was sie außerhalb gewisser privilegierter bürgerlicher Schichten ohnehin mehr der Idee als der sozialen Realität nach waren, und Kinder vor gar nichts bewahren. Sie fungieren nicht länger als Reizschutz und schützende und behütende Membran, sondern setzen die Kinder Erregungen aus, die zu stark für sie sind und ihren noch unfertigen Wahrnehmungsapparat überfordern. So werden wir in der um sich greifenden kindlichen Hyperaktivität den verzweifelten Versuch erkennen können, inmitten einer hektischen und diskontinuierlichen Welt Boden unter die Füße zu bekommen. Die kindliche Hyperaktivität scheint, wie wir am Beispiel Kevins sehen konnten, die manische Alternative zur Welt- und Beziehungsverweigerung des Autismus zu sein: Wie der ins Milchglas gefallene Frosch so lange strampelt, bis aus der Milch Butter geworden ist und er das Glas verlassen kann, zappeln diese Kinder in der vagen Hoffnung, dass jemand kommen und sie halten möge.

Schulen als Zulieferbetriebe von Industrie und Markt?

Stattdessen schickt man die Kinder in monströse Schulfabriken, wo sie von einer Leistungskonkurrenz erfasst werden, die einseitig auf die Entwicklung verwertbaren Wissens setzt und ihnen jede womöglich noch vorhandene Lust am Lernen und spielerische Leichtigkeit austreibt. Je mehr die Elternhäuser in ihrer sozialisierenden und Kindern und Jugendlichen Halt und Struktur gebenden Funktion versagen, desto mehr müssen Schulen zu »verlässlichen Orten« (Oskar Negt) werden, in denen sie sich unter Bedingungen raumzeitlicher Kontinuität und Verlässlichkeit zu Menschen entwickeln und die Erfahrung machen können : »Ich bin etwas wert«. Wir dürfen es nicht länger hinnehmen, dass in unseren Schulen Subjektivität und Innerlichkeit der Schüler (fast) nur als Störung vorkommen, dass also, wo gelernt werden soll, die Lernenden selbst etwas darstellen, das »nicht zur Sache« gehört. Die Subjektivität der Schüler muss noch in ihren verdrehtesten Ausdrucksformen ernst genommen und zum Gegenstand von Auseinandersetzungen zwischen leibhaftigen Menschen werden. Schulen müssen unbequemen und verhaltensauffälligen Schülern ein Asyl bieten, aus dem sie auch dann nicht vertrieben werden dürfen, wenn sie »Mist gebaut« haben und »stören«. Das »antisoziale« Agieren von Kindern und Jugendlichen stellt meist einen unbewussten Hilferuf dar. Wenn dieser ins Leere geht, stellt sich ein Gefühl des Existierens irgendwann nur noch ein, wenn es kracht, brennt oder gar Blut fließt. Immer mehr Jugendliche greifen, wenn innere Spannungen und Gefühle der Leere überhand nehmen, zur Rasierklinge und ritzen sich die Haut auf.

Die zu Tage tretenden Auffälligkeiten stellen ungekonnte Lösungsversuche innerer Konflikte und Reparaturversuche seelischer Verletzungen dar und müssen in ihrem Symptomcharakter wahrgenommen werden, wenn man richtig auf sie reagieren will. Eine beängstigend destruktive innere Welt wird nach außen gestülpt, um Erwachsene und Lehrer dazu zu zwingen, spürbare Reaktionen zu zeigen und Kontroll- und Haltefunktionen wahrzunehmen. Dieses Halten beinhaltet zunächst einmal die Schaffung eines strengen, zuverlässigen und unzerstörbaren Rahmens, innerhalb dessen sich menschliche Beziehungen entfalten können. Grenzsetzungen und das Pochen auf Disziplin, die heute allenthalben als Allheilmittel gegen die Krise der Erziehung propagiert werden, bewirken für sich genommen gar nichts. Sie können allenfalls ein Mittel sein, um einen Raum zu schaffen, innerhalb dessen menschliche Beziehungen und emotionale Bindungen gedeihen können. Denn psychische Störungen oder Defizite, die durch missglückte oder fehlende Beziehungen entstanden sind, können auch nur innerhalb von Beziehungen wiederhergestellt oder nachgeholt werden. Lehrer und Lehrerinnen werden sich in Zukunft immer weniger auf ihre Rolle als Wissensvermittler beschränken können. Der Umgang mit schwierigen und gefährdeten Kindern und Jugendlichen erfordert ihre Präsenz als persönliche, uneingeschüchterte Autorität und ein Sich-selbst-Geben als Mensch, das bis zum Halten im körperlichen Sinn des Wortes reichen kann. Wenn wir uns das nicht etwas kosten lassen und die Schulen personell entsprechend ausstatten, werden wir später weit mehr Geld für Polizei und Gefängnisse aufwenden müssen, ganz zu schweigen von dem menschlichen Leid, das Straftaten hervorrufen.

Reagiert die Erwachsenenwelt lediglich mit bürokratischer Routine, strafend und ausschließend, schreibt sie das Gewaltprinzip fort und die Suchbewegung der Jugendlichen nach Angst mindernden und Halt gebenden Begrenzungen kann dann eines Tages in den Wänden einer Gefängniszelle enden. Versäumt man, die antisoziale Tendenz des Kindes und Jugendlichen bei Zeiten auszubremsen, droht sie sich zur manifesten Dissozialität zu verfestigen, die therapeutisch nur noch schwer zu verflüssigen und aufzuheben ist. Die Begrenzungen aus Stein und Eisen, die man den jungen Straftätern zunächst setzt, müssen nach innen wandern und sich in Formen von Selbstkontrolle verwandeln, die die äußeren Begrenzungen irgendwann überflüssig machen. Damit das geschehen kann, ist »Beziehungsarbeit in Näheverhältnissen« (Oskar Negt) vonnöten, die Bedingung dafür ist, dass Normen, Lebensregeln, Verbote, Zeitstrukturen und Wahrnehmungsweisen wirklich nach innen rutschen können und nicht nur fassadär und flüchtig bleiben. Die raumzeitliche Verlässlichkeit – durch die körperliche Nähe und Anwesenheit konkreter Bezugspersonen vermittelt – ist eine nicht ersetzbare Funktion in menschlichen Bildungsprozessen. Geschlossene Heime und Gefängnisse aber sind und bleiben »totale Institutionen« (Erving Goffman), denen »raumzeitliche Näheverhältnisse« bestenfalls als eine Art von Diaspora-Erfahrung beigemischt sind. Sie geben der Delinquenz eine vorübergehende Form und unterbrechen gewaltsam das kriminelle Agieren, das nach der Haftentlassung meist mit ungeminderter oder gar gesteigerter Heftigkeit wiederaufgenommen wird. Versuche, straffällig gewordene Menschen für die Gesellschaft zurückzugewinnen, stoßen gegenwärtig auf den heftigen Gegenwind einer vor allem von populistischen Politikern und privaten Medien wieder entfesselten Strafwut.

Experten sind sich einig, dass Gefängnisstrafen bei Jugendlichen äußerst problematisch sind und eher den Offenbarungseid einer Gesellschaft darstellen, der im Umgang mit ihrem schwierigen Nachwuchs nichts Vernünftiges einfällt. Strafen werden von anonymen Instanzen ausgesprochen und oft erst verhängt, wenn der Zusammenhang zwischen Tat und Strafe zerrissen und ganz abstrakt geworden ist. Sie werden von Personen verkündet, zu denen der Täter keine Beziehung hat, und denen er infolgedessen keine Folgebereitschaft entgegenbringt. Die Strafe und ihr Zweck bleiben ihm äußerlich. Was dann in der Haftanstalt passiert, ist mitunter so erniedrigend, dass vom Gefangenen jeder Gedanke daran, eine Schuld auf sich geladen zu haben, vollends verdrängt wird. Was er im Gefängnis an Übelzufügungen erlebt, legitimiert ihn in seinen Augen dazu, schlimm und schlimmer zu werden. Der jugendliche Strafgefangene René, über den die Filmemacherin Helena Trestiková einen Dokumentarfilm gedreht hat, resümiert seine Haftzeit mit den Worten: »Man wird im Gefängnis nicht besser, sondern lernt zu hassen.« Der Rückfall ist auf diese Weise vorprogrammiert und absehbar. Die enorm hohe Rückfallquote des Jugendstrafvollzugs von nahezu 80 Prozent spricht eine eindeutige Sprache. Zeitlich begrenztes Einsperren ist freilich in manchen Fällen unerlässlich, aber auch hier gilt, dass der steinerne und eiserne Rahmen mit etwas Sinnvollem – zum Beispiel dem Erwerb von Schulabschlüssen und einer Berufsausbildung – gefüllt werden muss.

Beeindruckt hat mich eine vom Fernsehsender *Arte* am 10. Februar 2009 ausgestrahlte Dokumentation über einen Jugendrichter aus dem spanischen Granada, der in seiner Praxis erfolgreich andere Wege beschreitet. Emilio Kalatayud schaut sich jeden seiner »Fälle« genau an, konfrontiert die jugendlichen Straftäter mit den Folgen ihres Tuns und bemüht sich, eine den Besonderheiten des jeweiligen Jugendlichen angemessene Form der Strafe zu finden. Hier wird Schuld nicht stumpfsinnig mathematisiert und in Geldbeträge oder Gefängnisjahre umgerechnet, sondern individuell gewogen und nach einer spezifischen Form der Wiedergutmachung und Sühne gesucht. »Strafe muss sein«, sagt auch der Richter aus Granada, aber sie muss einen Lernprozess in Gang setzen und etwas bewirken. Wenn er einen jugendliche Straftäter zur Ableistung von Arbeitsstunden in einem Altenpflegeheim, zur Arbeit mit Behinderten, zum Reinigen von Toiletten in öffentlichen Gebäuden oder zum Erteilen von Informatikunterricht verdonnert hat, lässt er es nicht einfach dabei bewenden, sondern sucht sie an den jeweiligen Einsatzorten auf, setzt sich weiter mit ihnen auseinander, begleitet sie durch die Strafe hindurch und oft auch darüber hinaus. Er pflegt die Kunst des »nachgehenden Dialogs«, und die Jugendlichen wissen das zu schätzen. Er geht eine Beziehung zu den Bestraften ein und setzt sich an die Stelle des Vaters, den die Jugendlichen realiter oft entbehren mussten. Je jünger Straftäter sind, desto wichtiger ist dieses Moment der persönlichen Übertragung. Kalatayud macht sich etwas zunutze, von dessen Wirkmächtigkeit schon Luther wusste: »… dass alle, die man Herrn heißt, an der Eltern statt sind und von ihnen Kraft und Macht zu regieren nehmen müssen. Daher sie auch nach der Schrift alle Väter heißen …« Heute würden wir das anders ausdrücken. Richter, Bewährungshelfer, Sozialarbeiter, Therapeuten erwarten von ihren »Klienten« eine Haltung, die man neuerdings »Compliance« nennt, was so viel heißt wie Gehorsam, Einverständnis, Mitarbeit. Diese wird der Straftäter aber nur demjenigen entgegenbringen, dem es gelingt, die Nachfolge der »guten frühen Objekte« und ihrer inneren Repräsentanzen anzutreten und sich an ihre Stelle zu setzen. Die frühen Bindungen sind häufig ambivalent, und man muss es schaffen, sich mit der »guten« Teil-Person im Innern des Delinquenten zu verbünden. Noch die »coolsten« und »krassesten Jungs« halten in sich das Double eines »netten Kerls« gefangen und versteckt, das sich nach einem ganz normalen, manchmal beinahe spießig anmutenden Lebensglück sehnt. Sie wollen einfach nur leben, wissen aber nicht, wie Leben geht.

Die Bindung an die Eltern oder andere frühe Bezugspersonen ist primär, alle späteren Bindungen, die »Compliance« ermöglichen sollen, müssen sich auf diese beziehen und sich aus ihnen ableiten. Die frühen Bindungserfahrungen gehen im Leben des Erwachsenen nicht völlig verloren, sondern treten in den merkwürdigsten Verkleidungen auf und gehen dabei ungeheuer komplexe neue Verbindungen ein. Voraussetzung für das Wirken einer Strafe ist, dass es zu einer Bindung zwischen Strafendem und Bestraften kommt, die an gelungene frühere emotionale Bindungen Anschluss findet und es so ermöglicht, irgendwann abgebrochene positive Entwicklungen fortzusetzen. Dazu sind leibliche Anwesenheit und Enthusiasmus erforderlich und die Bereitschaft, sich als Mensch in die Waagschale zu werfen und nicht locker zu lassen. Das alles wäre von Emilio Kalatayud zu lernen.

*

Kehren wir zum Schluss noch einmal zu Kevin zurück. Was wird aus ihm? In wenigen Monaten wird er seine Strafe verbüßt haben und das Gefängnis so verlassen, wie er hineingekommen ist: ohne Schulabschluss, Berufsausbildung und Perspektive und mit einem Bündel ungelöster Probleme und Konflikte. Draußen wartet auf ihn keiner und niemand und nichts. Gegen die Schwerkraft des Realen kann er nur seine Sehnsucht nach einem ganz normalen Leben und vage Vorsätze aufbieten. Man kann nur hoffen, dass er auf den in der Tötung des Vogels zu Tage getretenen, im Kern sadistischen Modus der Verwandlung erlittener eigener Traumata in einen Triumph über andere nicht wieder zurückgreift und eines Tages gegen Menschen losgeht, die ihm schwach und schutzlos vorkommen.

Das moralische Ozonloch oder:
Die »Psychopathen« kommen

Mehr und mehr begegne ich im Gefängnis Lebensläufen, deren
Schilderung sich liest wie die Gebrauchsanweisung zur Herstellung von »Psychopathen«. In Gestalt der zeitgenössischen Geräte-
Sozialisation mit ihrer hektischen Unruhe und Bindungslosigkeit
scheint sich ein neues und äußerst funktionales Kindheitsmuster
herauszubilden, das die Massenbasis für den »flexiblen Menschen«
schafft, den Richard Sennett schon vor zehn Jahren als die dem
Kapitalismus auf seiner gegenwärtigen Entwicklungsstufe angemessene Form des Sozialcharakters heraufziehen sah.
Der Hannoveraner Kinder- und Jugendpsychologe Wolfgang
Bergmann registriert in seiner Praxis das Auftauchen neuer Störungsbilder bei seinen jungen Patienten: »Mir kommt es so vor, als
seien sie nur noch an dem beherrschbaren und technisch-funktio-
nalen Anteilen der Dinge interessiert, aber zutiefst unberührt von
allen spontanen und lebendigen Vorgängen. … Manchmal fürchte
ich, wir stehen vor einem ganz neuen Typus des Menschseins, der
sich in der Kindheit ja immer zuerst zeigt: ein Produkt von zu viel
Unruhe und Hektik, die sich an die Stelle von stiller Bindung setzt,
von zu viel Rivalität, wo Kinder erst froh das Miteinander lernen
müssten. Diesen Kindern misslingt offenbar etwas Entscheidendes:
Sie lernen sich selbst nicht als soziale Wesen kennen.« (*Frankfurter
Rundschau* vom 27.4.2009)
Dazu passt die Beobachtung eines Freundes, der als Trainer in
einem Turnverein tätig ist. Er stellt immer wieder erstaunt fest,
dass viele Kinder kein Sensorium für Gefahren und Risiken besitzen und sich selbst und andere dadurch mitunter nicht unerheblich
verletzen. In der Welt der Computerspiele bleibt alle Gewalt fol-
gen- und schmerzlos und die Kinder erfahren auf ihre symbolischen Aggressionsäußerungen keine spürbare Resonanz. Ihr ag-
gressives Antriebsleben wird auf diese Weise nicht mitsozialisiert,
erfährt keine Korrektur durch die Reaktion des anderen und bleibt
unter einem dünnen Firnis angepasster Verhaltensweisen in einem

rohen, semi-autistischen Zustand. Sie können auf diese Weise kein Verhältnis finden zu ihrer Aggressivität und ihren Folgen. Dazu kommt noch etwas anderes: Wenn alle Stöße und Schläge, die das Kind beim Versuch erhält, den Weg von der Mama weg in die objektive Ordnung der Welt einzuschlagen, immer wieder abgefedert werden, dann bleiben diese Kinder seltsam erfahrungslos. Der Widerstand der Dingwelt wird in die Watte der Verwöhnung und Überbehütung gepackt, womit man den Kindern die Möglichkeit nimmt, sich an den Ecken und Kanten der Welt zu stoßen und sich in dieser Reibung am Widrigkeitskoeffizienten der Dinge zu entwickeln. Eltern sind die Chauffeure ihrer Kinder, fahren sie von Termin zu Termin. Sie bringen sie in die Schule und holen sie dort wieder ab. Sie tragen ihnen die Schultasche bis zum Eingang. Bei etwaigen Konflikten der Kinder untereinander oder mit dem Lehrpersonal treten sofort die Eltern auf den Plan und stürzen sich für ihre Kinder in den Kampf, statt sie selbst nach einer Lösung suchen zu lassen. Nicht einmal auf dem Schulweg haben Kinder Gelegenheit, sich der ubiquitären Kontrolle und Fürsorge zu entziehen und untereinander ihre Erfahrungen zu machen. Kein Wunder, dass sie keine Balance und kein Körpergefühl haben. Wenn alle Ecken mit Schaumstoff abgepuffert sind, kann sich die Fähigkeit zu dem, was man neuerdings »Resilienz« nennt, nicht entfalten. Der Begriff »resilience« bezeichnet ursprünglich so etwas wie Schlagfestigkeit und lässt an etwas Festes denken, das gleichzeitig nachgiebig ist, eine flexible Masse, die, obwohl einmal durch äußeren Druck aus ihrer Form gebracht, doch wieder in sie zurückkehrt, sobald der Druck nachlässt. Wer über die Fähigkeit der Resilienz verfügt, lernt mit unvermeidlichen Stößen und Schlägen umzugehen, die einem das Leben versetzt, und kann auch die Folgen von Stößen und Schlägen einschätzen, die er anderen versetzt.

Das Innenleben des allseits kompatiblen und fungiblen Menschen, den Markt, Wirtschaft und Pädagogik propagieren, weist eine große Ähnlichkeit mit dem eines Menschentypus auf, den wir heute noch als »Psychopathen« stigmatisieren und den Gefängnissen und forensischen Psychiatrien überantworten. Wenn hier vom »Psychopathen« die Rede ist, ist nicht die umgangssprachliche Bedeutung gemeint, die darunter einen »durchgeknallten, unberechenbar-brutalen Typ« versteht, sondern eine psychiatrische Diagnose, die in jüngerer Zeit von den amerikanisch-kanadischen Psychiatern Cleckley und Hare formuliert wurde. Die Diagnosemanuale beschreiben den »Psychopathen« als zur Einfühlung in andere unfähig, oberflächlich charmant, anpassungsfähig, zynisch-kalt, bindungs- und skrupellos und ausschließlich an privater Nutzenmaximierung interessiert. Das sind genau die Eigenschaften, die die Hasardeure und Gurus der Finanzwelt aufweisen, die uns an den Rand des Abgrunds manövriert haben.

Vor einigen Jahren haben Paul Babiak und Robert Hare unter dem Titel »Menschenschinder oder Manager« (München 2007) ein Buch herausgebracht, in dem sie die Unternehmen und die Finanzwelt vor dem Vordringen von »Psychopathen« in Führungspositionen warnten, weil ihre Skrupellosigkeit und grenzenlose Risikofreude ihnen langfristig großen Schaden zufügen würden. Nun scheint aber genau das mit dem Abschied von der traditionellen Stakeholder-Value- zugunsten der Shareholder-Value-Orientierung Ende der 90er Jahre im großen Maßstab geschehen zu sein. Wie muss man beschaffen sein, dass man Spekulation der Investition vorzieht? Wie macht man sich kalt und indifferent gegenüber dem Schicksal von Menschen, die im Namen kurzfristiger Profiterwartungen »freigesetzt« werden? Was ist man für ein Mensch, wenn man sich die Kategorie des »Genug« abgewöhnt und sich dem völlig inhaltsleeren Imperativ des »Mehr, mehr!« unterstellt? Erich Fromm konnte als Kind eine Welt nicht begreifen, in der Geld zu verdienen die Hauptbeschäftigung der Menschen war oder sein sollte, und erzählte von seinem Urgroßvater, der in der Nähe von Würzburg einen kleinen Laden betrieb und Kunden mit der Bemerkung in die Flucht schlug: »Gibt es hier gar keinen anderen Laden wie den meinen? Sie sehen doch, ich bin beschäftigt.« Er studierte den Talmud und war nicht bereit, die Lektüre des schnöden Mammons wegen zu unterbrechen. Das war Ende des 19. Jahrhunderts, liegt also gerade mal 120 Jahre zurück, und kommt uns Heutigen, die wir ins »Nirwana des Geldes« (Robert Kurz) eingegangen sind, doch vor wie ein Bericht aus einer versunkenen Welt.

284

In Zeiten des Umbruchs schlägt die Stunde der Psychopathen. Das hat der Psychiater Kretschmer in Bezug auf die Person Hitlers zeitig gesehen: »In unruhigen Zeiten herrschen die Psychopathen über uns, in ruhigen Zeiten erforschen wir sie.« »Gewisse sogenannte Revolutionen«, heißt es in Friedrich Glausers Roman »Matto regiert«, seien im Grunde nichts anderes als die »Revanche der Psychopathen«. Im Zeichen der neuen Management- und Unternehmensstrategien erhalten Leute eine Chance, die bereit sind, für ihre eigene Karriere über Leichen zu gehen, und im Namen kurzfristig erzielter Profite auch vor extrem riskanten und betrügerischen Projekten nicht zurückschrecken. Jede Entwicklungsstufe des Kapitalismus bringt die ihr gemäßen »Charaktermasken« hervor, die ihre Funktionsimperative verkörpern und durch deren Mund sich das Kapital artikuliert. Mit dem Triumph der Shareholder-Value-Mentalität löst sich die kapitalistische Produktionsweise endgültig vom Typus des bürgerlichen Unternehmers ab und schießt in die vollkommen inhaltslose Abstraktion, die das Kapital seinem Marx'schen Begriff nach immer schon war: »sich selbst verwertender Wert«, »Geld heckendes Geld«, ein »automatischer Fetisch«. Die menschlichen Träger der neuen Entwicklungsstufe der Durchsetzungsgeschichte der kapitalistischen Produktionsweise haben nichts mehr mit dem klassischen Kapitalist und Bürger gemeinsam, der mit seinesgleichen konkurrierte, *seine* Arbeiter ausbeutete, sich *seinen* Teil des Mehrwerts aneignete und ihn reinvestierte, um auf erweiterter Stufenleiter produzieren und Konkurrenten vom Markt drängen zu können. Den Sittenkodex des akkumulierenden Bürgers hat Max Weber mit dem Begriff der »innerweltlichen Askese« beschrieben, einer Haltung, die in erster Linie seinen Geschäftsinteressen diente: Bildung produktiver Rücklagen, eingeschränktes Konsumverhalten, harte Arbeit, selbstauferlegter Verzicht und Triebunterdrückung, ein strenger, aber von Resten feudal-paternalistischer Verpflichtungen durchsetzter Umgangsstil mit *seinen* Arbeitern und Untergebenen. Diese einst so gepriesenen und literarisch gefeierten bürgerlichen Tugenden sind genauso verschwunden wie das ehemals typische Interieur des bürgerlichen Heims. Die heute um den Globus zirkulierenden Finanzströme artikulieren sich durch den Mund wendiger, skrupel- und charakterloser Geldsubjekte, für die diese Form »bürgerlicher Moralität« ein Fremdwort ist. In New York hielt unlängst ein Demonstrant in der Wall Street ein Plakat hoch, auf dem stand nur: »Jump!« Die Hasardeure der Finanzwelt besitzen keine Antenne für den Empfang moralischer Appelle, geschweige denn den Anstand, wenigstens symbolisch zu springen, indem sie die Verantwortung für die Folgen ihres Handelns übernehmen und persönliche Konsequenzen ziehen. Auch das haben sie mit dem »Psychopathen« gemeinsam, der keine Reue und kein Schuldgefühl kennt und unfähig ist, aus Krisen und Strafen zu lernen. Schon hat ein gewiefter Ex-Häftling unter dem Titel »Wall Street Prison Consultants« einen Beratungsdienst für inhaftierte Manager, Unternehmer, Banker und Aktienhändler eingerichtet. »Ich bin geldgeil, das habe ich mit vielen meiner Kunden gemeinsam«: Beratung von Psychopath zu Psychopath gewissermaßen. Mehr als eine Million Dollar soll der Knast-Coach im vergangenen Jahr verdient haben. (*Frankfurter Allgemeine Sonntagszeitung* vom 9.8.2009, S. 43)

All jenen, die für die gegenwärtige Krise die »Gier« verantwortlich machen, entweder die »Gier« gewisser Manager oder die »Gier« von uns allen, muss man entgegenhalten: Das, was diese Leute in ihrer realitätsgerechten Empörung »Gier« nennen, ist eine dem Kapital innewohnende Tendenz zur schranken- und maßlosen Plusmacherei, die über weite Strecken der kapitalistischen Durchsetzungsgeschichte hinter allerhand vorbürgerlichen Residuen oder ihr staatlicherseits aufgezwungenen Begrenzungen verborgen geblieben ist. In dem Maße, wie die Marktwirtschaft sich zur Marktgesellschaft entwickelt und alle Barrieren wegfallen, tritt das kapitalistische Profitprinzip nackt und ungeschminkt in Erscheinung. Die Leute, die der »Gier« die Schuld zuweisen, halten die gegenwärtige Krise für das Produkt schlechter Charaktereigenschaften einiger Schufte, die sich Manager nennen, und gehen davon aus, wir könnten durch ein paar Korrekturen und »Implementierung« von ein bisschen Wirtschaftsethik zu den alten Tugenden des »ehrlichen Kaufmanns« und »seriösen Bankiers« zurückkehren. Wie eine Frau nicht ein bisschen schwanger sein kann, kann auch eine

Gesellschaft nicht ein bisschen kapitalistisch sein. Hat eine Gesellschaft erst mal den Kapitalismus im Hause, wird sie von ihm über kurz oder lang zerfressen und aufgezehrt. Man kann den schlimmsten Auswirkungen des Kapitalprinzips politisch phasenweise etwas entgegensetzen, wenn es in einer Gesellschaft eine starke Arbeiterbewegung oder sonstige Oppositionsbewegungen gibt. »Der Kapitalismus«, hat der österreichische Sozialist Günter Nenning einmal gesagt, »ist nur nett, wenn er muss, und gegenwärtig muss er nicht.« Zu Zeiten des Kalten Krieges war der Kapitalismus weniger reich als jetzt, und dennoch finanzierte er, wenn auch nie begeistert und gelegentlich maulend, den vollen Sozialstaat. Mangels kommunistischer oder auch nur sozialdemokratischer Herausforderungen oder sonstiger ernsthafter Alternativen sieht er sich jetzt zu solchen Nettigkeiten nicht mehr genötigt, legt seine Beißhemmungen ab und erklärt den Sozialstaat zum unbezahlbaren und dem Marktgeschehen abträglichen Luxus. Das Kapitalprinzip frisst sich durch alle Schichten der Gesellschaft hindurch und dringt noch in die intimen Binnenwelten der Individuen ein.

Die entfesselt und hemmungslos, also, wenn man so will, »psychopathisch« gewordene Geldwelt zieht wie ein Magnet »psychopathische« Menschen an und produziert sie. Die Qualifikationen für eine Psychopathen-Karriere erwirbt man im Schoße von Familien, die einen Zweckverbund von Warencharakteren darstellen, und in der virtuellen Welt der Computerspiele. Exzessives Spielen – von im Kern »dissozialen« Computerspielen – trägt dazu bei, »funktionale Psychopathen« zu erzeugen und qualifiziert den Nachwuchs, wie Bergmann und Hüther in ihrem Buch »Computersüchtig« gezeigt haben, für Führungspositionen in der kapitalistischen Welt von heute und morgen. Eine Gesellschaft, welche die Entstehungsbedingungen des Menschlichen ihren ökonomischen Funktionsimperativen opfert und es zulässt, dass auf die Kindheit der Kälteschatten von Elend, Indifferenz und Bindungslosigkeit fällt, darf sich nicht wundern, wenn in ihrem unwirtlichen Schoß eine Generation heranwächst, die nur noch die psychischen Korrelatformen des Marktes entwickelt: kalte Schonungs- und Rücksichtslosigkeit, moralische Indifferenz und eine latente Feindseligkeit, die jederzeit in Hass umschlagen kann. Wir sind Zeugen einer »anthropologischen Mutation« und erleben mit, wie sich der wahrhaft kapitalistische und flexible Mensch herausbildet. Der Markt, auf dem sich in den spätmittelalterlichen Städten das bürgerliche Individuum herauskristallierte, schafft es im Zuge seiner Totalisierung zu einer alle Lebensbereiche durchdringenden fundamentalistischen Zivilreligion nun wieder ab. Kälte, von Adorno als Grundprinzip bürgerlicher Subjektivität beschrieben, kommt gleichsam zu sich selbst und nimmt im zeitgenössischen Geldsubjekt Gestalt an. Es ist »abgehärtet« im physischen und im psychologischen Sinn. Seine Kälte ist eines seiner hervortretendsten Merkmale, kalt fremden Leiden gegenüber, aber auch sich selbst gegenüber. Der »Psychopath« droht zur sozialpsychologischen Signatur einer Gesellschaft zu werden, in der die Verwertung des Werts zum Selbstzweck und alles beherrschenden Imperativ geworden ist.

Das moralische Ozonloch, das sich über den Metropolen der Zivilisation ausbreitet, wird man durch Ethikkommissionen, Charakterkunde, Wertevermittlung und Familiengeld nicht stopfen und an der weiteren Ausbreitung hindern können. Das, was man »Werte« nennt, liefert nur das Libretto zu einer Melodie, die dem Kind in allerfrühester Zeit gesungen worden sein muss. Sie produzieren, wie schon Nietzsche wusste, »ein nachträgliches Warum, eine Art Begründung« für etwas, das längst in den Affekten und Gefühlen verankert und gleichsam verkörperlicht sein muss. Werte bedürfen der Beglaubigung durch Lebensformen, sie müssen von Menschen, an die eine emotionale Bindung besteht, vorgelebt werden, nur dann rutschen sie nach innen und setzen sie sich dort im Sinne von handlungsleitenden Maximen fest. Was an moralischen Traditionsbeständen und menschlichen Eigenschaften wie der Fähigkeit zu Empathie und Mitleid von der wertzynischen Motorik des Geldes und im Namen der Flexibilisierung zerrieben wurde und wird, scheint unwiderruflich verloren und lässt sich synthetisch nicht nachproduzieren. Wenn in einer Gesellschaft über »Werte« intensiv gesprochen wird, ist es eigentlich bereits zu spät, und die ganze Werte-Debatte zeugt lediglich vom Krisencharakter der Epoche, in die wir eingetreten sind.

AMOKALLTAG – ALLTAGSAMOK:
DER STEINERNE GAST

Vor ein paar Tagen sah ich den ehemaligen Inhaber eines alten Gießener Geschäfts. Er hatte die Räume seines einstigen Ladens betreten, in die nun eines dieser Franchiseunternehmen eingezogen ist, die kommen und gehen wie Goldgräber, die eine Weile schürfen und weiterziehen, wenn die Mine nicht mehr genug abwirft. Sie sind auf Kurzfristigkeit angelegt, ruhelos und nomadisch, ohne jede Bindung an Orte und Menschen. Stets stehen irgendwelche Geschäftsräume leer wie verlassene Goldgräberstätten, die dann nach einer kurzen Renovierungs- und Umbaupause vom nächsten Goldsucher übernommen werden.

Der Mann wollte gar nichts kaufen, er stand bloß – in Gedanken versunken – reglos da. Er wirkte in seiner Erstarrung inmitten des geschäftigen Treibens wie der berühmte steinerne Gast. Die Höhe der Mieten und die Konkurrenz der Discounter haben ihn vor einigen Jahren zur Geschäftsaufgabe gezwungen. Am Ende seines beruflichen Lebens hat ein Mensch das Resultat seines jahrzehntelangen Bemühens gern vor Augen und möchte, wenn er zurückblickt, sagen können: »Das hat sich gelohnt, das ist halbwegs geglückt!« Es muss etwas an sich und für mich eine zusammenhängende Bewegung ergeben, damit ich sagen kann: »Das hatte Sinn.« Anonyme und abstrakte ökonomische Mechanismen haben diesen Mann enteignet, ökonomisch und existenziell. Mit dem Geschäft ging ja viel mehr verloren als nur eine Einnahmequelle. Ein Mensch verlor das Metronom, das den Takt seines Lebens bestimmte und es mit Sinn ausstattete, eine Familie das, was sie über Generationen verband und zusammenhielt und in die Zukunft wies.

Mit dem Verschwinden der alteingesessenen Geschäfte und ihrer Inhaber hat der Seltersweg – unsere Fußgängerzone – seine charakteristischen Züge eingebüßt und ist eine Einkaufsmeile geworden, wie man sie in jeder anderen x-beliebigen Stadt findet. Paderborn, Passau, Pforzheim und Gießen unterscheiden sich nur durch die unterschiedliche Anordnung der Boutiquen, Handy-Shops und 1-Euro-Läden. Was Herbert Achternbusch über seine bayrische Heimat gesagt hat, könnte man auch über Gießen sagen: »Früher ist hier Bayern gewesen. Jetzt herrscht hier die Welt. Auch Bayern ist wie der Kongo oder Kanada von der Welt unterworfen, wird von der Welt regiert. Bayern ist eine Kolonie der Welt. Auch dieses Stück Erde ist Welt geworden. Und Welt ist nur ein anderes Wort für Geld. Je mehr die Welt regiert, desto mehr wird die Erde vernichtet, werden wir, die dieses Stück Erde bewohnen, vernichtet. Die Welt vernichtet uns, das kann man sagen.« Der augenblicklich aufgerissene und ausgeweidete Zustand des Selterswegs kommt mir wie ein Symbol dessen vor, was ich sagen wollte.

Das Ende der Schreib-Auszeit oder: Warum ich im Gefängnis gelandet bin

> »Menschen sind wir, Menschen! Schlecht und gut! Gut und schlecht! Nichts anderes als Menschen.«
> *Joseph Roth*

In den nächsten Tagen geht die Schreib-Auszeit zu Ende, und ich werde ins Gefängnis zurückkehren, mich zum Dienstantritt »freiwillig stellen«. Gelegentlich werde ich gefragt: »Warum tust du dir das an? Warum arbeitest du eigentlich im Gefängnis?« Eine allzu berechtigte Frage, denn die Arbeit ist nicht einfach, geht an die Nerven und Kapillaren und ist obendrein von weitgehender Sinnlosigkeit geschlagen. In Anbetracht der hohen Rückfallquote hat sie etwas Sisyphosartiges an sich: Man wälzt einen Gefangenen den Resozialisierungsberg hinauf, und er rollt wieder hinab ins Tal der Rückfälle. Man rollt ihn wieder hoch, er stürzt ab, und so geht das immer weiter bis zur Pensionierung auf der einen und zur Sicherungsverwahrung auf der anderen Seite. Es gibt Gefangene, die kenne ich, seit ich meinen Fuß zum ersten Mal ins Gefängnis gesetzt habe. »So hoch könnt ihr die Mauern gar nicht machen, dass ich hier nicht wieder reinkomme«, hat irgendwann einmal einer dieser Gefangenen zu mir gesagt, für die das Gefängnis zum lebensgeschichtlichen Fluchtpunkt geworden ist. Wer längere Zeit eingesperrt war, ist für ein selbstverantwortliches Leben verloren und entwickelt eine Tendenz, seine Entlassung aus der Haft zu fürchten und danach erneut Handlungen zu begehen, die ihn an den Ort seiner Einsperrung und Entmündigung zurückbringen. Diesen Kreislauf hatte der große deutsche Strafrechtslehrer Franz von Liszt vor Augen, als er im Jahre 1902 bitter vermerkte: »Mit jeder Verurteilung wächst der Hang zum Verbrechen. Er wird umso größer, je größer die Zahl der vorangegangenen Bestrafungen ist. Wenn ein Jugendlicher oder auch ein Erwachsener ein Verbrechen begeht und wir lassen ihn laufen, so ist die Wahrscheinlichkeit, dass er wieder ein Verbrechen begeht, geringer, als wenn wir ihn bestrafen.« Im Gefängnis herrschen eine einfache Kommandosprache und übersichtliche Freund-Feind-Verhältnisse, und man wird bis an die Grenze der Infantilisierung versorgt und kontrolliert. Strafe ist das Gefängnis nur in der Anfangszeit, wenn der Gefangene noch nach außen gerichtete Hoffnungen hat, die man enttäuschen kann, und emotionale Bindungen, die durch die Inhaftierung gekappt oder drastisch beschnitten werden. Danach richtet sich das Leben unter diesen reduzierten Bedingungen ein, der Gefangene wird zum Insassen, das Gefängnis zur Lebensform. Alle Gestalten von Selbstbestimmung und Selbstverantwortung sind demgegenüber anstrengend und drohen den Ex-Häftling zu überfordern. Nur starke Charaktere überstehen längere Gefängnisaufenthalte unbeschadet.

Es gibt allerdings auch eine Gruppe von Insassen, für die das Gefängnis nur bedingt oder gar nicht verantwortlich zu machen ist: Es handelt sich hier, salopp gesagt, um »menschliche Montagsproduktionen«, die vollkommen vermurkst vom Fließband der familiären und schulischen Sozialisation gestiegen sind. Bei frühzeitiger Reklamation hätte es vielleicht noch Reparaturmöglichkeiten gegeben, so aber sind diese Menschen mit starken und kaum behebbaren Defiziten behaftet und verfügen nicht über die richtige Innenausrüstung für ein sogenanntes normales Leben. In Gestalt von Kevin sind wir einem von ihnen begegnet. Sie müssen einen Ort finden, an dem sie überleben können und der ihnen zumindest vorübergehend Halt und Struktur gibt. Wer nicht gestört genug für eine dauerhafte Unterbringung in der Psychiatrie oder zu stolz ist, zum

Sozialamt zu gehen und von Hartz IV zu leben, kann sich mit dem Etikett *kriminell* behängen und ins Gefängnis gehen. Der Schriftsteller und Regisseur Peter Zingler, der selbst lange genug gesessen hat und weiß, wovon er spricht, geht davon aus, dass ein großer Teil der Gefängnisinsassen »einfach nur lebensunfähig« ist. Das Gefängnis bietet ihnen die Möglichkeit, sich diesen Sachverhalt nicht eingestehen zu müssen und die Schuld an der eigenen Misere zu externalisieren und dem System des Strafvollzugs anzulasten: »Ihr habt mir alles kaputt gemacht!«

Der vom Gedanken der Resozialisierung und Besserung der Straftäter beseelte Berufsanfänger wird schnell darüber belehrt, dass Gefängnisse Kriminalität nicht etwa wirkungsvoll bekämpfen, sondern selbst zu den Bedingungen von Kriminalität gehören und diese perpetuieren. Oder noch einmal mit den Worten von Franz von Liszt: »Eine Strafe, die das Verbrechen fördert: das ist die letzte und reifste Frucht der ›vergeltenden Gerechtigkeit‹.« Dennoch kann man den Gefängnisaufenthalt auch als Chance zum Nachdenken und zur Änderung der Lebensbewegung nutzen. Was Imre Kertész in seinem *Galeerentagebuch* geschrieben hat: »Gott kann man überall finden, sogar in der Kirche« lässt sich – auf unseren Kontext übertragen – umformulieren: Man kann sein Leben überall ändern, sogar im Gefängnis. Ich habe mich zu *Schlüsselerlebnissen*, die eine solche Änderung initiieren können, an anderer Stelle geäußert.[4]

Um die Arbeit im Gefängnis auszuhalten, muss man also ein Camus'sches Faible für das »Absurde« haben und sich »Sisyphos als einen glücklichen Menschen vorstellen« können. Sisyphos ist frei, weil er die Absurdität und die ewige Vergeblichkeit seines Tuns, zu dem er verdammt ist, erkannt und zu seiner freiwilligen Aufgabe, zum Akt seiner Freiheit gemacht hat. So wird die Arbeit des Steinewälzens zu *seiner* Arbeit, die er gewählt hat. Sie entspringt

---

4 Der Aufsatz »Verbrechen und Therapie. Versuch über ›Schlüsselerlebnisse‹« ist 2009 in Nummer 116 der Zeitschrift »psychosozial« im gleichnamigen Verlag erschienen.

seiner Freiheit, in der er glücklich ist. Wir werden gleich sehen, dass ich im Praktizieren solcher existenzialistischer Manöver einige Übung habe und ihnen viel verdanke.

*

Eine Kollegin und ich bieten eine wöchentliche Gesprächsgruppe an, die »Biographie und Kriminalität« heißt und in der es um die Klärung der Frage gehen soll, warum die Mitglieder der Gruppe im Gefängnis gelandet sind und wie sie möglicherweise aus ihm herausfinden. Irgendwann sind dann auch wir Leiter mit der Beantwortung der Frage dran. Meist antworte ich, was ich eingangs dieses Textes gesagt habe: Das Gefängnis ist aufregend, es beliefert mich mit Geschichten und lässt mich spannende Biographien und Menschen kennenlernen. Es ist mein »Gewaltlabor« und verbessert meine Erfahrungen. Es gibt allerdings einen hinter diesen Gründen liegenden Ur-Grund, den ich selber erst spät herausgefunden habe: Das Gefängnis ist der Ort meiner »Prädestination«, ein quasi mythischer Ort meiner Kindheit.

Als meine Mutter im Sterben lag, war ich vier Jahre alt. Mein Vater saß im Krankenhaus in Kassel an ihrem Sterbebett und kolportierte später, dass sie in ihrer letzten Stunde zu ihm gesagt habe: »Pass mir auf den Jungen auf, sonst landet er im Gefängnis.«

Natürlich habe ich mich später gefragt, was meine Mutter veranlasst haben könnte, ihrem vierjährigen Sohn eine solch düstere Prognose zu stellen. Sie war Fürsorgerin, wie man damals noch sagte, und hatte vor dem Krieg und im Krieg beruflich mit schwierigen Kindern und Jugendlichen zu tun gehabt. Es gehörte auch zu jener Zeit schon zum sozialpädagogischen Wissensbestand, dass Waisenkinder häufig auffällig werden und eine »antisoziale Tendenz« entwickeln. Viele Lebensläufe führten vom »Waisenhaus ins Zuchthaus«, wie ein bekanntes Buch von Wolfgang Werner betitelt ist. Vielleicht war es einfach dieses Wissen, das sie diesen folgenreichen Satz sagen ließ. Jedenfalls schleuderte man mir die ganze Kindheit über, wann immer ich etwas getan hatte, was ich nicht hätte tun sollen, diesen Satz entgegen. Und selbst, wenn meine

Mutter diesen Satz gar nicht gesagt hätte und er zu meiner pädagogischen Disziplinierung erfunden worden wäre, hat er sich wie eine Prophezeiung auf mein Leben gelegt und dafür gesorgt, dass ich tatsächlich im Gefängnis »gelandet« bin. Allerdings habe ich der Mutter dabei ein gewissermaßen Sartre'sches Schnippchen geschlagen. Ich habe meine ursprüngliche Wahl, die man durch die Kolportage jenes ominösen Satzes in mich eingesenkt hat, revidiert und »überschritten«, indem ich es dann doch vorzog, nicht als Insasse, sondern als Mitarbeiter ins Gefängnis zu gehen. Auf eine vertrackte Weise habe ich dennoch der mütterlichen Prophezeiung nachträglichen Gehorsam geleistet.

*

Der Tod der Mutter hat meinem Leben und meinem Verhältnis zur Welt einen Riss verpasst, der sich trotz aller späteren vertrauensbildenden Maßnahmen nie mehr ganz geschlossen und aus mir einen Zaungast und Beobachter des Lebens gemacht hat. Sie war gegangen ohne Verabschiedung, ohne eine letzte Umarmung, ohne ein Wort der Erklärung. Ich fühlte mich im Stich gelassen und war wütend. Dann aber wich die Wut einem Gefühl der Schuld. »Wäre ich nur ein besserer, ergebenerer Sohn gewesen, wäre ich nicht so trotzig und ein bisschen gehorsamer gewesen, könnte sie noch da sein«, dachte ich oder besser: empfand ich, denn denken konnte ich damals noch nicht. Angewidert von meiner Gegenwart hatte sie sich in ihre himmlischen Gemächer zurückgezogen, von wo aus sie mich nun unablässig beobachtete, wie die Erwachsenen mir versicherten. Dass meine Mutter vor mir geflohen war, bewies nur, dass an mir nichts Liebenswertes war. Irgendetwas stimmte nicht mit mir, es musste etwas Schlimmes, Abstoßendes oder gar Böses in und an mir sein. Wie konnte ich das je wiedergutmachen? Wer schuldig geworden ist, muss bestraft werden und gehört ins Gefängnis. So ergab die Prophezeiung für mich plötzlich einen Sinn. Eine Schuld sehnte sich nach Strafe.

Früh geriet mein Leben ins Gravitationsfeld von Gefängnissen. Wann immer wir mit dem Lloyd meines Vaters über die B 3 zur

Großmutter Richtung Marburg fuhren, kamen wir am Gefängnis in Kassel-Wehlheiden vorüber. Im Vorbeifahren zeigte man mir das düster wirkende Klinkergebäude mit den vergitterten Zellenfenstern hinter den hohen Mauern, und ich erschauerte: Dort befanden sich also die »Bösen«, zu denen ich gehören würde, wenn ich nicht … ja, was bloß? Was sollte ich anstellen, um diesem Schicksal zu entgehen?

Schon als Schüler bekam ich zum ersten Mal ein Gefängnis von innen zu sehen. Ich erhielt an der Musikakademie Flötenunterricht und wurde von dort aus am Heiligen Abend mit einigen anderen Musikschülern in die Kasseler Untersuchungshaftanstalt geschickt, um dort den Weihnachtsgottesdienst musikalisch zu untermalen. Wir standen neben dem Altar, vor uns saßen in dichten Reihen die blau gekleideten »Verbrecher« und sangen mit ihren tiefen und rauen Stimmen »Stille Nacht, heilige Nacht«. Finster empfand ich ihre Gesichter und feindlich-abweisend ihre vor der Brust verschränkten Arme. Die Anstaltskleidung und die kahl rasierten Schädel ließen die Individuen zu einer anonymen Masse verschmelzen, die mir Furcht einflößte. In der einsetzenden Dämmerung fuhr ich mit der Straßenbahn nach Hause und fühlte mich ziemlich heroisch: Keiner von den wenigen Fahrgästen, die zu dieser Zeit noch unterwegs waren, ahnte, woher ich gerade kam und was mich mit diesem geheimnisvollen Ort verband.

In den folgenden Jahren geriet die sinistre Prophezeiung in Vergessenheit, behielt aber dennoch ihre Wirksamkeit in meinem Lebenslauf. Dass die junge Donau nicht weit von ihrer Quelle versickert und ganz woanders wieder zu Tage tritt, haben wir im »Heimatkundeunterricht« gelernt. Man hatte das mit Farb- und Salzexperimenten nachgewiesen. So ein Versickern und Woanders-wiederzum-Vorschein-Kommen gibt es nicht nur bei Fluss-, sondern auch bei Lebensläufen. Es war für mich eine seltsame und auch schreckliche Entdeckung, dass ich dem »Schicksal«, das meine Mutter für mich befürchtet (oder gewünscht?) hatte, nicht habe ausweichen können.

Ich musste ins Gefängnis …

Aber das Leben lebt und entwickelt sich auch im Gefängnis und trotz des Gefängnisses, und im Laufe der vielen Jahre, die ich nun dort tätig bin, haben sich viele Dinge abgeschliffen, gelockert und geändert. Inzwischen fühle ich mich nicht mehr durch die in meine kindliche Seele eingepflanzte »mütterliche Prädestination« an diesen Ort gekettet, sondern bin – so rede ich mir jedenfalls ein – aus freien Stücken dort. Gemäß Sartres »Philosophie des Als-ob« (Peter Bürger) habe ich die Situation, in die ich geworfen wurde, akzeptiert und zwar so weit akzeptiert, als hätte ich sie wirklich gewählt, als hätte ich gar nichts anderes gewollt. Ich habe das Gefängnis, zu dem die »mütterliche Prädestination« mich zunächst einmal verdammt hatte, also zu »meinem Gefängnis« gemacht. Irgendwann wurde es Zeit, die Mutter und ihre Bannflüche abzuschütteln. Mit bald 60 ist man zu alt für ein Waisenkind, das seine alten Ängste wiederkäut. Um Herauszufinden, was für einen das Richtige ist, braucht es oft lange Wege und Umwege, denn – wie Kleist es so wunderbar ausgedrückt hat – wem das Paradies verriegelt ist, der muss »die Reise um die Welt machen, und sehen, ob es vielleicht von hinten irgendwo wieder offen ist.« Meine Reise hat mich nicht um die Welt geführt, und das Gefängnis ist beileibe kein Paradies, aber für mich der – am Ende einer langen, schweifenden Suchbewegung gefundene – richtige Ort.

Die Modernisierungs- und Rationalisierungsschübe, die in jüngster Zeit den öffentlichen Dienst und so auch die Gefängnisse erfasst haben, tragen nun allerdings dazu bei, mir meine Tätigkeit zu entfremden. Der privatwirtschaftlich verfasste Betrieb, die Firma, ist das Bild, nach dem Kindergärten, Schulen, Universitäten, Altenheime, Kliniken und auch Gefängnisse zukünftig zu gestalten und an dem sie zu messen sind. Alles und jedes soll sich im Rahmen einer betriebswirtschaftlichen Rationalität rechtfertigen und definieren und wird einem entsprechenden Kosten-Nutzen-Kalkül unterworfen. Formularexzesse und Standardisierungsmanie begraben den Einzelfall unter sich und absorbieren die Arbeitszeit der Mitarbeiter. Vor lauter auszufüllenden »Checklisten« und Formularen haben die Mitarbeiter immer weniger Zeit für die Behandlung und Beschäftigung mit den leibhaftigen Inhaftierten. Ein »Fall« lässt sich aber ohnedies »sauberer« dokumentieren und »abwickeln«, wenn man den lebenden Menschen hinter der Akte gar nicht kennt. »Definierbar ist nur«, hat Nietzsche bemerkt, »was keine Geschichte hat.« Menschen haben nun mal eine Geschichte, und Lebensgeschichten lassen sich nicht vermessen wie Bremsspuren und nur unter gewaltsamen Abstraktionen auf ein binäres Schema von »eher günstig« und »eher ungünstig« bringen.

Das, was das Gefängnis für viele dort tätige Menschen attraktiv gemacht hat – die dialogische und tüftelnde Versenkung in die Lebensgeschichten der Gefangenen und die lebendige Auseinandersetzung mit ihnen –, schwindet rapide. Bildungs- und Veränderungsprozesse lassen sich nur durch von ihrer Arbeit begeisterte Mitarbeiter initiieren, denen die Freude auf den nächsten Arbeitstag nicht abhanden kommen darf. Mitarbeiter, die sich mürrisch und routiniert ihrer Pflicht entledigen und in ihren Büros darauf warten, dass es Abend wird, werden schwerlich verstockte Gefangene hinter dem Ofen ihrer Verweigerungshaltung hervorlocken und zur »Mitarbeit am Vollzugsziel« motivieren können.

Für mich sind die mit den angedeuteten Entwicklungen verbundenen Veränderungen besonders schmerzhaft, weil, um das oben gewählte Bild noch einmal aufzugreifen, der Nektar versiegt, aus dem ich meinen »Erfahrungshonig« gewonnen habe: die zunächst einmal von äußeren Zwecksetzung weitgehend befreiten Gespräche mit den Gefangenen. Aber so einseitig, wie es jetzt zunächst einmal klingen mag, ist das selten gewesen. Wenn es gut lief, habe ich etwas dazugelernt, und auf Seiten der Gefangenen führten die Gespräche zu einer Aufhebung von Selbstverborgenheit, die ihnen eine Aneignung ihrer entfremdeten Lebensgeschichte und mitunter sogar einen Ausstieg aus dem Labyrinth krimineller Wiederholungszwänge möglich machte.

Was unsere Arbeit zusätzlich erschwert: Müssen wir als im Gefängnis tätige Therapeuten, Psychologen, Drogenberater, Anti-Aggressions-Trainer nicht als glaubwürdige Anwälte eines Realitätsprinzips auftreten können, für das es sich lohnt, die falschen Himmelfahrten der Drogen, neurotische, kriminelle oder gewaltsame Modi der Konfliktlösung aufzugeben? Der Zustand der uns umgebenden gesellschaftlichen Wirklichkeit und das Verhalten vieler ihrer führenden Repräsentanten und Funktionsträger sind nicht gerade dazu angetan, uns die Arbeit zu erleichtern und Werbung für ein an gesellschaftlichen Normen orientiertes und straffreies Leben zu machen.

Angesichts der angedeuteten Tendenzen und der Wirklichkeit eines Strafvollzugs, aus dem der Geist der Resozialisierung sich zurückzieht und der sich mehr und mehr zur baren Realität eines schuldvergeltenden Übels zurückentwickelt, gerate ich als Überbleibsel aus dem kurzen sibirischen Sommer der Reformen mehr und mehr in die Position des Heizers, der nach der Elektrifizierung der Eisenbahn noch ein paar Stationen mitfahren darf.

*

Stets bin ich mir bewusst, dass die mütterliche Prophezeiung auch andere Folgen hätte haben können. Dann wäre ich jetzt nicht Mitarbeiter des Psychologischen Dienstes, sondern vielleicht Insasse. Ich habe Glück gehabt und bin durch Bildungsprozesse privilegiert, so dass ich die beschriebenen Sartre'schen Tricks der Umdeutung und Überschreitung anwenden konnte.

Von Goethe stammt die Bemerkung: »Wenn ich von den Verbrechen lese, so habe ich die Empfindung, dass ich fähig wäre, ein jegliches davon selbst zu begehen.« Oder anders formuliert: Die Grenze verläuft nicht zwischen den »guten« und den »bösen« Menschen, sondern mitten durch jeden von uns. Wir alle sind in verschiedenen Mischungs- und Verdünnungsverhältnissen »gut« und »böse« zugleich, und es hängt von den Umständen ab, welche Seite der Ambivalenz schließlich lebensbestimmend wird. Mir scheint, dass nur auf der Basis dieser Einsicht ein menschlicher Umgang mit Straftätern möglich ist: Was immer ein Straftäter getan haben mag, er ist und bleibt Meinesgleichen und Unsereiner – nicht mehr und nicht weniger als ein Mensch.

Literaturverzeichnis

Achternbusch, Herbert: *Das Ambacher Exil*. Köln, 1987
– *Die Olympiasiegerin*. Frankfurt/Main, 1982
Adler, Lothar: *Amok*. München, 2000
– *Amok und extreme Gewalt an Schulen*. In: Neurotransmitter 10, Oktober 2009
Adorno, Theodor W.: *Zum Verhältnis von Soziologie und Psychologie*. Bd. 8, in *Gesammelte Schriften*. Frankfurt/Main, 1972
– *Zur Bekämpfung des Antisemitismus heute*. In: Kritik. Kleine Schriften zur Gesellschaft, Frankfurt/Main, 1971
Alexander, Franz/Staub, Hugo: *Der Verbrecher und sein Richter*. Frankfurt/Main, 1971
Altmeyer, Martin: *Im Spiegel des Anderen*. Gießen, 2003
Ames, Marc: *Sklavenrebellion des 21. Jahrhunderts?* In: Freitag, 27.4.2007
Anders, Günther: *Die Antiquiertheit des Menschen*. Bd. 2. München, 2007
Auster, Paul: *Mein New York*. Reinbek, 2000
Babiak, Paul/Hare, Robert D.: *Menschenschinder oder Manager*. München, 2007
Baier, Lothar: *Keine Zeit! 18 Versuche über die Beschleunigung*. München, 2000
– *Echec und Dignität, Jean Amérys Nachdenken über den Freitod*. In: Frankfurter Rundschau, 23.1.1999
Bannenberg, Britta/Rössner, Dieter: *Kriminalität in Deutschland*. München, 2005
Baudrillard, Jean: *Die Stadt und der Hass. Über die »kritische Masse« und ihre Gewalt*. In: Frankfurter Rundschau, 30.9.1995
Berger, John: *Mit Hoffnung zwischen den Zähnen*. Berlin, 2008
Bergmann, Wolfgang: *Digitalkids*. München, 2003
– *Innere Leere*. In: Frankfurter Rundschau, 27.4.2009
Bergmann, Wolfgang/Hüther, Gerald: *Computersüchtig*. Düsseldorf, 2007
Blech, Jörg: *Die Krankheitserfinder*. Frankfurt/Main, 2004

Bloch, Ernst: *Das Prinzip Hoffnung*. Bd. 1. Frankfurt/Main, 1969

Blumenberg, Hans: *Lebenszeit und Weltzeit.* Frankfurt/Main, 2001

Boumann, Heiko: *Diagnose: »Störung des Sozialverhaltens«.* Gießen, 2008

Bovenschen, Silvia: *Älter Werden.* Frankfurt/Main, 2006

Brückner, Peter: *Psychologie und Geschichte.* Berlin, 1982

– *Sozialpsychologie des Kapitalismus.* Gießen/Hamburg, 2004

– *Versuch, uns und anderen die Bundesrepublik zu erklären.* Berlin, 1978

Bürger, Peter: *Sartre. Eine Philosophie des Als-ob.* Frankfurt/Main, 2007

Burkhart, Dagmar: *Ehre. Das symbolische Kapital.* München, 2002

– *Eine Geschichte der Ehre.* Darmstadt, 2006

Calvino, Italo: *Eremit in Paris.* München, 1997

Césaire, Aimé: *Über den Kolonialismus.* Berlin, 1968

Chirbes, Rafael: *Der Fall von Madrid.* München, 2000

Cohn-Bendit, Daniel: *Der große Basar.* München, 1975

DeLillo, Don: *Unterwelt.* Köln, 1998

Devereux, George: *Normal und anormal.* Frankfurt/Main, 1982

Dieckmann, Dorothea: *Kinder greifen zur Gewalt.* Berlin, 1994

Duclos, Denis: *Der Wahnsinn, die Macht und die Lust am Untergang.* In: Le Monde diplomatique, August 2002

Duve, Karen: Ein Kind sieht rot. In: DIE ZEIT, 11.11.1999

Eis, Egon: *Duell. Geschichte und Geschichten des Zweikampfs.* München, 1971

Eisenberg, Götz: *Amok – Kinder der Kälte. Über die Wurzeln von Wut und Hass.* Reinbek, 2000

– *Der Einbau des Zünders in eine Bombe.* In: Psychosozial. Nr. 113, Gießen, 2008

– *Die Innenseite der Globalisierung. Über die Ursache von Wut und Hass.* In: Das Parlament, 4.11.2002

– *Gewalt, die aus der Kälte kommt. Amok-Populismus-Progrom.* Gießen, 2002

Eisenberg, Götz/Gronemeyer, Reimer: *Jugend und Gewalt.* Reinbek, 1993

Elias, Norbert: *Über den Prozess der Zivilisation.* 2 Bde. Bern/München, 1969

Fletcher, Georg P.: *Notwehr als Verbrechen*. Frankfurt/Main, 1993

Frank, Leonard: *Die Ursache*. München, 1988

Frank, Wolfgang: *Psychiatrie. Kurzlehrbuch*. Ulm/Stuttgart/Jena/ Lübeck, 1997

Fromm, Rainer: *Digital spielen – real morden?* Marburg, 2003

Gaertner, Joachim: *Ich bin voller Hass – und das liebe ich*. Frankfurt/ Main, 2009

Geipel, Ines: *»Für heute reicht's«. Amok in Erfurt*. Berlin 2004

– *Wie viel Doping verträgt die Gesellschaft*, Stuttgart, 2008

Genazino, Wilhelm: *Achtung Baustelle*. Frankfurt/Main, 1998

– *Fühlen Sie sich alarmiert*. In: Der gedehnte Blick, München, 2004

– *Mittelmäßiges Heimweh*. München, 2007

Genet, Jean: *Briefe an Roger Blin. Der Seiltänzer. Das kriminelle Kind*. Reinbek, 1977

Gide, André: *Schwurgericht. Drei Bücher vom Verbrechen*. Frankfurt/Main, 1997

Goettle, Gabriele: *Amok. Der Sprung über die Schwelle: Warum Biedermänner eines Tages wahllos in die Menge schießen*. In: DIE ZEIT, 15.7.1988

Guggenberger, Bernd: *Das digitale Nirwana*. Reinbek, 1999

Gustafsson, Lars: *Die Tennisspieler*. München/Wien, 1979

Hassemer, Winfried: *Warum Strafe sein muss. Ein Plädoyer*. Berlin, 2009

Horkheimer, Max: *Dämmerung. Notizen aus Deutschland*. Zürich, 1934

Horkheimer, Max/Adorno, Theodor W.: *Dialektik der Aufklärung*. Frankfurt/Main, 1971

Hobsbawn, Eric J.: *Das Zeitalter der Extreme*. München, 1994

Illich, Ivan: *Entmündigung durch Experten. Zur Kritik der Dienstleistungsgesellschaft*. Reinbek, 1979

Kernberg, Otto F.: *Affekt, Objekt und Übertragung*. Gießen, 2002

Kersten, Joachim: *Die Währung heißt Respekt*. Tageszeitung 5./6.1.2008

Kertéz, Imre: *Fiasko*. Berlin, 1999

Knecht, Thomas: *Transkulturelle Betrachtung über eine Extremform menschlicher Aggression*. In: Kriminalistik, Nr. 10/1998

Kofler, Werner: *Amok und Harmonie*. Berlin, 1985

Kriminalistisch-Kriminologische Forschungsstelle NRW: *Amok-taten – Forschungsüberblick unter besonderer Berücksichtigung jugendlicher Täter im schulischen Kontext*. In: Analysen, Nr. 3/ 2007

Kurz, Robert: *Der Todestrieb der kapitalistischen Vernunft*. In: Streif-züge, Nr. 3/2001

Lamprecht, Günter: *Ein höllisches Ding, das Leben. Erinnerungen*. Köln, 2007

Lasch, Christopher: *Das Zeitalter des Narzissmus*. München, 1980

Le Clézio, J.M.G.: *Fisch aus Gold*. Köln, 2003

Lessing, Theodor: *Der Lärm. Eine Kampfschrift gegen die Geräusche unseres Lebens*. o. O., 1908

Lugmeier, Ludwig: *Der Mann der aus dem Fenster sprang*. München, 2005

Maier, Andreas: *Ich. Frankfurter Poetikvorlesungen*. Frankfurt/Main, 2006

Márai, Sándor: *Die Glut*. München, 1999

– *Tagebücher 2, 1984–1989*. Berlin, 2000

Marcuse, Herbert: *Versuch über die Befreiung*. Frankfurt/Main, 1969

Mauz, Gerhard: *Die großen Prozesse der Bundesrepublik Deutschland*. Springe, 2005

– *Die Justiz vor Gericht*. Gütersloh, 1990

McCourt, Frank: *Tag und Nacht und auch im Sommer*. München, 2006

Müller, Herta: *Reisende auf einem Bein*. Berlin, 1989

Negt, Oskar: *Kindheit und Schule in einer Welt der Umbrüche*. Göttingen, 1997

Negt, Oskar/Kluge, Alexander: *Geschichte und Eigensinn*, Frankfurt/Main 1993

Neubauer, Hans-Joachim: *Der verdunkelte Blick. Von der rasenden Wut zum »kalten« Amok*. In: Frankfurter Allgemeine Zeitung, 20.11.1999

Nizan, Paul: *Aden/Die Wachhunde*. Reinbek, 1978

Oates, Joyce Carol: *Zombie*. Stuttgart/München, 2000

Pasolini, Pier Paolo: *Freibeuterschriften*. Berlin, 1978

Reemtsma, Jan Philipp: *Vertrauen und Gewalt. Versuch über eine besondere Konstellation der Moderne*. Hamburg, 2008

Rhue, Morton: *Boot Camp*. Ravensburg, 2006

Rodhe-Dachser, Christa: *Das Borderline-Syndrom*. Bern, 1989

Roes, Michael: *Der Coup der Berdache*. Berlin, 1999

Roth, Philip: *Sabbaths Theater*. München, 1996

– *Empörung*. München, 2009

– *Der menschliche Makel*. München, 2002

Rothmann, Ralf: *Feuer brennt nicht*. Frankfurt/Main, 2009

Rötzer, Florian (Hrsg.): *Virtuelle Welten – reale Gewalt*. Hannover, 2003

Rutschky, Katharina: *Schwarze Pädagogik*. Frankfurt/Main-Berlin-Wien, 1997

Sartre, Jean-Paul: *Das Sein und das Nichts*. Reinbek, 1991

– *Saint Genet, Komödiant und Märtyrer*. Reinbek, 1982

– *Der Idiot der Familie*. Bd. 1. Reinbek, 1977

– *Kritik der dialektischen Vernunft*. Reinbek, 1967

– *Von Ratten und Menschen. Vorwort zu André Gorz: Der Verräter*. Frankfurt/Main, 1980

– *Vorwort zu: Paul Nizan: Aden/Die Wachhunde*. Reinbek, 1969

Schmidbauer, Wolfgang: *Der Mensch als Bombe*. Reinbek, 2003

Sennett, Richard: *Der flexible Mensch. Die Kultur des neuen Kapitalismus*. Berlin, 1998

Shorter, Edward: *Geschichte der Psychiatrie*. Reinbek, 2003

– *Moderne Leiden. Zur Geschichte der psychosomatischen Krankheiten*. Reinbek, 1994

Shriver, Lionel: *Wir müssen über Kevin reden*. Berlin, 2006

Sigusch, Volkmar: *Metamorphosen von Leben und Tod*. In: Psyche. Nr. 9/10 1997. S. 835–874

Sloterdijk, Peter: *Zorn und Zeit*. Frankfurt/Main, 2006

– *Weltfremdheit*. Frankfurt/Main 1993

Sofri, Adriano: *Nahaufnahmen*. Berlin, 1999

Steffens, Günter: *Die Annäherung an das Glück*. Köln, 1976

Sutterlüty, Ferndinand: *Dynamik der Gewalt*. In: DIE ZEIT 6.4.2006

Theweleit, Klaus: *Männerphantasien*. 2 Bde. Frankfurt/Main, 1977/1978

Thies, Heinrich: *Ronny Rieken. Portrait eines Kindermörders*. Springe, 2005

Traub, Rainer/Wieser, Harald (Hrsg.): *Gespräche mit Ernst Bloch*. Frankfurt/Main, 1975

Türcke, Christoph: *Erregte Gesellschaft. Philosophie der Sensation*. München, 2002

Veiel, Andres: *Der Kick*. München, 2007

von Hentig, Hartmut: *Gebt den Kindern das Beste: Euch! Eure Zeit!*. In: Zeitliteratur, November 2003

Waldrich, Hans-Peter: *In blinder Wut. Warum junge Menschen Amok laufen*. Köln, 2007

Widmer, Urs: *Vom Leben, vom Tod und vom Übrigen auch dies und das*. Zürich, 2007

Winnicott, D.W.: *Die spontane Geste*. Stuttgart, 1995

Zingler, Peter: *Konsalik im Knast*. In: Frankfurter Rundschau, 9.1.2007

Zweig, Stefan: *Amok. Novellen einer Leidenschaft*. Leipzig, 1931